Teoria da História

Dados Internacionais de Catalogação na Publicação (CIP)
(Câmara Brasileira do Livro, SP, Brasil)

Manieri, Dagmar
　　Teoria da História : a gênese dos conceitos / Dagmar Manieri. – Petrópolis, RJ : Vozes, 2013.
　　Bibliografia
　　ISBN 978-85-326-4486-2
　　1. História – Filosofia 2. História – Teoria 3. Historicidade 4. Positivismo I. Título.

12-13999　　　　　　　　　　　　　　　　　　　CDD-901

Índices para catálogo sistemático:
1. História : Filosofia e teoria　　901

Dagmar Manieri

Teoria da História
A gênese dos conceitos

Petrópolis

© 2013, Editora Vozes Ltda.
Rua Frei Luís, 100
25689-900 Petrópolis, RJ
Internet: http://www.vozes.com.br
Brasil

Todos os direitos reservados. Nenhuma parte desta obra poderá ser reproduzida ou transmitida por qualquer forma e/ou quaisquer meios (eletrônico ou mecânico, incluindo fotocópia e gravação) ou arquivada em qualquer sistema ou banco de dados sem permissão escrita da editora.

Diretor editorial
Frei Antônio Moser

Editores
Aline dos Santos Carneiro
José Maria da Silva
Lídio Peretti
Marilac Loraine Oleniki

Secretário executivo
João Batista Kreuch

Editoração: Maria da Conceição B. de Sousa
Projeto gráfico: Sheilandre Desenv. Gráfico
Capa: Érico Lebedenco

ISBN 978-85-326-4486-2

Editado conforme o novo acordo ortográfico.

Este livro foi composto e impresso pela Editora Vozes Ltda.

Sumário

Introdução, 7

1 Entre a *phýsis* e a *pólis*, 15

2 O homem apartado: estoicos e cristãos, 36

3 A história como experimento: o *homo faber* moderno, 59

4 A *ratio* iluminista e a filosofia da história, 90

5 O historicismo de Hegel, 121

6 Comte e o positivismo: o poder da ciência, 134

7 O sentido da história em Marx, 152

8 A história genealógica, 177

9 A criação histórica em Castoriadis, 199

10 A história na condição pós-moderna, 219

Referências, 247

Introdução

O que deve ficar evidente na obra aqui apresentada é que se procurou desenvolver uma espécie de historicidade dos conceitos da denominada Teoria da História. Isto significa que houve um acompanhamento atento do nascimento desses conceitos importantes para a referida teoria: as primeiras noções de tempo histórico, o aparecimento da Filosofia da História, a nova aplicação para a dialética de Hegel, o materialismo e a luta de classes em Marx, o tema da criação histórica etc. Acompanhar o surgimento desses conceitos converte-se num esforço de suma importância, mesmo antes de entendê-los em sua enunciação mais ampla. O próprio entendimento desses conceitos deve-se dar de forma concomitante à sua gênese.

Assim, o estudioso dos assuntos históricos necessita (e deve) participar desse debate teórico. Os historiadores, em geral, têm-se furtado a esse campo do pensamento. Há uma tradição arraigada nos estudos históricos que enfatiza a prioridade empírica. O apuramento para com os "fatos", o cuidado com a cronologia, o perigo do anacronismo: eis alguns cuidados que cabe ao historiador. Jacques Le Goff em *História e memória*, ao comentar sobre as formas de se "fazer a história", identifica apenas dois modelos: a história-narração e a explicativa. Não há uma consideração para com um terceiro modelo, a história-reflexão ou teórica. Sua análise se encerra na história-explicativa: "Paradoxalmente, hoje se assiste à crítica desse tipo de história, devido à vontade de colocar a explicação no lugar da narração [...]"[1]. Para Le Goff a história propriamente dita termina no segundo modelo explicativo.

Mas pensamos que a dimensão teórica não deve ser menosprezada. Toda uma área de reflexão sobre o "tempo" deveria ficar a cargo dos historiadores. Nesta ausência, outras disciplinas, especialmente a filosofia, encarregam-se de pensá-la. Mas o resultado não é algo muito apropriado ao próprio campo histórico. Basta observarmos o esforço da fenomenologia ao pensar a dimensão temporal. E ao que tudo indica, esse esforço não teve o reconhecimento devido no campo historiográfico. O campo das pesquisas históricas se aproxima timidamente das diversas correntes de pensamento teórico. No exemplo da fenomenologia, são os filósofos que se aproximaram da história: ver, em especial, a obra de J.-P. Sartre e de Merleau-Ponty.

Mais recentemente assistimos a aproximação de Foucault com a história. Com certeza, após Marx, foi ele quem mais, de forma potencial, lidou com a *empiria* histórica. "Potencialmente", aqui, remete-nos a uma "teoria". E isto já estava em Marx. Em uma carta de 1870, Marx afirma: "Lange é bastante ingênuo para dizer que eu "me movimento com rara liberdade" em matéria empírica. Ele não tem a mínima ideia de que "livre movimento em matéria empírica" nada seja senão uma paráfrase para o método de tratar o assunto, ou seja, o método dialético"[2].

Em Foucault é o modelo genealógico que dá sentido às suas pesquisas. Ele retira de Nietzsche o que de essencial necessita para orientá-lo em suas reflexões. Resulta disso uma dimensão histórica renovada, agora "iluminada" por tal pensamento teórico. Em Marx também presenciamos o mesmo procedimento. A teoria dota a história de um sentido para além da própria ordem cronológica (ou a estratégia dos contrastes) dos acontecimentos. É evidente que a ordem temporal em si já apresenta um sentido, ainda que escamo-

---

1. Le Goff, 2003, p. 9.
2. Marx, 1974, p. 277.

teado. O que se passa, muitas vezes, com a maioria dos historiadores é que a atenção é presa no jogo de confrontos entre o presente e o passado (objeto de estudo). Como se comportava um camponês medieval? Como os gregos concebiam a liberdade? Eis algumas interrogações que adquirem sentido na medida em que o discurso histórico apresenta um jogo de contrastes. Outro nível de reflexão, esta mais profunda, é estudarmos as razões (bem como o "sentido") das transformações. Aqui, estamos em um nível mais profundo que o anterior contraste entre épocas. Provavelmente o motivo do grande sucesso da Escola dos *Annales* ante o grande público foi ter produzido uma história de contrastes que atraiu a atenção de um gama de leitores para além dos especialistas. Daí para a história da vida privada foi um passo. Tudo isto nos levou à ideia de que "tudo é história": um exagero dessa tendência, que já havia recebido as primeiras críticas na figura do historicismo (que tudo queria abarcar).

Quando ocorre a emergência da sociologia no século XIX, a velha história observa tal nascimento com muita atenção. Curiosidade, respeito, admiração e, até por que não dizer, ciúme. Em Marx, Weber, Comte, a história compõe com a sociologia um sistema de pensamento. Mas logo, a jovem sociologia deu seu grito de liberdade que representou, também, um grito de guerra. Para ter seu campo próprio de análise, a sociologia precisou lutar em várias frentes. Durkheim atacou a psicologia e no início do século XX, os jovens sociólogos empreendem sua cruzada contra a velha história. Marx atacou a filosofia, como uma forma de idealismo. É evidente que essa "guerra" já estava ganha, mesmo antes da batalha se iniciar. François Dosse reproduz o momento do primeiro ataque. "Uma bomba", afirma ele, "de efeito retardado explode, em 1903, na nova revista de Henri Berr: a *Revue de Synthèse Historique*"[3]. É o artigo de François Simiand – que Dosse denomina de um "incendiário artigo" – *Método histórico e ciências sociais*. O objetivo do ataque é evidente, nas palavras de Dosse: "O artigo integra-se no conjunto

---

3. Dosse, 2003, p. 45.

da ofensiva global dirigida pela sociologia, que intima os historiadores a se renderem aos argumentos dela [...]"[4]. Não vamos reproduzir aqui o conteúdo dessa crítica que o leitor pode encontrar na obra citada de Dosse. O que nos interessa é a reação do campo histórico. Dosse afirma que os novos historiadores retomam, termo a termo, a crítica de Simiand e a jogam contra a "história historicizante". Estratégia astuta dos novos historiadores dos *Annales*. Não há uma defesa da história como um todo, mas refundação de uma "nova história", aberta em todos os sentidos. O que propõem Bloch e Febvre? Transportar a "história para o próprio campo das ciências sociais. A réplica de 1929 ao desafio durkheimiano consistirá, portanto, em realizar o programa de Simiand"[5]. Não há batalha, nem defesa de um campo epistemológico específico para a história; a velha história ferida de morte é abandonada pelos jovens historiadores dos *Annales*. Como escreveu Shakespeare em *Macbeth*, "não desejara morte mais bonita para eles"[6].

A História Nova vai se movimentar a reboque das outras disciplinas mais "duras". No fundo, essa absorção em seu campo de estudo vai implicar um ecletismo que Dosse denomina de "federalismo epistemológico". *Victis honos, vae victis!* Honra aos vencidos, ai dos vencidos! É nesta contradição que a nova história procura sua fundamentação.

Realizado esse reparo ante as relações da prática historiográfica com relação ao mundo teórico, agora é hora de esclarecermos nossa intenção quanto ao conteúdo de *Teoria da História: a gênese dos conceitos*. O modelo interpretativo que adotamos na divisão dos capítulos compreende a própria expressão histórica das etapas interpretativas sobre a história. Cada época deu um salto, diferenciou-se das anteriores com relação à significação histórica. O que marca a concepção grega, por exemplo, é uma representação do

---

4. Ibid.
5. Ibid., p. 48.
6. Shakespeare, 1997, p. 108.

homem (e sua dimensão histórica) sempre associada a um Todo. A circularidade do tempo histórico predomina nas interpretações sobre as guerras, o surgimento e decadência de uma cidade-Estado etc. O homem sempre está ligado à *phýsis* ou a uma *pólis*. Sempre há um cosmo a envolvê-lo e que compartilha com ele a plenitude ou decadência de aspectos de sua vida. A decadência e queda do homem sempre são concebidas, de forma concomitante, com a degenerescência de um modelo geral, o cosmo, a *pólis*. Essa ideia original funciona como uma espécie de origem positiva do homem. Karl Marx (na ideia de "homem total") e Hannah Arendt (na noção de "mundo comum") enfatizaram esse fato que, por sinal, serviu de ponto de diferenciação em suas críticas ao mundo moderno. É neste horizonte que o estoicismo e o cristianismo são analisados no segundo capítulo: momentos culturais que selam a representação do homem/história, na passagem do mundo antigo para o medievo.

No terceiro capítulo, uma atenção especial é dada à constituição do Estado moderno, bem como à representação do homem. O olhar dos pensadores renascentistas já está mais carregado de valores terrenos. Mas como retornar ao humano? Como conceber uma história concebida como produto do homem? O período renascentista traz como problema imediato esse "fazer" histórico e com ele uma representação negativa do homem. Pela lente do realismo renascentista, a bondade humana deve ser um produto social, uma prova da eficiência da comunidade política. O homem deve ser "forçado" a ser bom; nessa perspectiva, o cidadão sempre é concebido com certa desconfiança.

A reversão dessa concepção de homem se efetiva no Iluminismo. Neste instante, a natureza surge como grande depositária (ou fundamento) dessa representação. Voltaire e Rousseau confirmam a bondade inata do homem; são as distorções sociais que o fazem mau. Está aberta, agora, toda uma perspectiva revolucionária para restaurar a boa ordem (Rousseau) ou iniciar um progresso verdadeiro (Voltaire).

Do Iluminismo até o trauma das duas Grandes Guerras, o historicismo esteve presente como grande paradigma. Condorcet, Hegel, Marx e Comte afirmam a importância da história para a compreensão dos fenômenos sociais. Com o historicismo, a história se libertou da natureza e adquiriu um *status* especial, privilegiado, absoluto. Agora, todo ente pensado deve ter uma historicidade. É deste modelo historicista que nasce a noção de "processo histórico", concebido como uma espécie de fluxo que se dirige para o futuro. As revoluções e as tentativas de reformas sociais se aferram nesta dimensão temporal, concebida como sinônimo de "promessa de felicidade". Para ajudar, a dialética impede que qualquer pensamento questione esse movimento: a própria realidade sendo contraditória, endereça-se para algo melhor.

Quando falamos em dialética, logo o tema da "criação" vem à tona. O problema da criação (histórica) parece nortear os pensadores modernos e contemporâneos. Desde Maquiavel, a criação passa a desempenhar um papel fundamental no pensamento sobre o "fazer histórico". Com as revoluções burguesas e a ascensão da burguesia ao poder, essa criação é concebida como uma espécie de "parto" de algo que já está latente. A própria história, aqui, adquire um reconhecimento próprio, uma suficiência, onde cabe ao homem o papel de acelerá-la ou não. Ver, neste caso, o problema que Marx coloca no início de *O 18 brumário de Luís Bonaparte*: é possível uma criação histórica que não utilize as roupagens (imagens) do passado? O sonho de Marx é o surgimento de uma classe social (o operariado, com a ajuda de um instrumental teórico) que possa construir algo novo na história, sem invocar as imagens do passado. Que as forças produtivas evoluem, tanto Comte quanto Marx já defendiam em suas obras. O grande problema para a sociologia nascente (conservadora, em Comte; revolucionária, em Marx) é a formação de uma nova configuração social que se adeque às formas produtivas modernas.

Com a chamada "crise do marxismo", o problema da criação histórica não esmoreceu. Uma das possíveis saídas desse impasse foi a tentativa de Cornelius Castoriadis, que analisamos no nono capítulo. Nele, bem como numa gama variada de intelectuais que repensaram o marxismo, o confronto se dá com a tradição filosófica (originária de Platão) que impede o reconhecimento da criação (o tema do "novo") na história. A sombra (ou fantasma) de Hegel deve ser conjurada; Platão está mais presente que nunca nesse pensar historicista.

Já a crise do conceito de processo histórico encontra em Nietzsche um grande precursor. Com seu programa de uma "história genealógica", o filósofo alemão nega de forma incisiva que haja uma lógica (no sentido "geral") histórica. Nietzsche não concebe um estatuto ontológico para a história. A história, como apresenta sua leitura genealógica, deve ser desconstruída para se mostrar as potências que atuam por detrás das significações. Foucault é o grande discípulo de Nietzsche e que leva às últimas consequências todo o programa nietzscheano sobre a história. A história genealógica foi analisada no oitavo capítulo.

Independente da crítica prévia de Nietzsche ao historicismo foram os próprios fatos históricos que contribuíram para obscurecer o modelo historicista. Desde o Iluminismo até o trauma da Segunda Grande Guerra, o historicismo esteve presente como um grande paradigma. As revoluções e as tentativas de reformas sociais se aferram a esta dimensão temporal. Com as duas Grandes Guerras e a experiência totalitária, esse otimismo dialético, impregnado na noção de processo histórico, esfacela-se. Novas abordagens entram em cena: o futuro deixa de representar algo tão promissor. A dialética e com ela, a negatividade, são colocadas em causa. O que denominamos de pós-moderno é esse descrédito na inevitabilidade de um futuro melhor, de uma promessa garantida. Os pensadores dessa fase pós-moderna procuram novos paradigmas, novos padrões para se pensar a história. Esse tema da relação da história com a Pós-modernidade foi estudado no último capítulo.

Em síntese, foi esse percurso que seguimos nos dez capítulos de *Teoria da História: a gênese dos conceitos*. Eles levam em consideração a fragmentação da representação (bem como a inserção num espaço social humanizado) do homem após o declínio da *pólis* democrática grega e as diversas tentativas de restaurar um *polités* (cidadão) pleno. Utopia ou realização possível, o pensamento sobre a história transita entre o Ideal e o Real, numa linha divisória que se torna quase imperceptível. Neste caso, seria melhor dizer que no Ideal desse pensamento reside muito de Real e que neste habita, também, o Ideal.

1

Entre a *phýsis* e a *pólis*

Quando nos deparamos com a *Ilíada*, de Homero, há de forma evidente uma combinação de história, mitologia e literatura. É que o contexto da *Ilíada* nos leva ao século XII a.C., onde esses campos da cultura encontravam-se imiscuídos. Fazem parte de um mesmo discurso e que podemos encontrar de forma exuberante em Homero.

Mas em relação a esses escritos, temos que pensar: como esses homens concebiam os fatos históricos? Como entendiam a ordem dos acontecimentos que marcavam suas vidas? No início da *Ilíada*, a peste assola as tropas gregas. Aquiles quer saber o motivo deste infortúnio; daí chamar "um adivinho, um sacerdote ou mesmo um intérprete de sonhos (que o sonho também nos vem de Zeus), para que nos diga por que tanto se anojou Febo Apolo"[1]. Que essas calamidades provenham de Apolo, ele tem certeza. O que não sabe é o motivo da ira desses deuses. Surge, assim, Calcas; ele é um dos áugures que "conhecia o presente, o futuro e o passado". Há uma ordem inexorável, divina, que preside os acontecimentos. Os homens sabem que ela existe, mas desconhecem seus detalhes. Isto não exime a prática guerreira; pelo contrário, ao saber que os deuses lhes protegem, a ação se torna ainda mais intensa.

A questão principal, neste caso, para além da eficácia guerreira (que produz o herói) é a relação dos homens com os deuses. Aquiles afirma que "quem obedece aos deuses é por eles ouvido"[2]. É

---

1. Homero, 1961, p. 22, 23.
2. Ibid., p. 27.

esta qualidade divina que diferencia Aquiles de Agamemnon. Este último é um herói, mas sem as qualidades divinas de Aquiles. Por isso quando este se dirige aos arautos, confidencia que Agamemnon "deixa-se possuir de funestos sentimentos e não sabe pensar ao mesmo tempo no futuro e no passado"[3]. Agamemnon, para Aquiles, é um guerreiro do presente, sem a dimensão temporal atrelada ao divino. Mas o que é mais curioso em Homero é a ideia da morada dos deuses. Ela é representada como um palácio real à semelhança dos reis terrenos. Nesta residência divina, os deuses se confraternizam em "banquetes"[4]; aqui, neste ambiente principesco, as discórdias não deixam de existir. Quando Hera pressente que alguma entidade divina (foi Tétis, enfim) influencia seu esposo (Zeus), ela lhe recrimina: "Velhaco, qual dos deuses se concertou contigo?" Temos, então, um ambiente divino e real ao mesmo tempo. Nele ocorre uma relação de poder que não deixa de estar vinculada aos acontecimentos da vida terrena. Assim como na corte terrena, na celestial, realizam-se os conselhos deliberativos: é aqui que se situa a gênese dos acontecimentos. No Canto IV, Homero narra o conteúdo desse conselho. A intenção de Zeus é realizar grande mortandade entre os aqueus para atingir a reputação de Agamemnon. Zeus atende ao pedido da mãe de Aquiles, Tétis. O conselho está reunido para deliberar um determinado impasse:

> A vitória, todavia, pertence a Menelau amado de Ares. Deliberemos, pois, sobre o caso em litígio. Continuaremos a excitar a sinistra guerra e as terríveis refregas, ou faremos amigos os dois povos? Se a situação atual agradasse e satisfizesse a todos, continuaria habitada a cidade do Rei Príamo e a argiva Helena seria devolvida a Menelau[5].

---

3. Ibid., p. 30.

4. Em determinada passagem, Homero afirma que no "banquete [...] todos são iguais" (Ibid., p. 37).

5. Ibid., p. 74.

Mas Atena e Hera trabalham a favor dos aqueos. Atena com "uma cólera selvagem" (que lhe enchia o peito) influencia Zeus. Este, mesmo contrariado, resolve pender a balança da guerra para o lado dos aqueos:

> Quando eu, também, desejando arrasar uma cidade, escolher aquela em que tens amigos, não me detenhas a cólera, deixa-me fazer como bem entender. Pois eu te concedo a ruína de Troia, embora a meu pesar[6].

Então, o que temos de fato na *Ilíada*? Os acontecimentos históricos apresentam uma causa divina. E o mais interessante é que neste "mundo dos deuses", assiste-se a uma relação de poder. Ele não se fecha exclusivamente à ordem divina. Entre os deuses há todo um jogo político: Homero politiza as relações da ordem divina. Isto equivale a dizer que a política terrena representa um nível inferior em relação à grande política divina. E mesmo aqui, os deuses são destronados, sofrem o exílio, atraiçoam, são astutos etc. Nesse sentido é necessária toda uma atenção para com esses deuses. Os homens estão sujeitos à proteção, mas também a toda espécie de "maldade" por parte dos deuses. A relação entre homens e deuses deve prezar pela fidelidade; é, enfim, uma relação de ordem senhorial onde a hierarquia do poder está bem-definida.

Uma questão importante neste exemplo dos gregos antigos é o nascimento do conceito de história. Provavelmente o texto de Hannah Arendt, *O conceito de História – antigo e moderno*, possa explicar nossa interrogação. A ideia de Arendt é plausível e merece consideração. Ela afirma que a noção de história aparece para salvar os feitos humanos da "futilidade" e do esquecimento. A história seria uma forma de se eternizar as ações humanas num mundo onde o tempo tudo devora: a ideia de corrupção.

Arendt segue a argumentação – e que já está impressa na mensagem mitológica – de que a marca distintiva da existência humana

---

6. Ibid., p. 75.

é a mortalidade[7]. Egressos de um cosmo onde a imortalidade os atinge, os homens agora se veem como seres frágeis e sujeitos à ação devoradora do tempo. Aqui o mito de Cronos explica bem toda essa passagem. Cronos (*Chronos*) é um deus corajoso e o mais jovem dos titãs. É o único a ter a coragem de ajudar sua mãe Gaia (terra) a se livrar dos castigos de seu pai, Urano (céu). Cronos tornou-se o rei supremo dos deuses em substituição do pai e gerou muitos filhos com sua esposa-irmã, Hera. Cronos temia que seus filhos lhe tomassem o poder, por isso passou a devorar seus filhos. Zeus foi o único filho que não teve o triste fim. Lutou contra seu pai e, depois da vitória, obrigou-o a regurgitar seus irmãos. Ao derrotar Cronos, Zeus tornou-se imortal. Ver neste ponto como a divindade suprema implica uma derrota de Cronos, o tempo devorador (entendido como *chronos*).

As musas eram filhas de Zeus. Eram deusas da música, das artes e da memória. Clio é a musa da história. Observa-se que o outro termo grego para o tempo é *kairós*. Kairós era irmão de Cronos; *kairós* pode ser definido como um tempo qualitativo, contra o tempo linear e que pode ser medido (*chronos*). Kairós é um tempo não mensurável, entendido como "o momento certo", "o tempo oportuno". É o momento indeterminado (do tempo) onde algo de especial acontece.

Observa-se nesse pensamento mitológico que o tempo é um desafio à vida humana. Ela perde sentido no instante em que Cronos a devora e isto implica uma morte com esquecimento. A derrota de Cronos por seu filho Zeus significa a possibilidade de uma vitória – embora na ordem divina – que escapa ao abismo devorador do tempo. Daí por que Clio simboliza a memória, pois é por meio dela que nasce a história.

---

7. Na boa interpretação de Rodrigo Alves Neto das ideias de Arendt, temos o sentimento grego da "ação corrosiva do tempo" e a noção de que "a mortalidade tornou-se o emblema da existência humana para os gregos. Denominar os seres humanos 'os mortais', como eles faziam, significa o mesmo que nomeá-los como 'os temporais' ou aqueles que instauraram e experimentam algo demasiadamente humano: o tempo" (ALVES NETO, 2009, p. 78).

A história, portanto, surge como a possibilidade de inscrever o homem na dimensão da memória (a cultura), amenizando a visão da ordem cíclica da natureza. Por isso a Mnemósine, a mãe de todas as demais musas, preside essa capacidade humana de rememorar os fatos. A tarefa do *historikós* é fazer com que alguma coisa perdure nesse ato de recordação. Isso é flagrante no Epílogo da *Metamorfoses*, de Ovídio:

> E agora terminei a obra que nem a ira de Júpiter, nem o fogo, nem o ferro, nem o tempo voraz poderá (poderão) destruir. Quando quiser, termine aquele dia (da minha morte), que nada tem senão o direito deste corpo, a duração de minha vida incerta; todavia, imortalizado pela minha melhor parte, serei transportado acima das altas estrelas, e o nosso (meu) nome ficará indelével. E por onde quer que, por terras dominadas, se estenda o poder romano, serei lido pela boca do povo; e pela fama viverei por todos os séculos, se os presságios dos poetas têm algo de verdadeiro[8].

Na Grécia Antiga a memória histórica estava reservada aos grandes feitos, àqueles homens que por meio de suas façanhas provaram-se dignos de ser narrados. Arendt acrescenta: "Através da história os homens se tornam quase iguais à natureza, e unicamente os acontecimentos, feitos ou palavras que se ergueram por si mesmos ao contínuo desafio do universo natural eram os que chamaríamos de históricos"[9]. A história implica certo tipo de objetividade, assim pensavam os gregos; o *historikós* deve narrar os feitos tanto de gregos, quanto de seus inimigos. A proto-história de Homero narra os feitos de todos os heróis da Guerra de Troia, gregos e troianos. Isso provém de uma visão que concebe as "grandes coisas" como algo evidente; cabe ao *historikós* preservar essa glória por meio da palavra escrita.

Sem dúvida a era homérica marcou uma fase importante para a formação grega. O mundo social, nesta fase, era representado se-

---

8. Apud Almeida, 1985, p. 482.

9. Arendt, 1972, p. 77.

gundo o modelo aristocrático. Já na passagem para a fase democrática, a presença de Sócrates/Platão marca uma ruptura decisiva na representação cultural grega.

Antonio Escohotado (1975) é claro em suas definições, de ordem geral, dessa fase da filosofia denominada de pré-socrática; comenta que a coerência da especulação grega arcaica é total. Ele se refere, particularmente, a Heráclito. Conclui que nesses pensadores o *lógos* está sobreposto a *phýsis*. Isto quer dizer que a capacidade de ir ao concreto e captar determinado princípio não implica a abstração da heterogeneidade sensível. O *lógos* não se desprende do conteúdo imediato do cosmo; ele não deixa de ser "realidade", mas num sentido em que impõe uma "medida". Ao se referir ao *lógos* heraclitiano, Escohotado o define dessa forma:

> [...] o dizer é essencialmente discriminar, determinar, definir, dizer isto e aquilo outro, pôr entre limites algo essencialmente indiscriminado, indeterminado e indefinido[10].

Mas a grande questão para esses pensadores pré-socráticos é conceber o movimento e a transformação das coisas à luz do *lógos*, como forma de um entendimento daquilo que se passa na *phýsis*. E uma das respostas mais intrigantes e por que não interessantes é de Heráclito de Éfeso. Nele, a potência expansiva está na própria *phýsis* – a luta está no cosmo. Basta que nossa postura seja de abertura para sentirmos um cosmo imediato como fluxo universal. Mas se pensarmos que Heráclito localizou a instância última (Absoluto) nesse "fluir", estamos enganados. Heráclito afirma que o Absoluto "descansa transformando-se". Então, mesmo nesse movimento (que diz ser "dialético") há uma espécie de repouso. O movimento que encontramos na *phýsis* é um *pólemos* (polêmica, guerra); as coisas se compõem numa relação negativa. Há um combate generalizado de isto com aquilo e "cada existente põe algumas presenças

---

10. Escohotado, 1975, p. 78. A tradução é minha.

e excluem outras"[11]. Estar em presença já implica se pôr no lugar de outro, deslocá-lo, aniquilá-lo. O que é próprio de cada um é sua relação com os outros. Em Heráclito não há uma autonomia do vivente, mas uma conexão positiva ou negativa a outros. Toda presença se ramifica num mosaico de posições e supressões.

Heráclito concebe um tempo como verdade da distensão de todo ponto. Este tempo não é como o moderno que abarca os acontecimentos em um sentido linear, mas como uma forma de "atividade" e que implica as "ramificações de posições e supressões compreendidas em toda presença". Evidentemente que não podemos falar em "processo", pois corremos o risco de adiantarmos demais o próprio significado do termo. O "vale de lágrimas" que Escohotado cita em relação a Heráclito já implica um estranhamento na "verdade" que atinge as coisas: alçar-se e cair; nascer e morrer. Então não temos "coisas", como nos anuncia esse fragmento de Heráclito:

> O mesmo é vivendo e morrendo, desperto e dormindo, jovem e velho; pois isto ao transformar-se é aquilo e aquilo é, de novo, isto[12].

É a dialética que explica essa forma de relação entre as coisas. É uma dialética objetiva e que está inscrita na própria *phýsis*. A semelhança com Hegel é evidente. Isto equivale a dizer que a dialética revela o "ser" como "devir". No fundo, a harmonia e a beleza surgem dessa discórdia. Daí por que podemos afirmar que em Heráclito há uma luta "harmoniosa". O *pólemos* não conduz a *phýsis* a um estado de caos. A discórdia, que explica o nascimento e a harmonia cósmica, não equivale a um estado estático. Heráclito afirma: "morro minha vida e vivo minha morte". Como podemos perceber, a ideia de pericibilidade é marcante nesse filósofo; tão marcante que a morte passa a ser um elemento vital para a sua filosofia. O homem é um ser que ainda não morreu – ver a presença marcante da morte como uma espécie de "sombra" das coisas. Essas mesmas

---

11. Ibid., p. 62.
12. Apud Escohotado, 1975, p. 67.

coisas carregam como determinação elementos opostos. Mas como conceber o *lógos* de Heráclito? Ele não é um princípio abstrato em relação à multiplicidade do sensível; o *logos* está sobreposto à *phýsis* e sua presença se assemelha à lei e à medida. Nas palavras de Heráclito, *lógos* é "o sábio", o "fogo eternamente vivo", uma presença que ele associa a um "menino jogando". Também pode ser concebido como um discurso, mas um discurso fundante do cosmo. Daí o *lógoi* como "razões" do mundo. O *lógos* inventa limites; diz e se diz desde sempre. Ele é presença. O governo do *lógos* não implica um universo racionalmente fechado: há o azar, o jogo e a medida. Na interpretação de Escohotado, "cada algo está imerso na lei do devir como experiência de certo limite"[13]. Então é a ação do *lógos* que amarra e institui uma "determinação com consequência" nesse universo fluido. O *lógos* é um projetar-se, uma aventura do fazer em sua invenção de destinos. Um pouco parecido à instituição de Castoriadis, o *lógos* de Heráclito é a "atmosfera", o "ambiente", o "meio" (*to periéjon*) onde nos fazemos racionais – homens – ao absorvermos esse "meio" que é o *lógos*[14].

Se a filosofia de Heráclito nos leva a um cosmo em transformação, com Parmênides há o nascimento da metafísica como ontologia. Esse descrédito referente a um mundo em perene mutabilidade encontra em Parmênides seu representante maior. O Ser

---

13. Escohotado, 1975, p. 81.

14. Há outro detalhe importante sobre Heráclito que acentua Alain Lacroix (2009, p. 38). Este afirma que em Heráclito, "entre o *lógos* do mundo e o *lógos* humano não há dualidade alguma" (Fr. 36). Nesse sentido, o homem em Heráclito é tido como *ethos anthropo daimon* (Fr. 119), ou seja, "a personalidade do homem é seu demônio". Nesse sentido, a função do *dáimon* se esclarece. J.-P. Vernant ao analisar o pensamento de Empédocles, afirma: "A individualização desse *dáimon* unida a um ser humano particular que descobre nele o seu próprio destino não modifica o seu caráter de força misteriosa, estranha ao homem, de realidade presente no seio de toda a natureza, no vento, nos animais, nas plantas, bem como no homem. A reminiscência das encarnações que o *dáimon* da nossa alma (*psyché*) conheceu outrora lança, assim, uma ponte entre a nossa existência de homem e o resto do universo; ela confere à antiga imagem de um mundo repleto de almas e de sopros, de um parentesco e de uma circulação incessante entre todos os seres da natureza, o valor de uma experiência que o indivíduo é capaz de viver em seu nível" (VERNANT, 1990, p. 160).

em Parmênides é *áteleston*, sem finalidade. E o que isto significa? Implica dizer que o Ser é. Ele não conhece o "processo" ou as "etapas". Não tem deficiências ou carências; é perfeito. É eternidade em ato da presença.

Com Parmênides o pensar é apartado das contingências do mundo. Há uma identidade do Ser com o pensar. O mundo do não ser é limitado e regido pelo tempo. Por outro lado, há o refúgio do saber, do pensar, aquilo que é imperturbável em si mesmo. Como podemos notar, o mundo que se transforma e que apresenta o princípio de corrupção, encerrado no ciclo natural, é descaracterizado por Parmênides. Isto porque o filósofo quer uma verdade como Ser, sobrepondo-se à finitude e à corrupção. O imediato, então, é composto de duas "dimensões": uma do Ser, outra da imediatez composta das coisas em transformação (a aparência).

Como afirma Escohotado, o Ser de Parmênides é um Eu que se ancora numa filosofia do absoluto como "sujeito". Ele está em si mesmo, sabe de si, identifica-se. Há nesse pensar certo humanismo do Eu, mas só que fortemente influenciado por uma metafísica, preso numa ontologia de ferro. Que a filosofia de Parmênides confere ao sábio uma segurança desmedida, isto logo se percebe. Essa segurança refere-se à própria gênese da metafísica. O Ser não está neste mundo corruptível; ele se acha num "aquém presente". O Ser é presença; as coisas corruptíveis são "aparências". O Ser é simples, comum, essência; a "aparência" é múltiplo, singular. Como em seu poema filosófico:

> Se nasceu, não é [...]
> [...]
> Não é divisível, porque é todo ele homogêneo
> [...]
> É todo pleno de Ser
> Por isso é todo contínuo [...]
> [...]
> Não carece de nada; e se carecesse de algo
> Careceria de tudo[15].

---

15. Apud Escohotado, 1975, p. 98.

O cosmo de Parmênides está isento do conflito inerente e da diferença finita. Sua *phýsis* é uma potência essencialmente estática e imperturbável. A diferença se anula em uma universalidade positiva. Tudo participa do Ser, mas ele mesmo é um "elemento" independente. Para algo existir é necessário que ele passe pela ação do Ser.

Como podemos notar, a filosofia pré-socrática localiza o homem num cosmo relativamente coerente. A identificação da natureza como *phýsis* explica as potências a que o homem está sujeito. Como na interpretação de Rachel Gazolla:

> Somente a *phýsis* permanecerá compreendida como perfeita, regrada, paradigmática, guardando uma permanência que nenhuma lei humana alcança, por mais que o legislador procure um paradigma para fazê-la. Deve, sim, expressar a correção da divina justiça em suas fórmulas perfeitas, nas *díkai*, ou inspirar-se na ordem das estações, dos equinócios, solstícios, marés, fases de crescimento. Sem certeza de conseguir tal correção[16].

E para além dessa *phýsis*, ainda encontramos uma *moira* (destino) como última determinação dos acontecimentos humanos. Há, portanto, toda uma ordem de acontecimentos que são inexplicáveis pela condição humana; daí a *týche* como "sorte", "fortuna", aquilo que ocorre necessariamente e cujas causas o homem desconhece. O reino da liberdade está encerrado ou condicionado por uma *anankè* (necessidade) que delimita a ação humana. Assim como desenvolveu o pensamento reflexivo no período democrático de Atenas do século V a.C., o homem pleno não é concebido de forma apartada de sua *pólis* (comunidade política)[17]. Como também na Grécia ar-

---

16. Gazolla, 1999, p. 33.

17. Isso parece uma afirmação tão evidente que podemos dar um exemplo. Na interpretação da peça *As fenícias*, de Eurípides, Michel Foucault comenta sobre o exilado Polinices, filho de Jocasta. Em determinado momento da peça, a mãe interroga o filho Polinices, sobre o que é ser exilado: "Ser privado da sua pátria é um grande mal?" Na resposta, o filho comenta: "Muito grande. A palavra é inferior à coisa. [O pior inconve-

caica o homem (segundo os pré-socráticos) nunca é representado de forma isolada: ele faz parte de um complexo – o cosmo – e todas as suas ações adquirem sentido no interior dessas determinações de ordem universal.

O exemplo de Demócrito de Abdera (460-385 a.C.) parece-nos um caso a ser levado em conta. Nele, a tese de Castoriadis pode ser presenciada de forma clara. É o século V a.C. produzindo o que é de mais humano em relação aos pressupostos sobre a origem do mundo social[18]. O pensamento de Demócrito situa-se entre o relativismo dos sofistas e o absolutismo de Parmênides. Para Demócrito o caminho para o entendimento compõe-se de uma mistura ponderada de razão intelectual e experiência sensível. Contra a corrente inaugurada por Parmênides – e que Platão será o continuador – que afirma que "aquilo que era, era assim eternamente, imutavelmente"[19], Demócrito se coloca mais ao lado de Heráclito (que afirmava que "tudo estava em fluxo"). Há, além de nosso mundo fechado, a existência de "infinitos mundos". E o princípio que move as coisas é a "necessidade" – tudo acontece de acordo com a necessidade. Demócrito identifica tal necessidade como um turbilhão: o processo físico como um todo ocorre necessariamente; assim, o turbilhão produz as colisões e uniões (dos átomos) sem uma sequência previamente planejada. Os átomos e o sistema como um todo funcionam independentemente de um demiurgo criador. Assim como na filosofia de Epicuro, Demócrito nega que o mundo seja produto de um plano

---

niente é que] ele tira a fala franca [a *parresía*]" (Apud FOUCAULT, 2010a, p. 149). Portanto, o grande mal é não ser "ninguém", é não ser um homem livre e não poder usar da *parresía*, a "fala franca". Ser um homem pleno é poder participar das decisões (ou ser um líder político) da comunidade (*pólis*). Daí a definição de homem, em Aristóteles, como "um *zôon politikón* e um *zôon lógon ékhon*, um ser que atinge sua possibilidade máxima na faculdade do discurso e na vida em uma *pólis*, [...]" (ARENDT, 1972, p. 49). Observar, também, o fato de que após Sócrates (e sua morte trágica), configura-se outro ideal de homem (o filósofo) e de vida – *bíos theoretikós*.

18. Observar que no exemplo de Castoriadis enfatiza-se a questão da "autocriação": "O século V ateniense pôs o dedo na ideia da autocriação humana – e foi necessária a derrota de Atenas na Guerra do Peloponeso e a reação platônica para que estas sementes fossem sufocadas e enterradas" (CASTORIADIS, 2004, p. 59).

19. Cartledge, 2001, p. 27.

ou que realize um objetivo prévio. Surge, de forma surpreendente, o que Cartledge descreve:

> Em vez disso, o que temos é uma ideia de progresso controlado, desde um passado indesejavelmente bruto, em direção a um presente bastante aceitável. Isto pode ser considerado como análogo ao modo de pensar moderno, mas, no contexto da Antiguidade, era realmente bastante excêntrico[20].

Salto gigantesco e um corajoso desnudamento do homem. A natureza humana aparece como resultado de sua experiência concreta ou como afirma Cartledge, "Demócrito vai mais longe, aparentemente afirmando que, em certo sentido, é a pessoa que se faz a si mesma"[21]. Demócrito, então, lança o homem no interior de seu próprio mundo. Ou melhor, descobre o próprio mundo humano como "destino" do homem:

> Os homens – essas são as palavras de Demócrito – pedem saúde em suas preces aos deuses: eles não entendem que o poder para obtê-la está em si mesmos[22].

O que esse pensamento revelou sobre o mundo político? Ao que tudo indica, ajudou a romper com a união entre política e riqueza. Em Demócrito, a liberdade, a independência e a pobreza eram compatíveis. Cai por terra, assim, a visão aristocrática da participação política: o "bom" era o aristocrático; o "mau" o homem pobre. O que Demócrito afirma é que "uma pessoa sensata suporta bem a pobreza". Nesse sentido, justifica-se uma comunidade política como um espaço de bem-estar social para a maioria. A *pólis* requer a atenção e a participação de seus cidadãos, como nas próprias palavras de Demócrito:

> Às questões do Estado devemos dar uma importância maior do que a qualquer outra coisa, não nos envol-

---

20. Ibid., p. 36.
21. Ibid., p. 37.
22 Apud Cartledge, 2001, p. 44.

vendo em contendas para além do que é razoável nem nos apropriando de um poder pessoal para além do bem comum. Pois a *pólis* bem administrada é a maior fonte de sucesso, e tudo depende disso. Se isto estiver a salvo, tudo estará a salvo; mas se isso for destruído, então tudo estará destruído[23].

A *krêsis* ("ponderação autorreguladora" ou o "equilíbrio dinâmico") de Demócrito nos leva a um regime político composto como um misto de aristocracia e democracia. O poder político ficaria entre uns poucos ricos e os muitos pobres. É que está em jogo, nesse instante, evitar a *stasis* ("facção política" que implica guerra civil) e provocar a *homónoia*, a concórdia social e política. Como se vê, o pensamento de Demócrito representa uma descoberta importante para os horizontes da *práxis* humana.

Mas as coisas se complicam com o surgimento do platonismo. Platão pode ser considerado, assim como seu mestre Sócrates, um divisor de águas. Promoveram uma espécie de ruptura que não teve mais volta, já que o que se considera neoplatonismo se imiscui com o estoicismo e com o nascente cristianismo. Mas o que nos interessa aqui, em particular, é a reflexão que Platão desenvolve sobre a noção de tempo. Ela se encontra no *Timeu*, em *A república* e em *O político*, além de outras passagens de seus vários diálogos.

A teoria da corrupção pode ser encontrada em *A república*. Platão afirma (ele se refere à cidade-Estado bem-ordenada) que por mais perfeita que seja sua configuração, não pode deixar de evitar o fato de que "tudo o que nasce está sujeito à corrupção"[24]. Esta verdade é válida para as plantas, os animais, bem como para os seres humanos: eles são atingidos pela "recorrência" da fecundidade e da esterilidade que afetam a alma e o corpo:

> Estas recorrências produzem-se quando a revolução periódica fecha o círculo em que se move cada espé-

---

23. Ibid., p. 53.
24. Platão, 2006, p. 304.

> cie, pequeno para as que têm vida curta, e longo para as que têm vida longa. Ora, por hábeis que sejam os chefes da cidade que haveis educado, nem por isso conseguirão, pelo cálculo unido à experiência, que as gerações sejam boas ou não ocorram; estas coisas hão de lhes escapar e eles engendrarão filhos quando não deveriam fazê-lo[25].

A teoria da revolução remete-nos à ideia da duração de tempo necessária para que os corpos celestes retornem à mesma posição inicial. O que comanda "os bons e os maus nascimentos" é o número geométrico. Daí que os guardiães (da cidade-Estado (*politeia*) que Platão intenta), "ignorantes de suas leis", unirem moças e moços "extemporaneamente"; seus filhos não serão favorecidos nem pela "natureza", nem pela "fortuna". Esses filhos quando nos postos de comando irão negligenciar a música e a ginástica. Surgirá uma nova geração menos cultivada e, com isso, chefes que descuidarão da cidade-Estado.

> Vindo, portanto, o ferro a misturar-se à prata e o bronze ao ouro, resultará destas misturas uma falta de igualdade, de regularidade e de harmonia, falta que, em toda parte onde surge, engendra sempre a guerra e o ódio. Tal a origem que é preciso consignar à discórdia, onde quer que se declare[26].

Então, há uma série de causas, sendo que a principal e inexorável, é a teoria da corrupção. Após essa causa principal, outro conjunto de causas contribui para a derrocada do sistema político-social. Isto é válido, ou seja, essas causas secundárias (mas não menos importante) no exemplo da transição dos regimes políticos. No final de *A república*, Platão desenvolve esse raciocínio para mostrar os motivos que levam ao desgaste desses regimes políticos. É que no fundo, a primeira causa não pode ser evitada: "[...] para cair doente basta a um corpo débil um pequeno choque vindo de fora e,

---

25. Ibid., p. 304, 305.
26. Ibid., p. 307.

às vezes, mesmo, a desordem se manifesta nele sem causa externa [...]"[27]. Depois, as causas secundárias entram em cena. Mas essas últimas causas, no fundo, são uma explicação de fenômenos que não deixam de representar àquela primeira verdade: "[...] todo excesso provoca geralmente uma reação violenta, que se verifica nas estações, nas plantas, em nossos corpos, e nos governos ainda mais do que alhures"[28]. Assim, no exemplo dos regimes políticos é a discórdia que provoca a derrocada; discórdia entre grupos ou no seio do próprio grupo. A oligarquia, priorizando o acúmulo de riquezas, engendra uma massa de miseráveis entre o povo. Esta mesma massa lutará contra a classe privilegiada; com isso, surge a democracia.

Na democracia, preza-se em excesso a liberdade. Não demorará muito para que a anarquia impere. Nesse clima social, sempre surge um líder popular que, por meio de falsas promessas, arregimenta o apoio popular. No poder ele se transformará em tirano. Em sua reflexão sobre as transformações da ordem política, Platão associa esses regimes políticos às várias faces da "alma": honra/timocracia; riqueza e avidez/oligarquia; liberdade/democracia; temor/tirania. Mas o que devemos entender no exemplo das ideias de Platão é que por mais que o homem promova a felicidade, a tal "corrupção" (que existe na essência das coisas) não deixa de atuar, ainda que de forma silenciosa, nos destinos das comunidades humanas.

Já em relação ao *Timeu*, o termo *aion* surge como princípio explicativo; ele pode ser traduzido por "eternidade". Então, qual seria a relação do tempo com o *aion*? Este último seria o mundo dos paradigmas, das ideias, onde não há nem passado, nem futuro, mas um eterno "presente". Rémi Brague apresenta-nos em *O tempo em Platão e Aristóteles* as várias interpretações que surgiram ao longo do tempo. Não vamos entrar nesse percurso polêmico, mas apenas seguir o que de mais importante ocorre para nossos propósitos.

Há uma passagem da *Epitomé*, de Albino, que Brague denomina de "texto incontestável". Ele diz o seguinte:

---

27. Ibid., p. 320.
28. Ibid., p. 330.

> Deus fabricou também as estrelas e os planetas: as primeiras são fixas; elas servem para adornar o céu durante a noite e seu número é imenso; os segundos, que são sete, servem para gerar o Número e o Tempo e para fazer conhecer o que existe. Com efeito, Deus fez o tempo para ser o intervalo (*diastema*) do movimento do mundo, para ser como uma imagem da eternidade (*aion*) que é a medida da imobilidade do mundo eterno (*aionios*)[29].

Aqui já temos algo importante, ou seja, o tempo como "uma imagem da eternidade (*aion*)". E não podemos deixar de considerar que atrelado a essa concepção, o tempo surge como resultado do movimento. Esta última é a interpretação de Platão realizada por Aristóteles: o tempo é o movimento do todo. Percebe-se, com isso, que temos duas faces do tempo. A primeira, que indica o fato de ele "ser medida"; a segunda, de ser "imagem (móvel) da eternidade". Brague segue de perto a interpretação de Callahan, que ele denomina de "muito honesta". No final da citação, temos: "A função essencial do tempo é ser uma imagem, e, com isso, fazer do universo uma imitação mais perfeita da natureza perfeita que mora na eternidade"[30].

Percebe-se com toda nitidez o *kósmos* harmonioso. E no *Timeu* os astros que foram gerados segundo determinado fim, "caminham pelo céu e voltam a andar sobre seus próprios passos". Tudo isto ocorre para que o universo tenha a maior semelhança possível com o "vivente perfeito e inteligível, para imitar a natureza eterna". Daí a tese de Brague que afirma a similitude do *aion* com o universo e não com o tempo. A imagem do *aion* é o céu, não o tempo.

Então a ênfase recai sobre o céu (*ouranós*). Ele é um sistema ordenado: "A ordem que faz do mundo o *kósmos* que ele é, em primeiro lugar e sobretudo, é a de um movimento ordenado"[31]. No *Ti-*

---

29. Apud Brague, 2006, p. 26.
30. Ibid., p. 39.
31. Ibid., p. 60.

meu temos a afirmação de que, simultaneamente ao nascimento do tempo, ocorreu também o nascimento dos corpos celestes (ou seja, coisas regradas e ordenadas). Com isso muda a primeira definição de tempo ao surgir o *ouranós* como uma ordenação de maior grandeza que o tempo. Agora não temos o tempo mais como imagem do *aion*, mas como "aquilo por meio do que o céu é a sua imagem". Se o tempo não é mais a imagem do *aion*, então ele o imita. Brague explica esse raciocínio como uma estátua que esculpe a si mesma: o tempo imita e fabrica uma cópia, ao mesmo tempo. O que é imagem não tem necessidade da imitação: "Ele possuiria tranquilamente a semelhança, sem ter que conquistá-la a cada instante. Em compensação, o céu não é imagem do *aion*, senão na medida em que ele não cessa de gerar o número por meio do movimento dos corpos celestes que o tornam visível. [...] A *mímesis* que é obra do tempo é a gênese perpétua do céu como imagem"[32].

Se observarmos com atenção, aqui surge um novo elemento: o número. Então a reflexão se aprofunda ainda mais e nos leva à seguinte ideia: o tempo é identificado com o céu na medida em que este está em movimento e se regula segundo o número. A *phýsis* platônica aparece como um lugar de paradigmas e o número, sobre o qual se regula o movimento dos corpos celestes é o *aionios*. Este último nos leva à ideia que é realizado, no universo, o "máximo de ordem".

A *psyché* que se encontra no *Timeu* é a "alma do mundo". Por isso a noção de tempo é plenamente "objetiva" no sentido de antipsicológico e, decididamente, cosmológico. Ao finalizar sua reflexão sobre o *Timeu*, Brague nos dá sua última definição de tempo, após uma série de correções: "O tempo é o movimento ordenado do céu, que manifesta a estrutura numérica da alma do mundo. Assim concebida, a alma produz o tempo em vez de tomar consciência dele"[33].

---

32. Ibid., p. 68.
33. Ibid., p. 79.

Também em *O político*, de Platão, encontramos o mito de Cronos. Aqui, vamos seguir primeiro as ideias de Castoriadis; depois a do próprio Rémi Brague que difere da interpretação de Castoriadis. Nos seminários proferidos por este último em 1986, o tema do tempo em Platão foi amplamente discutido. A princípio, Castoriadis parte de uma abordagem crítica de Platão; isto significa que sua leitura nos sugere que Platão corresponde ao crepúsculo de uma época toda especial: o século V a.C.

Platão identifica sua época como reino de Zeus. Isto significa, no exemplo dos seres vivos, que eles nascem pequenos, crescem, envelhecem e morrem. Isto corresponde a certa maneira de girar do universo, e ocorre porque Deus abandonou o mundo à sua própria sorte: acontece uma espécie de corrupção, de desordem no mundo.

Esta corrupção caminha para tal ponto que num certo momento, Deus se recoloca "no posto de pilotagem" e retoma a direção. Reconduz o curso do mundo ao seu verdadeiro sentido (que é inverso ao sentido atual). Após essa intervenção, a esfera celeste começa a girar em outro sentido. Aqui, os seres humanos saem da terra já velhos e começam a rejuvenescer. Este último período é o reino de Cronos.

No reino de Cronos a vida é feliz. Deus cuida de toda a existência, sendo auxiliado pelos deuses menores. É uma época de ouro, uma espécie de "comunismo primitivo". Assim, de tempos em tempos, Deus abandona a direção do mundo e, com isso, produz-se uma *katastrophé*: o curso contrário reaparece e os homens são obrigados a abandonar o estado feliz para ingressar no estado de cultura. Mas o homem só sobrevive nesse novo mundo de corrupção pela "doação divina" – o fogo de Prometeu, as artes de Hefesto e Atena.

Portanto, esse sistema mitológico explica a visão platônica, pessimista da deterioração das gerações humanas. Na interpretação de Castoriadis, essa visão platônica corresponde, de certa forma, ao novo contexto histórico após a florescência da *pólis* democrática:

O século IV a.C. é um período de crise, de decomposição das significações imaginárias... Já há cínicos que falam de uma espécie de estado de natureza, que pedem o retorno ao estado de natureza[34].

Resta a questão que Castoriadis coloca com clareza: por que Platão quer destruir o pensamento do século V a.C., ou melhor, as ideias de Demócrito? É que as ideias de Platão sobre o tempo – segundo Castoriadis – procuram demolir a antropogonia do século V a.C.: Platão procura destruir "a ideia de autocriação da humanidade para introduzir a ideia de que o que nos permite sobreviver durante esse período de corrupção não é uma criação humana, mas uma dotação divina"[35].

A instância de criação humana na história deixa de existir em Platão. A *ananké* (necessidade) aparece como um princípio superior para toda instância pessoal e até divina. É uma espécie de "*ananké* de ferro" que aparece como uma necessidade absolutamente insuperável. O mundo abandonado por Deus tenta se organizar ao seu modo, mas isto não é possível. A *katastrophé* se aproxima a cada instante. Nada pode evitar essa tendência à *phthora* (corrupção). Castoriadis vê nessa concepção uma verdadeira teodiceia, uma apologia de Deus. É uma visão que em parte – como veremos no próximo capítulo – será retomada por Santo Agostinho. Deus fez o mundo o melhor que pôde e com a matéria de que dispunha. Mas essa matéria está sujeita à corrupção gradual. Por isso devemos agradecer a Deus por suas intervenções salvadoras. "Pois o mundo, deixado a si mesmo, degenera numa organização cada vez mais confusa, pelo fato de conter um elemento corporal, essencialmente ligado à sua antiga natureza, que o faz perder a memória das formas que o demiurgo lhe havia imposto"[36].

O mundo do tempo de Zeus, ao se tornar cada vez mais desordenado, participa cada vez menos do "ser". Isto porque "ser" é par-

---

34. Castoriadis, 2004, p. 157.

35. Ibid., p. 167.

36. Ibid., p. 181.

ticipar do universal. A crítica de Castoriadis à concepção de Platão ampara-se na positividade da criação humana em Demócrito, Protágoras e Tucídides. Platão (ainda segundo Castoriadis) quer nos levar a uma visão da "eterna repetição". Se há história, em Platão, essa ocorre como *phthora* no mundo de Zeus. Aqui, vamos deixar para o próprio Castoriadis resumir suas reflexões: "Esse tempo que é apenas uma imagem da eternidade é então forçosamente circular, pois o círculo, o ciclo, é a figura que melhor lembra a identidade: ele pode girar sobre si mesmo sem que nada mude"[37].

Já na interpretação de Rémi Brague, a era atual sob o reino de Cronos tem seu diferencial na instituição da filosofia. O homem por meio desta última tem acesso à sua humanidade. Daí por que a saída da vida inocente do reino de Cronos é compensada pelo "progresso" das artes rumo ao bem, propedêutico à filosofia. E Brague chega a afirmar: "A saída da idade de ouro é um bem, pois permite que o homem adquira as artes e mereça a sabedoria devido aos seus esforços"[38]. É a filosofia que dá essa possibilidade de o homem se salvar; numa época onde Deus abandonou o leme do mundo, a filosofia não é mais uma pura possibilidade, mas o próprio encontro com Deus.

De uma forma geral, a interpretação de Brague não pode ser deixada de lado. Ele é um intérprete cuidadoso da exegese dos textos platônicos. Sua séria pesquisa mostra no final que "o bem-conhecido era mal-conhecido". Suas palavras devem ser levadas em consideração; sua pesquisa filológica pode abrir novas reflexões. No fundo é isto que deseja Brague.

Por outro lado, as ideias de Castoriadis devem ser apreciadas com consideração, já que sua interpretação se enquadra num contexto amplo da história da filosofia. Sua análise comparativa adquire profundidade na medida em que nela seu próprio pensamento se aloja. Na sua conclusão à leitura de *O político*, surge uma

---

37. Ibid., p. 184.
38. Brague, 2006, p. 103.

segunda solução em Platão que indica a ação do cidadão no sentido de "preencher a separação entre a abstração do universal legal e a realidade". Como numa espécie de retorno à *pólis* democrática, essa segunda solução mostra a força da educação em promover um cidadão à altura daquilo que deseja o bom legislador. A democracia se redime como o melhor dos regimes em termos de corrupção. Se ela não pode fazer algo de grandioso, tampouco pode fazer nada de muito prejudicial. Então, dentre os regimes corrompidos, melhor é viver numa democracia. Com isso, podemos interrogar: quem é Platão para Castoriadis? Ele é um radical, responde. O esforço de Platão, segundo Castoriadis, é o de "encontrar e de fixar um regime que detenha a história". Que suspenda a passagem do tempo, "que reterá o quanto possível a autocorrupção imanente aos regimes humanos"[39].

---

39. Esse fundo conservador (e moralista) em Platão é notado por Deleuze. Ao afirmar a noção de "diferença" contra as quatro ilusões do sistema de representação, afirma: "Mas, justamente, o que se declara nele é uma motivação moral em toda sua pureza: a vontade de eliminar os simulacros ou os fantasmas tem apenas uma motivação moral. O que é condenado no simulacro é o estado das diferenças livres oceânicas, das distribuições nômades, das anarquias coroadas, toda esta malignidade que contesta tanto a noção de modelo quanto a de cópia. Mais tarde, o mundo da representação poderá esquecer mais ou menos sua origem moral, seus pressupostos morais. Estes não deixarão, no entanto, de agir na distinção do originário e do derivado, do original e do subsequente, do fundamento e do fundado, distinção que anima as hierarquias de uma teologia representativa ao prolongar a complementariedade do modelo e da cópia" (DELEUZE, 2006, p. 369).

2

O homem apartado: estoicos e cristãos

O que marca de forma evidente a ruptura do modelo antigo de interpretação com relação ao modelo estoico-cristão é o desaparecimento do fundamento social do homem. No pensamento grego temos ora a *phýsis*, ora a *pólis* como modelos que sustentam a concepção de homem[1]. Com o estoicismo presenciamos esse isolamento do homem em prejuízo de seu ser social, bem como uma obliteração da história em si. O homem passa a ser concebido como uma entidade fora da história. Então, estamos diante de um fenômeno inédito e que vai marcar a nova trajetória desse pensamento reflexivo. Como pensar o homem de forma abstrata? Quais os novos padrões de análise? O que dá uma explicação coerente para a vida humana? Não se trata, aqui, de se realizar simplesmente uma crítica ao modelo estoico-cristão, mas sim de procurarmos as bases desse novo pensamento. Como mostram diversos pensadores, a justificativa se encontra nas próprias transformações históricas que dão sentido às ideias. Em um mundo onde a comunidade política da *pólis* democrática já não é mais uma realidade, onde a razão de ser "homem" se aparta de um compromisso com a prática política, então podem prosperar formas de pensamento que veem o homem

---

1. Em seu primeiro capítulo de *A razão*, Alain Lacroix deixa evidente essa ideia. Quando comenta sobre Heráclito, afirma: "A razão não é uma faculdade subjetiva da qual o homem se apropriaria imediatamente e à sua vontade. O *lógos* é o princípio uno, único e unitário, ativo em cada coisa que existe na medida em que ela está em conexão com as outras coisas. É por isso que "uno é o saber/Ele conhece o pensamento/Pelo que são governadas todas as coisas mediante todas as coisas" (Fr. 41). Por consequência, manifestar a razão ou ser sábio é chegar à compreensão dessa pertença do todo existente na lei divina, no *lógos* do mundo, que Heráclito chama também o "Uno-todo" (Fr. 50)" (LACROIX, 2009, p. 35)

como um ser individualizado e apartado de uma comunidade política concreta.

Creiamos: essa "individualização" não foi um nascimento fácil. Por outro lado, não se trata de "nascimento", pois o homem em sua concepção individual é um produto dos tempos modernos. Foi então uma longa gestação que se iniciou com o estoicismo. Neste, já presenciamos os sinais daquilo que, posteriormente, irá caracterizar o homem moderno.

Para efeito de nossas reflexões, vamos nos ater à obra de Rachel Gazolla, *O ofício do filósofo estoico* (1999). Aqui encontramos os principais elementos do universo estoico e que nos será útil para pensarmos na ruptura estoica. Na realidade essa ruptura já havia se iniciado com Sócrates e Platão. Neles, a noção de *phýsis* não abarca mais a noção de *psyché*. Já não se pede a integração do homem a um universo (físico ou social) externo ao homem. A reflexão filosófica se volta para o próprio homem como ser capaz de dar fundamento ao seu próprio pensar. Como sabemos, em Sócrates e Platão a *pólis* democrática é questionada. Dá-se início a uma etapa de ruptura para com a participação ativa na comunidade política. O estoicismo pode ser pensado nesse "trajeto"[2] ao apresentar um homem totalmente estranho ao modelo da *pólis* grega. O que se tem no estoicismo é um pessimismo concreto, mesclado com um otimismo abstrato. O homem perde, com ele, seu fundamento sociopolítico. Só assim pode a tese de Zenão prosperar: "O mundo é a verdadeira cidade, sem fronteiras nacionais, sem etnias"[3].

---

2. Não como nas tradicionais análises bem ao estilo do "determinismo", que de forma meio absoluta, veem no estoicismo (ou no socratismo, como Hannah Arendt) uma etapa inexorável do percurso da liberdade rumo à glorificação atual, como liberalismo: "[...] os filósofos estoicos realizaram a grande modificação social e espiritual que bem antes deles se preparava, mas que durante muito tempo fora contrariada pelo regime da cidade e tudo o que ele implica de limites e exclusões" (GRIMAL, 1990, p. 148, 149). Quando Grimal comenta sobre o estoico Crisipo, diz que este afirmara que o sábio (o modelo ideal de homem para o estoico) era considerado um homem livre por excelência, porque pode "agir por si mesmo". Mas essa forma de ação implica "recusar todas as coerções, venham de onde vierem" (GRIMAL, 1990, p. 148). Até que ponto as análises de Grimal estão contaminadas por uma "projeção retrospectiva" do modelo liberalismo? Eis uma problemática interessante.

3. Gazolla, 1999, p. 44.

Mas que mundo é este, tão amplo, que agora pertence ao homem? É a Cosmópolis. Então se o homem pode ascender a esta Cosmópolis, ele pode ser o cidadão do mundo, pode ser um "cosmopolita". Mas é aterrador quando nos deparamos com as teses de Zenão, pois elas destoam de forma exagerada do *bios politikos* dos gregos. Até onde Zenão absorveu o pensamento do cínico Crates, isto parece ficar em silêncio. O que sabemos é que o cinismo já isolara o homem e o incentivava a uma postura que implicava a ausência para com as responsabilidades públicas (a prática política, enfim). A *Politeia* de Zenão remete o homem a uma cidade atópica; lá não deve haver tribunais, nem ginásios. Não há um espaço civil de convivência já que a prática política necessita de um espaço (ou ordem) especial de deliberação. O estoicismo propõe uma vida apolítica[4].

Crer que a própria "ordem cósmica" se traduz numa "instituição política fundamental" é algo muito estranho. Rachel Gazolla comenta mais sobre essa ideia:

> O território político é o mundo, e, sendo os homens iguais por natureza, disso decorre o esvaziamento da pluralidade dos *lógoi* nas assembleias e nos partidos. Nada que venha da exterioridade histórica terá o valor de fundamento[5].

Para os estoicos, o racional e o ético estão presentes no mundo natural. E até a dimensão política, como vimos acima. Mas, então, como os estoicos concebem esta entidade denominada "natureza"? Eles respondem que a questão é saber ler as leis na natureza, seu ensinamento. Ela também está dentro de nós na medida em que nos conforma[6]. Então, a impressão que se tem é que se volta um pouco

---

4. Aqui temos que enfatizar a postura de Rachel Gazolla que discorda, em parte, dessa ideia do apoliticismo dos estoicos: "E, se Zenão expõe um retrato de seu cidadão perfeito utilizando-se de adjetivos e regras de bem-viver e não de leis formalizadas, não me parece suficiente apontar a Stoa e seus seguidores como indiferentes ao político e voltados para o ético apenas" (GAZOLLA, 1999, p. 56).

5. Ibid., p. 58.

6. "O filósofo estoico, que não se pretende sábio, mas é capaz de dar fundamento às ações e ao conhecimento do homem comum, alcança um lugar *sui generis*, pela *theoria* – uma teoria que divide logicamente os espaços. É ela quem nomeia o insen-

ao cosmo anterior a Sócrates, onde se vê nele um "poder unificador" na presença do intelecto (*nous*). O homem isolado se ampara, no estoicismo, a esta *phýsis*. Isto pode gerar passividade, submissão a uma ordem abstrata e alheia ao homem? Evidentemente que o estoico não vê essa ordem natural como "alheia ao homem". Mas no momento em que ela se transforma num modelo a ser seguido, o próprio fundamento (humano) do *lógos* e da *práxis* se transforma. Esta foi a grande dificuldade do príncipe Hamlet (como veremos no próximo capítulo), já que ele teve que romper com o modelo estoico para fundar uma nova *práxis*.

O cidadão virtuoso de Zenão é o *spoudaíos*. Ele não é um homem concreto, histórico. É um homem ideal, um "homem superior", na expressão de Gazolla. Se o homem comum habita a cidade histórica, o *spoudaíos* pertence à Cosmópolis. É impressionante, neste caso, a semelhança com a *Civitas Dei* de Santo Agostinho. O *spoudaíos* nos dá a impressão que já não vive neste mundo:

> Ora, há uma estrutura dual clara na *Politeia*: de um lado, o cidadão perfeito, na e da cidade perfeita, que segue a ordem perfeita da natureza; de outro, seu contrário, o *phâulos*, pleno de males, um anticidadão[7].

Estranho desejo, este, de negar o mundo histórico[8]. As convenções humanas não são coisas para o estoico. O socratismo sobrevive no estoico na medida em que se nega as instituições históri-

---

sato em seus atributos: louco, ímpio, vivendo a pior das sortes, pleno de infelicidades. Ao mesmo tempo, diz que todos os homens têm a natureza em si mesmos e que ela é Zeus, *Prónoia*, *Heimarméne*. [...] Sim, estamos próximos do insensato, mas temos a *phýsis* em nós" (GAZOLLA, 1999, p. 79, 80).

7. Ibid., p. 73.

8. Mesmo se admitirmos essa semelhança com Santo Agostinho, o cristianismo de certa forma vai aprofundar essa cisão iniciada com Platão e os estoicos. Isto é tão evidente que o próprio Santo Agostinho critica o estoicismo por ele não ter aprofundado essa crítica à vida terrena: "Tal é a estupidez do orgulho desses homens – os estoicos – que pretendem encontrar nesta vida e em si mesmos o princípio da felicidade. E tal a desvergonha deles, que chamam feliz o sábio, segundo o descreve sua vaidade, embora fique cego, surdo, mudo, fisicamente incapaz, seja atormentado por dores de crueldade inimaginável ou lhe sobrevenha outro mal, que se veja obrigado a matar-se, finalizando assim esta vida" (SANTO AGOSTINHO, 2008, p. 390).

cas. Há uma busca ao "permanente", ao "estável". O sábio (o ideal de homem para o estoicismo) tem uma alma permanente, assim como a Cosmópolis por ser a-histórica. Ela dorme na paz eterna. O oposto do sábio, na concepção estoica, é o homem insensato (*phâulos*). Então no homem comum existem essas potencialidades (tanto positiva, quanto negativa) como limites. Mas nesse sentido, então, posso me ater ao bom caminho e ter um "progresso" rumo ao potencial positivo? Ao que tudo indica o estoicismo já propõe esse progresso no termo *prokopé*. Essa é a interpretação de Voelke[9], que Gazolla cita em sua obra.

A virtude no estoicismo é um "exercício de bem escolher". Aqui Gazolla explica bem ao afirmar: "O progresso está no próprio exercitar-se que, em função da ascese, pode fazer avançar aquele que se exercita na virtude"[10]. O *prokóptontes* é um homem que se encaminha de forma progressista nesse exercício da escolha do bem. Ver que aqui já temos uma ascese. Mas se voltarmos ao *phâulos*, ao insensato, percebe-se que ele é o homem real, histórico. Ele "mergulha na temporalidade propriamente humana, perde-se no tempo agitador das paixões da alma"; está, enfim, preso ao passado e ao futuro. Estranha inversão que realiza o estoicismo ante a representação do homem. O homem ideal para o estoicismo deve buscar um enraizamento na "perene legislação cósmica". Daí por que nenhuma ordenação política criada pelo homem pode substituir a "grande ordem da natureza".

Quando se vê os vários detalhes da doutrina estoica, percebe-se que o cristianismo não aparece como uma doutrina estranha.

---

9. Voelke afirma "[...] O impasse a que chegamos resulta de uma separação abrupta entre o bem e o mal, a sabedoria e a loucura. Mas essa separação perde, pouco a pouco, seu caráter absoluto, pois os estoicos foram levados a levantar a questão da passagem de uma borda a outra do abismo [...]. Com efeito... não cessaram de atenuar o paradoxo admitindo, ao lado dessa transformação súbita e total do sujeito, uma marcha para adiante, um progresso (*prokopé*) que permite atingir a virtude pouco a pouco" (Apud GAZOLLA, 1999, p. 86).

10. Ibid., p. 87.

Desde o socratismo[11], um novo horizonte se delineia. O homem está só e já não pode contar com suas próprias forças para criar um mundo social.

Para o leitor comum e que hoje se situa na grande tradição que representa a religião cristã, não deixa de ser curioso e, por que não interessante, a leitura de *A Cidade de Deus* (*De Civitate Dei*). Realmente essa obra foi um grande empreendimento intelectual onde Santo Agostinho abarca todo o universo em torno do nascente cristianismo. Nesta época – um período histórico onde o poderio do Império Romano entra em decadência – o cristianismo afirma-se como religião oficial dos romanos. É nesse clima histórico de incertezas, de transição, de mutabilidade de valores que emerge *A Cidade de Deus*. Assim, presenciamos um Santo Agostinho que luta em diversas frentes de batalha. A primeira delas se refere à inflexão que realiza o cristianismo com relação ao mundo antigo. É o paganismo que o pensador cristão tenta descaracterizar como verdadeira religião. E é neste mesmo clima de combatividade que se resgata a história de Roma e seus males.

É que Santo Agostinho, em princípio, procura responder ao ataque dos adversários do catolicismo: afirmam que a decadência histórica de Roma se explica pela adesão de seu "povo" ao cristianismo. O que Santo Agostinho procura mostrar, então, é que os males históricos já existiam mesmo antes do advento do cristianismo. E se esses males históricos eram numerosos, para que então serviam seus deuses? Assim não se trata só de uma defesa, mas de um ataque ao paganismo.

Há também outro detalhe importante e que não pode deixar de ser notado nos primeiros capítulos de *A Cidade de Deus*: uma

---

11. Observar que o próprio ensinamento de Sócrates não se harmonizava com o modelo de comportamento (*ethos*) da *pólis*: "A *pólis* democrática considerou Sócrates um sábio subversivo que convidava os cidadãos a se desocuparem do mundo comum e humano" (ALVES NETO, 2009, p. 100). Já Hannah Arendt apresenta outra versão. Na versão meio idealizada de Sócrates, Arendt afirma que "o propósito socrático é aprimorar os cidadãos para a vida na *pólis*", ou seja, "não é dizer verdades filosóficas, mas tornar seus cidadãos mais verdadeiros" (ALVES NETO, 2009, p. 104).

profunda desilusão, um desapego a tudo o que se refere às coisas desse mundo. O cristianismo produz essa cisão entre o céu e a terra (entendida como "vida humana autônoma, vivida em comum"). O cristianismo joga o objetivo do homem para um além. Assim, a apreciação e o julgamento dos acontecimentos históricos (bem como os de ordem mais pessoal) passam a adquirir um sentido de acordo com o padrão exigido para o "bom cristão". As adversidades da vida terrena servem como uma espécie de prova; mas no fundo os acontecimentos desta vida (terrestre) não atingem os "homens em viagem neste mundo, guiados pela esperança na pátria celeste". É a própria história que sofre esse "desvio" interpretativo. Mas para o cristão Santo Agostinho, a história do homem é um acúmulo de vaidades e tentações. É o próprio purgatório. O termo não aparece, é claro; não temos ainda a noção do "purgatório" em *A Cidade de Deus*, mas o sentido de "provação", de "tentação". Assim, a própria vida terrena adquire esse sentido de provação, de tentação e punição. O sentido da história vai aparecer no referencial cristão. Isto significa que todo aquele receio que os primeiros romanos sentiam ao contato com a "nova mensagem" se confirma.

Essa espécie de novidade é sentida com o advento do cristianismo. É um fato importante compreendermos a forma como os pagãos concebiam a novidade da religião de Jesus. Na Roma Antiga, o cristão era suspeito de "superstição". E o que isso significa? Ao que tudo indica, os pagãos viam no cristianismo uma crença exagerada num Deus, deixando de lado o aspecto humano. O cristão, na óptica do pagão, era um religioso que odiava o gênero humano. Essa era uma marca fundamental e que mostrava bem a divisão entre o cristianismo e as outras formas de religião na sociedade antiga.

Nietzsche comenta essa ideia na *Genealogia da moral*, quando afirma que os "deuses gregos, esses reflexos de homens nobres e senhores de si, nos quais o animal no homem se sentia divinizado e não se dilacerava, não se enraivecia consigo mesmo"[12]. Aí está

---

12. Nietzsche, 1998, p. 82.

uma questão importante. Os deuses antigos serviam para "justificar o homem", sem romper o elo que os unia à vida; em muitos casos, inclusive, intensificava ainda mais esse elo, impulsionava o homem em direção às guerras, ao amor etc.[13] Quando no reinado de Tibério baixou-se severas leis proibindo a prática de religiões estrangeiras, a justificativa foi assim comentada por Suetônio: "Ele sustou a introdução de costumes religiosos estrangeiros, especialmente egípcios e judaicos, obrigando as pessoas que se declaravam adeptas de tais superstições a incinerar não só as vestes utilizadas nos serviços religiosos, como todos os demais utensílios"[14]. Essas religiões proibidas, portanto, eram condenadas porque representavam uma atitude de *superstitionis*, algo excessivo e que provocava um temor junto aos deuses. Henry Chadwich (1969) reproduz uma passagem do governador da Bitínia, Plínio o Moço, onde este comenta com o Imperador Trajano sobre o modo de tratamento aos cristãos. Plínio vê no cristianismo uma "imunda superstição"[15]. *Superstitis* é algo que está acima, sobre; *superstêre* é estender sobre. Nesse sentido, o Deus cristão ameaçava como potência universal e "sobre" a vida, portanto se sobrepunha ao próprio espaço figurativo do Estado. Se mesmo Javé era um Deus tolerado pelas autoridades romanas, isto se explica pelo fato desse Deus representar a própria nação judaica; já o Deus dos cristãos se diferenciava dessas divindades antigas. Apesar de muitos imperadores não considerarem os cristãos perigosos, ficava a imagem "de um grupo insignificante e antissocial", segundo Chadwich. Absorver a recente cultura cristã era um problema: primeiro, havia uma tendência dos cristãos de se recusarem a prestar culto ao imperador divinizado; depois, a suspeita de sedição ou de fraqueza moral que poderia desencorajar as

---

13. Maquiavel em *Comentários sobre a primeira década de Tito Lívio* já havia notado esse detalhe: "As religiões antigas, por outro lado, só atribuíam honras divinas aos mortais tocados pela glória mundana, como os capitães famosos ou chefes de Estado" (1979, p. 205).

14. Vandenberg, 1986, p. 208.

15. O cristianismo aparece como *superstitio nova et malefica*, nas palavras de Suetônio ou como *odium generis humanis*, em Tácito.

forças militares. Nesse sentido, o culto cristão trazia uma série de consequências que os romanos, de certa forma, procuraram evitar nos primeiros tempos.

A cisão que trazia o cristianismo era algo perigoso para a própria representação do homem: assim pensavam os antigos. Esses últimos se adaptavam à presença de outros deuses. Como sabemos, a vida desses mesmos deuses não era muito diversa da vida dos homens. Mas o moralismo para com o comportamento dos velhos deuses já se iniciara com Platão, especialmente em *A república*. Aqui, a censura aos poetas implica mostrar que os deuses só podem ser causa do bem:

> Guardemo-nos, portanto – prosseguí –, de crer e permitir dizer que Teseu, filho de Posídon, e Pirítoo, filho de Zeus, tentaram raptos tão criminosos como os que se lhes atribuem, nem que qualquer outro filho de deus, qualquer herói, ousou cometer os terríveis e sacrílegos atos de que são falsamente acusados. Ao contrário, obriguemos os poetas a reconhecer que eles não foram os autores de tais ações ou que não são os filhos dos deuses [...]. Como dizíamos há pouco, estas palavras são ímpias e falsas; pois demonstramos ser impossível que o mal provenha dos deuses[16].

Por isso o cristianismo com seu trabalho moralizador já encontra uma pequena tradição nas ideias de Platão. Já com o cristianismo a intolerância para com os outros deuses adquire a máxima intensidade. Ou estamos com Deus único ou sofremos a influência do diabo[17]. Esse clima de ameaça e de perigo iminente é o tom que

---

16. Platão, 2006, p. 105, 106.

17. O dualismo que presenciamos no universo cristão pode ser exemplificado nessa passagem de *A Cidade de Deus*: "A vida, ao mesmo tempo bem-aventurada e eterna, terá amor e gozo não apenas retos, mas também certos, e estará isenta de temor e de dor. Já podemos conceber quais devem ser, nesta peregrinação, os cidadãos da Cidade de Deus que vivem segundo o espírito, não segundo a carne, quer dizer, segundo Deus, não segundo o homem, e quais serão na imortalidade a que aspiram. E, de maneira incidental, a cidade dos ímpios, ou seja, a sociedade dos que não vivem segundo Deus, mas segundo o homem, e seguem os ensinamentos dos homens e dos demônios

notamos por toda *A Cidade de Deus*. A vida terrena é o próprio palco do diabo com seu séquito de demônios auxiliares. E é neste nível que Santo Agostinho vê o paganismo; no fundo sua visão se configura assim:

> Ao abrigo de tantos deuses (quem poderá enumerá-los?), naturais, adventícios, celestes, terrestres, infernais, marinhos, fontais, fluviais e, como diz Varrão, certos e incertos, deuses de todo gênero, machos e fêmeas, como entre os animais, posta Roma, torno a dizer, ao abrigo de tais divindades, não deveriam persegui-las tamanha e tão horripilantes calamidades das quais mencionarei algumas[18].

A derrocada dos romanos é explicada por esse sistema moral de base religiosa. Esses deuses, juntamente com outros fatores, não souberam dar uma estrutura moral adequada ao cidadão romano. Nos primeiros livros de *A Cidade de Deus*, Santo Agostinho ataca de forma severa os poetas e os jogos cênicos instituídos pelos romanos. O clima moralizador é parecido com o de Platão. Com o teatro, a mocidade caíra num desregramento social que ameaçava o bem-estar geral. Então foi a crença nos falsos deuses, bem como o crescente desregramento da vida social que fizeram precipitar o Império Romano. Mesmo assim, Santo Agostinho afirma que Roma nunca teve verdadeiramente uma república. Ele recorre aos autores antigos que testemunharam essa forma de governo para mostrar suas deficiências. Se república é "coisa do povo", isto nunca existiu em Roma, "pelo simples motivo de já não tratar-se de coisa do povo, pois dela o tirano ou a facção se apoderara"[19]. Mesmo em seu tempo áureo, a política romana jamais foi uma república porque não conheceu a verdadeira justiça.

---

no culto à divindade falsa e no desprezo à verdadeira, sofre as sacudidas de tais afetos e como que os golpes de enfermidades e perturbações" (SANTO AGOSTINHO, 2008, p. 146, 147).

18. Santo Agostinho, 2009, p. 117.

19. Ibid., p. 91.

Aqui entra em cena um estilo (ou estratégia) que Santo Agostinho utiliza em seus argumentos. Os modelos da vida civil são projetados para o ideal da cidade divina (*Civitas Dei*). No exemplo da república a transposição resulta assim: "Verdadeira justiça existe apenas na república cujo fundador e governo é Cristo, se nos agrada chamá-la república, porque não podemos negar que seja também coisa do povo"[20]. Tudo se passa como se o cristão ingressasse numa comunidade espiritual parecida com aquela do modelo terreno, mas agora num sentido otimizado. Se há uma pátria terrena, Santo Agostinho assinala para uma verdadeira "pátria divina":

> Nós te convidamos, nós te exortamos a vir a esta pátria, para que te contes no número de seus cidadãos, cujo asilo é, de certo modo, a verdadeira remissão dos pecados. [...] Por ela trabalharás pouco e nela terás eterno e verdadeiro reino. Não encontrarás o fogo de Vesta, nem a pedra do Capitólio, mas Deus, Uno e verdadeiro, que não te porá limites ao poder, nem duração ao império[21].

O novo cristão, assim, é transportado para um modelo transcendental com imagens retiradas da vida civil. Vitória, honra, paz e vida (com suas imagens) são transpostos, respectivamente, para a "verdade", "santidade", "felicidade" e "eternidade". O caminho a ser escolhido para se ingressar nessa "cidade bem-aventurada" é evitar a comunhão com os demônios.

Os valores aristocráticos que norteavam toda a vida social dos antigos são negados. "Louvor! Glória!" são nomes vazios para Santo Agostinho, que afirma que ninguém é grande "porque se bateu com Beltrano e Sicrano e os venceu". Está em curso aqui o que Nietzsche denomina de transvaloração. O cristianismo opera uma transformação nos valores sociais: "Mas estimo ser melhor recompensa o aborrecimento de qualquer inação que a busca de glória

---

20. Ibid., p. 92.
21. Ibid., p. 103.

com semelhantes armas"[22]. São os próprios valores da vida social, terrena, que são negados em sua totalidade. A felicidade neste mundo é mesquinha e enganadora. Entre o mundo divino e o terreno não há mais uma relação de complementaridade[23]. Agora o dualismo prepondera, sendo que a vida terrena não é mais a morada ideal do homem. Ela é concebida como um "vale de lágrimas", uma vida repleta de misérias, plena de "enormes e horrendos males":

> Desta (a vida terrena), viciada pelo pecado, ligada pelo vínculo da morte e justamente condenada, o homem, nascendo do homem, não nasceria doutra condição. Por isso, do mau emprego do livre-arbítrio originou-se verdadeira série de desventuras, que de princípio viciado, como se corrompido na raiz o gênero humano, arrastaria todos, em concatenação de misérias, ao abismo da morte segunda, que não tem fim, se a graça de Deus não livrasse alguns[24].

Observar que no modelo cristão o que se nega é a própria independência (autonomia) do homem; a ideia de ele ser o criador de sua própria vida. A raiz do problema cristão em relação ao homem é a soberba: "O homem não se tornou semelhante ao diabo por ter carne, de que o diabo carece, mas por viver segundo si mesmo, quer dizer, segundo o homem"[25]. Eis um ponto importante e que

---

22. Ibid., p. 121.

23. Na análise de J.-P. Vernant essa noção é explicada dessa forma: "Nesse plano, a vida religiosa aparece integrada à vida social e política, da qual constitui um aspecto. [...] Dos deuses até a cidade, das qualificações religiosas às virtudes cívicas, não existe nem ruptura nem descontinuidade. [...] Neste contexto, o indivíduo estabelece a sua relação com o divino pela sua participação em uma comunidade. [...] Expulso dos altares domésticos, excluído dos templos de sua cidade, não aceito em sua pátria, o indivíduo acha-se desligado do mundo divino. Perde ao mesmo tempo o seu ser social e a sua essência religiosa; não é mais nada. Para reencontrar o seu *status* de homem, deverá apresentar-se como suplicante em outros altares, sentar-se diante da lareira de outras casas e, integrando-se a novos grupos, restabelecer os elos que o enraízam na realidade divina, pela participação em seus cultos" (VERNANT, 1990, p. 420).

24. Santo Agostinho, 2008, p. 109. A ruptura com o mundo antigo se configura de forma tão intensa, que os gregos surgem como um povo estranho: "Mas o erro deles – os gregos – é estranho, porque sustentam ser feliz a vida, [...]" (p. 391).

25. Ibid., p. 135.

Castoriadis já havia assinalado em sua crítica a Platão, ou seja, que este desejava apagar o avanço da ideia de autoconstituição da espécie humana (e ressurgia em Demócrito, Protágoras e Tucídides). Platão seria um retrocesso ante o avanço que realizaram esses últimos pensadores. Ele representava o anseio de "parar" e "fixar" a história[26] em contraponto às novas formas (progressistas) de constituição da vida sociopolítica.

É no capítulo XIII do livro XII de *A Cidade de Deus* que Santo Agostinho traz uma discussão que nos interessa de perto. Neste livro ele se propõe a estudar o tema da criação. Inicia a discussão com a distinção entre anjos bons e maus. Mas o padre pensador quer mostrar que o verdadeiro bem, uno, feliz e imutável é Deus. Já o mundo criado, com suas criaturas, só encontra o bem em Deus; caso contrário, são criaturas miseráveis. Há uma hierarquia evidente nas coisas criadas. De uma pedra até um ser racional, percebe-se que este último é superior. Mas, mesmo assim, esse ser racional não deixa de participar da miséria terrena. Essa hierarquia tem como referência o grau de participação em Deus: "A umas deu ser superior, a outras, inferior, ordenando assim gradualmente as naturezas das essências"[27].

Se algo se desvia desse caminho, que a hierarquia acima descreve, então é sinal de "vício". A natureza comporta esse potencial que desvia os seres do bem último. Neste ponto, Santo Agostinho não condena a natureza; afirma que ela, "embora sendo viciada, é bem". Então o que se chama de mal não pode ser nocivo a Deus, mas às naturezas mutáveis e corruptíveis. Também não há "defeitos naturais"; eles são sempre voluntários. Naturalmente as coisas são boas. É que o vício se enraizou a tal ponto que "robustecido pelo costume e, por assim dizer, entranhado na natureza, chegou

---

26. Ver, neste caso, como Deleuze identifica no platonismo um fundo (de apoio) mítico: "É a divisão que sobrepuja a dualidade e integra o mito na dialética, faz do mito um elemento da própria dialética. [...] [Em Platão] o fundamento é instituído no mito como o princípio de uma prova ou de uma seleção, que dá todo seu sentido ao método da divisão, fixando os graus de uma participação eletiva" (DELEUZE, 2006, p. 101).

27. Ibid., p. 63.

a ser natural". O filósofo cristão observa a ordem da natureza. Vê que alguns seres perecem para dar lugar a outros seres, agora mais superiores. Ele afirma que "os vencidos se transformam em qualidades dos vencedores, então se dá a ordem dos seres transitórios". Constata que existe tal ordem nessa sucessão temporal (no seio da natureza). Mas por um instante se paralisa, não adianta em seu pensamento; vai estacionar em seu horizonte cristão:

> A formosura de tal ordem não nos deleita precisamente porque, incorporados, por motivo de nossa natureza mortal, à referida parte do conjunto, não podemos perceber que relações de conveniência e proporção ligam ao conjunto as partes que nos desagradam. Eis por que, quando menos idôneos somos para contemplá-la, mais se nos impõe a obrigação de crer na providência do criador, a fim de não nos atrevermos, com a temerária vaidade humana, a censurar a obra de tão grande Artífice[28].

Essa ordem provém da "providência do Criador". É que os homens consideram a natureza não em si, mas de acordo com suas conveniências, segundo sua utilidade. Considerada em si, a natureza dá glória a seu Artífice (Deus). A ordem a que se refere Santo Agostinho aparece dessa forma:

> Todas as naturezas têm, como ser, seu modo, espécie e certa paz própria e, por isso, são boas. E quando estão colocadas onde a ordem da natureza exige, conservam o ser que receberam. As que não receberam ser permanente melhoram ou pioram, segundo a usança e movimento das coisas a que se encontram sujeitas por lei de criação, tendendo sempre por providência divina ao fim que leva em si a razão do governo do universo[29].

Então há seres que são estáveis; outros (que não receberam um ser permanente) que melhoram ou pioram. Mas no conjunto há

---

28. Ibid., p. 65.

29. Ibid., p. 66.

uma ordem movida pela providência divina. Santo Agostinho afirma que há filósofos que indicam que existem "circuitos de tempos, em que na natureza se renovariam e repetiriam sempre as mesmas coisas e, assim, conforme afirmam, formaria-se a textura íntima das evoluções dos séculos que vêm e passam"[30]. Esses mesmos pensadores colocam a alma nessa "ludíbria" interpretação. Santo Agostinho nega essa interpretação, cuja "eternidade não confiamos". Para ele, a alma liberta jamais há de tornar às misérias e caminha para a felicidade. Isto "causa no tempo algo novo, que não terá fim no tempo"[31]. Atentar, aqui, que essa libertação da alma rumo à felicidade é vista como "algo novo", por isso funda um novo tempo. E ele estende esse raciocínio para o próprio mundo:

> Por que, pois, não se há de dizer o mesmo do mundo e do homem nele criado? Por que não seguir o caminho reto da sã doutrina, que nos desvia de não sei que falsos circuitos, inventados por falsos e enganadores sábios?[32]

O Santo Padre ironiza a ideia de termos outro Platão, de voltarmos a ter uma Atenas com sua Academia. A historicidade única, linear, é aqui apresentada: "Cristo morreu uma vez apenas por nossos pecados e, ressuscitado dentre os mortos, já não morre e a morte já não terá domínio sobre ele"[33]. Essa nova concepção do tempo como algo linear surge motivada por uma evolução espiritual; é uma transcendência de ordem espiritual.

O erro dessa interpretação (em círculos) provém de os filósofos imaginarem o "círculo de revoluções imaginárias" como uma forma de eternidade terrena: "Seu erro consiste em preferirem andar em falsos circuitos a seguir o caminho reto [...]"[34]. É que os filósofos

---

30. Ibid., p. 75.
31. Ibid., p. 76.
32. Ibid.
33. Ibid.
34. Ibid., p. 84.

medem a "mente divina" (absolutamente imutável, infinita) pela sua, humana, mutável e limitada. Portanto, Santo Agostinho rompe com a concepção cíclica do tempo, bem como com a antiga ideia de revolução. Em seu lugar, ele propõe uma "sucessão na mais ordenada série, sem que nenhum retorno ameace a imutável beatitude das almas liberadas [...]"[35].

Santo Agostinho nos acena, portanto, para uma nova saída: esta "estupenda novidade", em sua expressão. A alma liberta não volta mais às misérias, "produz-se nela algo novo e grandioso", ou seja, sua felicidade eterna não terá fim. É a libertação que surge como algo novo. Nela ocorrem coisas novas que "nem antes existiram nem são estranhas à ordem do universo". Então, o "novo" refere-se ao estado dessa alma que galgou até a libertação.

O tempo não deixa de ser objeto de reflexão em *A Cidade de Deus*. Santo Agostinho se pergunta: o que é o tempo? "Busca-se o presente e não se dá com ele, porque o cruzar do futuro com o passado é espaço inapreciável"[36]. A vida terrena, com sua dimensão temporal, é concebida como algo que passa de uma coisa a outra, "mudando de pensamento"; o que se observa nessa dimensão temporal (tanto o futuro (que ainda não é), bem como o presente (que já é) ou o passado (que já não é)) é uma instabilidade, algo intangível. Nas *Confissões* o debate em torno do tempo é mais amplo. Esse mundo mutável é travestido de uma forma perene de mobilidade. Tal mundo, desde já, está associado às "volúveis vicissitudes" do mundo terreno. Quando Santo Agostinho caracteriza o Criador, assim se expressa:

> Direis que a sua substância nunca varia com o tempo nem jamais a sua vontade prescinde da sua subsistência? Deste princípio se deduz que Deus não quer ora isto, ora aquilo, mas que o que uma vez quis, simultaneamente e para sempre o quer. Não pode querer re-

---

35. Ibid.

36. Ibid., p. 106.

petidas vezes nem querer agora uma coisa e logo outra, nem querer depois o que antes não queria; ou deixar de querer o que queria, porque tal vontade, sendo mutável, não é eterna; ora o nosso Deus é eterno[37].

Observar que é uma caracterização em relação ao tempo. Portanto, em mim, homem, o pensamento é mutável. É intuição quando se refere ao futuro; memória, ao se referir ao passado. Mas a vida humana temporal é concebida como "vicissitude". Em contraposição a esse tempo, há a eternidade divina. Nela, "nada passa, tudo é presente":

> Esse tal verá que o passado é impelido pelo futuro e que todo futuro está precedido de um passado, e todo passado e futuro são criados e dimanam daquele que sempre é presente. Quem poderá prender o coração do homem, para que pare e veja como a eternidade imóvel determina o futuro e o passado, não sendo nem passado nem futuro?[38]

Ocorre, nessa reflexão, a perspectiva de um estado para o homem onde este parece não viver realmente. Ele não pode viver no presente, porque só a eternidade de Deus é sempre presente; então este homem trafega do futuro (que está para vir) ao passado (que já passou). Temos, assim, uma situação instável[39]. Assim, permanece a interrogação: o que é o tempo? A questão é que algo no presente passa para o passado; nesse sentido, como explicar a existência de algo (o presente) onde justamente deixa de existir, para se transformar em passado? A resposta de Santo Agostinho é que "o tempo verdadeiramente só existe porque tende a não ser". Medir o tempo, dizer que tal dimensão foi breve ou longa é se referir ao presente, já que o futuro e o passado não existem. Mas

---

37. Santo Agostinho, 1999, p. 307.

38. Ibid., p. 276.

39. Já Deus é descrito nesses termos: "[...] é um perpétuo hoje, porque este vosso hoje não se afasta do amanhã, nem sucede ao ontem. O vosso hoje é a eternidade" (Ibid., p. 278).

mesmo o tempo presente, "o único que julgávamos poder chamar longo", apresenta-se assim:

> Mas este voa tão rapidamente do futuro ao passado, que não tem nenhuma duração. Se a tivesse, dividir-se-ia em passado e futuro. Logo o tempo presente não tem nenhum espaço[40].

Santo Agostinho afirma que "existem" o que denominamos *fatos futuros* e *pretéritos*. Tanto os historiadores quanto os adivinhos trabalham com coisas que existem. Nesse sentido, "em qualquer parte onde estiverem, quaisquer que elas sejam, não podem existir senão no presente. Ainda que se narrem os acontecimentos verídicos já passados, a memória relata não os próprios acontecimentos que já decorreram, mas sim as palavras concebidas pelas imagens daqueles fatos, os quais, ao passarem pelos sentidos, gravaram no espírito uma espécie de vestígios"[41].

Ele dá o exemplo da recordação de minha infância. Tal dimensão já não existe mais; está num passado que já não é. Quando evoco sua imagem, esta se transforma em objeto de alguma descrição no tempo presente. O mesmo se passa com a predição do futuro. Prever o futuro significa ver as suas causas já dotadas de existência: "Estes vaticínios, repito, já existem, e aqueles que predizem o futuro já os veem como presentes junto a si"[42]. A conclusão de Santo Agostinho, então, é que os tempos são três: presentes das coisas passadas, presentes das presentes e presentes das futuras. Afirmar que o futuro possui existência ou que o passado subsiste ainda é um erro.

Sem dúvida, esta questão do tempo se transforma, nas palavras de Santo Agostinho, em "enigma complicado". O filósofo cristão discorda da antiga definição de tempo como movimento dos astros (ou corpos). Na verdade o tempo é a distensão da alma (*distentio animi*):

---

40. Ibid., p. 280.
41. Ibid., p. 282.
42. Ibid., p. 283.

> Em ti, ó meu espírito, meço os tempos! [...] Meço a impressão que as coisas gravam em ti à sua passagem, impressão que permanece, ainda depois de elas terem passado. Meço-as, a ela em quanto é presente, e não àquelas coisas que se sucederam para a impressão ser produzida. É a essa impressão ou percepção que eu meço, quando meço os tempos. Portanto, ou esta impressão é os tempos ou eu não meço os tempos[43].

Nesse sentido, o terreno para onde se encaminha a reflexão sobre o tempo se desloca para o espírito. Nele há a "expectação", a "atenção" e a "memória". Santo Agostinho, como podemos observar, subjetivou a noção de tempo: o futuro longo é apenas a longa expectação do futuro, assim também com o passado. Isto se passa por toda a vida humana, num jogo entre expectação, atenção e memória. Deste ponto não fica difícil conceber minha vida terrena como "distensão da alma": estou dividido e apegado a muitas coisas. A saída que propõe Santo Agostinho ante esta instabilidade do ser é:

> [...] alcançarei a unidade do meu ser, seguindo a Deus Uno. Esquecerei as coisas passadas. Preocupar-me-ei sem distração alguma, não com as coisas futuras e transitórias, mas com aquelas que existem no presente[44].

Rompe-se, assim, pela fuga metafísica a essa fragmentação do ser[45]. Aqui, podemos perguntar: e aquela dimensão linear que Santo Agostinho havia proposto? Em *A Cidade de Deus*, em seu livro XX, há um debate sobre o juízo final. É o fim dos tempos onde será julgada a autêntica felicidade dos bons e a irrevogável e merecida infelicidade dos maus. Esse julgamento divino representa a destruição da "Jerusalém terrena"; uns irão para o "suplício eterno",

---

43. Ibid., p. 292.

44. Ibid., p. 294.

45. Essa saída metafísica contrasta com a instabilidade terrena: "Mas eu dispersei-me no tempo, cuja ordem ignoro. Os meus pensamentos, as entranhas íntimas da minha alma são dilaceradas por tumultuosas vicissitudes [...]" (Ibid., p. 295).

outros para a "vida eterna". Esses tempos atuais são aqueles em que o diabo ainda seduz; Deus não quer que tenhamos consciência de quem pertence ou não ao diabo. Santo Agostinho descreve um verdadeiro clima de guerra para seu contexto histórico; o combate é travado entre o diabo (e seus seguidores) e a igreja. Os marcos históricos dessa nova visão da história correspondem às seguintes datas: a vinda de Cristo e o fim do mundo terreno. Neste livro, Santo Agostinho comenta sobre o "brutal inimigo", os "soldados de Cristo" e o "campo de batalha". São termos empregados para descrever uma batalha, agora espiritual. A proteção que o homem deve buscar está na Igreja Católica. Neste horizonte, a vida terrena adquire uma conotação tão negativa que passa a ser "o mundo proceloso e turbulento que é a vida dos mortais". O tempo linear carregado dessa tensão está prenhe de uma escatologia. O homem deve optar por este rompimento e ingressar na "grande cidade, a nova Jerusalém", já que o último juízo será público. Jesus Cristo condenado injustamente condenará com toda justiça.

Assim, Santo Agostinho apreende esse tempo linear plenamente carregado de tensão, onde a utopia cristã se avizinha logo à frente. Esse "cidadão" cristão que ingressa na "sociedade divina" representa, na verdade, um anticidadão no modelo da *pólis* grega: ele não é conclamado a deliberar sobre nada. As coisas já estão postas por Deus. Embora de ordem transcendente, o pensamento de Santo Agostinho ampara-se em imagens do universo político-republicano, ou seja, uma comunidade de justiça. A *Civitas Dei* é a plena realização da justiça, onde o cristão se sente cidadão de verdade. No fundo, o monoteísmo cristão prepara a disposição do indivíduo para ser um cidadão (terreno) submisso[46]. Essa face polí-

---

46. Há uma passagem em *A Cidade de Deus* que esta ideia se evidencia ainda mais: "Na verdade, é preferível ser escravo de homem a sê-lo de paixão, [...]. Mas na ordem de paz que submete uns homens a outros, a humildade é tão vantajosa ao escravo, como nociva ao dominador a soberba. [...] Por isso, o Apóstolo aconselha aos servos que estejam submissos aos respectivos senhores e os sirvam de coração e de bom grado. Quer dizer, se os donos não lhes dão liberdade, tornem eles, de certa maneira, livre sua servidão, não servindo com temor falso, mas com amor fiel, até que passe a iniquidade e se aniquilem o principado e o poder humano, e Deus seja todo em todas as coisas" (SANTO AGOSTINHO, 2008, p. 406)

tica do cristianismo foi notada por Hobbes e Rousseau: o primeiro com entusiasmo; o segundo com pesar.

O cristianismo pode ser percebido como um momento de confirmação da cisão entre indivíduo e mundo político iniciado com o platonismo. Cisão esta que marca a própria definição de homem moderno preso na dualidade entre corpo/alma, sujeito/objeto etc. Quando J.-P. Vernant comenta sobre o surgimento da "alma" no pensamento grego dos séculos VI e V a.C., seu cuidado em relação ao tema é total. Nem elogio (como ocorre com os intelectuais que adotam a visão determinista da liberdade), nem crítica. Ele constata simplesmente esse aparecimento e conclui que a *psyché* não é mais, como em Homero, uma "fumaça inconsistente" ou um "fantasma sem relevo" que exala do homem nos instantes finais de sua vida. Ela é, agora, "uma força instalada no interior do homem vivo, sobre a qual ele se prende e que ele tem o dever de desenvolver, de purificar, de liberar"[47]. E a constatação prossegue em Vernant, sem um julgamento de caráter progressivo ou não desse aparecimento:

> Ao mesmo tempo realidade objetiva e experiência vivida na intimidade do sujeito, a *psyché* constitui o primeiro quadro que permite ao mundo interior objetivar-se e tomar forma, um ponto de partida para a edificação progressiva das estruturas do eu[48].

Já Hannah Arendt, ao tratar do mesmo tema, não deixa de transparecer certo pesar por essa inversão:

> Quem quer que leia a Alegoria da Caverna na *República*, de Platão, à luz da história grega logo percebe que a *periagoge*, a "viravolta" que Platão exige do filósofo, constituía na verdade uma inversão da ordem do mundo homérico. Não é a vida após a morte, como no Hades homérico, mas a vida comum na terra que é situada numa "caverna", num submundo [...] (ARENDT, 1981: 305).

---

47. Vernant, 1990, p. 435.

48. Ibid., p. 436.

Agora a "vida comum na terra" é criticada: nasce, na concepção de Arendt, a imagem do "homem alienado". Tal imagem será ainda mais acentuada (e aprofundada) no cristianismo. Tal religião, segundo Arendt, ao negar um espaço comum de ordem terrena (pois indica uma "extraterrenidade da experiência religiosa") traz um saldo negativo com relação à construção de uma "região pública desse espaço onde tudo e todos são vistos e ouvidos por outros"[49]. Sem dúvida, nada mais estranho àquela comunidade política (a *pólis* ateniense) entendida como a mais suprema forma de se viver que a ordem cristã. Esta, por sinal, é nitidamente antagônica a *res publica*. Daí Arendt lembrar uma fórmula de Tertuliano: *Nec ulla magis res aliena quam publica* (nada nos é mais alheio que o que tem importância pública). Tal fórmula já indica que a moral cristã se concentra na "individualidade" (da alma) e que "a responsabilidade política constitui, em primeiro lugar, um ônus aceito exclusivamente em prol do bem-estar e da salvação daqueles que ela liberta da preocupação com os negócios públicos"[50].

Sem dúvida, a imagem negativa do homem (terreno) nasce aqui. E Hannah Arendt viu bem o nascimento (e desenvolvimento) dessa concepção. Mas ninguém foi tão mais profundamente crítico ante o cristianismo que Nietzsche. Ele via nessa forma de religião um sintoma (que denominava de "valor") de *décadence*. O cristão é entendido por ele como "a enferma besta humana"[51]; já o cristianismo havia erigido seus "imperativos supraterrestres" que impediam uma real ascensão (Nietzsche desejava "uma consciência nova para verdades mudas até agora") do homem terreno[52].

---

49. Ibid., p. 87.

50. Ibid., p. 69.

51. Nietzsche, 1978, p. 15.

52. Há, com relação ao cristianismo, outros aspectos (neste sentido, positivos ou relativamente neutros) que não podemos menosprezar. Além do "universalismo da representação humana", bem como a invenção da "subjetividade", o cristianismo funda a "bondade" (no tema do "amor ao próximo") moderna. Outro aspecto da tradição cristã, esta de tendência protestante, foi enfatizado por Max Weber em *A ética protestante e o espírito do capitalismo*. O que Weber sugere nesta obra é uma valorização do trabalho no contexto do capitalismo nascente. A expansão deste último foi motivada

pelo "espírito do capitalismo" (a racionalização) formado a partir da "ascese cristã". Eis sua conclusão: "Pois quando o ascetismo foi levado para fora dos mosteiros e transferido para a vida profissional, passando a influenciar a moralidade secular, fê-lo contribuindo poderosamente para a formação da moderna ordem econômica e técnica ligada à produção em série através da máquina, que atualmente determina de maneira violenta o estilo de vida de todo indivíduo nascido sob esse sistema [...]" (WEBER, 2000, p. 130, 131).

3
A história como experimento: o *homo faber* moderno

O grande desafio do período moderno foi ter que erigir um Estado moderno. Após a fragmentação do período medieval, era de fundamental importância uma nova ordem social que trouxesse os fundamentos de um espaço civil renovado e unificado. É que após a queda da comunidade política democrática, a *pólis* (que mostrou, na prática, a possibilidade do homem se elevar por si só como ser autônomo e criador de suas próprias normas), surge neste instante a possibilidade de configurar uma nova ordem política. Se no meio cultural o passado greco-romano se mantinha como referencial a ser seguido – já que a cultura cristã negava o mundo terreno –, já a realidade política procurava uma nova forma de resolver seus impasses. Daí por que, de fato, nunca houve verdadeiramente um "Renascimento", mas um início, um começo que não deixou de ser penoso[1]. A nova realidade concreta exigia uma *práxis* nem sempre identificada no passado. Após um longo período de predominância

---

1. É evidente que parte do mito "Renascimento" foi criada por Michelet que não simpatizava com a Idade Média. Cf., nesse caso, o *Michelet e a Renascença*, de Lucien Febvre. Jacob Burckhardt em *A cultura do Renascimento na Itália* comenta: "As circunstâncias até aqui descritas teriam agitado e amadurecido a nação mesmo sem a presença dessa Antiguidade, assim como sem ela seria decerto igualmente concebível a maioria das novas tendências intelectuais a serem ainda enumeradas aqui" (2009, p. 177). Já no clássico de Huizinga, *O declínio da Idade Média*, temos a ideia de uma continuidade entre medievalidade e época moderna: "Por esta característica está a Renascença ligada aos tempos do feudalismo" (1966, p. 41); no final da obra, escreve: "O classicismo não apareceu por súbita revelação; cresceu entre a vegetação luxuriante do pensamento medieval" (Ibid., p. 327).

da mentalidade cristã, como conceber o homem novamente como um ser temporal e terreno? Como pensar o mundo e o homem numa só unidade? Que nova comunidade humana (e, portanto, política) poderia ser erigida nesses novos tempos?

Shakespeare, Maquiavel, Hobbes, entre outros, observaram com a devida atenção esses novos desafios. Embora Shakespeare conserve a ideia tradicional da presença absoluta do "bem" como uma espécie de verdade, já Maquiavel nega tal possibilidade. Ambos insistem que a grande novidade para os novos tempos é a presença da astúcia.

Em Shakespeare, a presença da astúcia, de início, remete-nos ao tema da traição. Mas o que é moderno nele é a utilização da mesma astúcia na prática do bem. Em *Hamlet*, o príncipe virtuoso afirma: "Como é belo ver a astúcia vencer a própria astúcia". Assim, Shakespeare propõe uma espécie de astúcia "virtuosa". É, no fundo, o que faz o príncipe ao usar a peça teatral *A ratoeira* para desmascarar Cláudio, o rei usurpador. Essa ideia fica mais clara em *Medida por medida*, onde na ausência do rei, Ângelo se transforma num tirano. Qual a estratégia que o Duque (Vicentio) usa para restaurar a paz? Ele afirma que se deve aplicar *craft against vice*, ou seja, habilidade, astúcia (*craft*) contra o vício, a maldade (*vice, vices*). Nas próprias palavras do duque:

> Em vergonha Ângelo viva,
> Pois condena o que cultiva!
> Por dentro, quanta indecência!
> Sendo um anjo na aparência!
> Quem no crime fez carreira,
> De tempo fez brincadeira
> Criando como uma aranha
> Do nada, coisa tamanha![2]

Em *Otelo*, o herói é representado por um mouro a serviço do Estado de Veneza. Desdêmona, a esposa de Otelo, será envolvida na

---

2. Shakespeare, 1995, p. 148, 149.

trama com Iago (que prepara o golpe). A primeira a perceber toda a cilada é Emília, a esposa de Iago. Ela diz: "O que pode fazer tão bobalhão com esposa tão boa!". Quando Otelo percebe na trama que está envolvido, comenta: "Tu, refinado vilão", referente a Iago. Daí por diante, a imagem de Otelo é de um homem bom, mas que caiu nas "armadilhas de um escravo amaldiçoado". O próprio Otelo, no final, conscientiza-se de que todas as suas virtudes encontram "sabedoria de menos", ou seja, falta uma espécie de astúcia para suas qualidades virtuosas.

Eis, então, o que é ser moderno em Shakespeare: não basta ser virtuoso e seguir os preceitos tradicionais da temperança; é necessário, nesses novos tempos, ter uma astúcia refinada, uma percepção exata do homem e de tudo que é capaz. Saber que o homem não é mais confiável, não crer nas aparências. É preciso estar ciente de que a "verdade é estrangeira" (nas palavras de Shakespeare). E o que isto significa? Significa que nesse período moderno a verdade foi exilada; Shakespeare propõe uma inversão inteligente, uma renovação moderna da antiga temperança e uma nova recriação dos valores humanos. Ver, nesse sentido, o que Isabela indica em *Medida por medida*:

> Não expulse a razão por causa das injustiças, mas faça a razão servir para fazer com que a verdade apareça onde está oculta e oculte a falsa aparência da verdade[3].

Portanto, a permanência da virtude na Era Moderna necessita de uma nova configuração. Como expressa Mariana, na peça acima, "como há um senso na verdade, há também uma verdade na virtu-

---

3. Ibid., p. 194. A tradução é minha. Eis a passagem original: "[...] nor do not banish reason for inequality; but let your reason serve to make the thuth appear where it seems hit, and hite the false seems true". Na tradução de Barbara Heliodora, temos: "Não mate a razão por sermos desiguais; deixe a razão desnudar a verdade hoje escondida para ocultar o falso em que hoje creem". O problema está em "inequality" que parece mais próximo de algo perturbador, de uma injustiça cometida; na tradução de Heliodora surge como algo "desigual". A desigualdade, mesmo assim, pode comportar a justiça. O princípio do mérito pode gerar uma "desigualdade" plenamente justificável sob a óptica da justiça. Já a "injustiça" implica uma desordem e um deslocamento na base do princípio.

de". Tal passagem é importante, pois mostra que na época moderna a virtude precisa ser reconfigurada, repensada, devido às novas circunstâncias históricas.

Em Maquiavel temos uma atitude semelhante a esta de Shakespeare. Seu contexto social já apresentava os ingredientes indispensáveis para um tipo de pensamento político adaptado para a época. Sua Florença dos séculos precedentes já se erigia como cidade independente (assim como as outras cidades italianas, como Gênova, Veneza etc.). Antes mesmo que as grandes famílias (o regime das "senhorias") tomassem a direção política da cidade, Florença se constituiu numa república comunal com um governo colegiado. A sociedade politicamente organizada era representada pelas associações corporativas (*Arti*). Florença em fins do século XIII constituía-se numa pujante cidade, com seus empresários, negociantes e artífices. Ela era um importante centro de produção têxtil. Mas como afirma Alberto Tenenti, essa organização do poder se apresenta como um controle rígido ante a participação política:

> Quando atinge o poder, este "povo" é somente um agrupamento político de profissões, poderosamente organizado, que acha muito natural privar dos direitos que reserva para si, não somente seus adversários, mas toda a massa de cidadãos. Desde seu início, o regime florentino é popular apenas nesse sentido extremamente limitado e restrito[4].

Percebe-se, assim, que Florença já em pleno século XIII apresenta de forma precoce um espírito burguês. Esta é a questão principal que temos que levar em consideração. As grandes famílias, os "senhores da cidade" que irão dominá-la no século seguinte já apresentam um perfil de ordem mercantil. Nasce nesse meio corporativo uma elite que logo se distinguirá das outras corporações. A *Arte Maggiori* (corporações dominantes) era essa prova de que o capital comercial iniciava seu processo de concentração. Surgem

---

4. Tenenti, 1973, p. 26.

novas companhias de comércio que melhor resistem às crises econômicas. Alberto Tenenti vê essa fase como uma alteração da estrutura (antiga) corporativa: "a direção se concentra nas mãos dos empresários, em detrimento de todos os outros membros da arte"[5].

A Igreja Católica, por outro lado, não exerce um predomínio ideológico sobre Florença. Essas grandes famílias que buscam o enriquecimento vão se apoiar num ideal humanista. A presença de Dante, Petrarca e Boccacio já prenunciam um novo período para Florença. Por outro lado, a nobreza – a velha elite da cidade – logo se imiscui com a nascente burguesia. Esta persegue, em sua ascensão social, os títulos de nobreza que lhe reservassem o *status*. O título de "cavaleiro", comenta Tenenti, era perseguido por todos em Florença. Assim, a nobreza feudal no interior da cidade "toma parte ativa nos negócios e liga de maneira cada vez mais estreita seus filhos aos da burguesia"[6].

Quando Maquiavel nasce, em 1469, seu meio social já está carregado por esta atmosfera burguesa. O contexto histórico de Florença é propício para a criação de novos valores que irão se afirmar nos séculos vindouros. Mas falta outro ingrediente para compor o universo ideológico de nosso autor: a Itália se compõe de vários reinos, cidades independentes, bem como a presença marcante da Igreja Católica. É uma Itália fragmentada e ambicionada pelas potências europeias. Eis o fundamento sócio-histórico indispensável para se entender Maquiavel.

Para essa realidade específica, concreta, Maquiavel acena para o surgimento do "novo príncipe". O objetivo maior é erigir um Estado italiano unificado. Para isso, esse "novo príncipe" necessitava de algumas características indispensáveis para alcançar o sucesso. A *virtù* é essa característica principal. Ele necessita realizar algo novo (na história); por isso, antes mesmo de se pensar sobre sua *práxis*, temos que olhar o esforço de Maquiavel em remover o

---

5. Ibid., p. 29.
6. Ibid., p. 41.

determinismo (ou providencialismo) na história. Essa, talvez, seja uma das grandes descobertas desse início dos tempos modernos.

A história, assim pensa Maquiavel, apresenta-se como "movimento", uma "alteração" que é imprevista aos olhos dos homens. É representada pela Fortuna, antiga deusa dos romanos (a *týche*, dos gregos), filha de Júpiter e que detém os bens desejados pelos humanos. Na mitologia, a deusa Fortuna é representada com a cornucópia e o timão: a primeira como símbolo da abundância; o segundo como direção (sentido) das coisas humanas. Ela é uma deusa imprevisível. Em Maquiavel, Fortuna é o acaso; mais ainda, ela é uma força que pode levar os "bons sob seus pé e elevar os ímprobos".

Em *O príncipe*, Maquiavel dedica à Fortuna o capítulo XXV. Aqui ele se utiliza de uma metáfora para representá-la; ela é como um rio impetuoso que, às vezes, alaga as planícies, arrasa as árvores e casas que encontra pela frente. Em seguida ele aconselha:

> Mesmo assim, nada impede que, voltando a calma, os homens tomem providências, construam barreiras e diques, de modo que, quando a cheia se repetir, ou o rio flua por um canal, ou sua força se torne menos livre e danosa. O mesmo acontece com a Fortuna, que demonstra a sua força onde não encontra uma *virtù* ordenada, pronta para resistir-lhe e volta o seu ímpeto para onde sabe que não foram erguidos diques ou barreiras para contê-la[7].

Ver, assim, que Maquiavel não propõe uma saída de ordem religiosa para aplacar a ira de Fortuna. Indica, sim, uma *práxis* humana (transformadora) para conter seu avanço, sua destruição. Neste mesmo capítulo de *O príncipe*, ele acrescenta que tal líder não deve se apoiar somente na Fortuna: quando ela mudar, ele se arruinará. A solução para esse problema é combinar o modo de proceder "com as exigências do tempo". É este último critério que deve ser levado em conta, porque se ele não for levado a sério, quando

---

7. Maquiavel, 2004, p. 119, 120.

"mudarem os tempos e as coisas e ele não mudar o seu modo de proceder, então se arruinará"[8]. O que Maquiavel conclama nesse caso específico é que o príncipe seja "impetuoso" para opor uma tendência (humana) a Fortuna. Ele escreve que se deve "bater-lhe e contrariá-la".

Um convite à *práxis* fundadora: eis o que propõe Maquiavel. Mas uma *práxis* que se adapta à variação de Fortuna. Essa é a grande dificuldade: os homens geralmente não sabem mudar de estilo político. Sebastian De Grazia comenta essa ideia: "Nas épocas em que "Fortuna quer fazer tudo", o melhor é "ficar quieto e não provocá-la"; outras vezes, quando "ela deixa os homens fazerem alguma coisa", é o momento da ação"[9]. São palavras de Maquiavel numa carta a Vettorio, em 1513. Seu conselho é: quando Fortuna se enfurece, recue mas não desistas; espere que as rodas (da Fortuna) voltem a subir para poder agir.

O que é mais interessante nesse pensamento é a abertura para a *práxis* (humana) fundadora. Fortuna, então, não domina toda a história. Ela deixa uma parte da fundação das coisas históricas para os homens: "O resto cabe a ti (ao novo príncipe) cumprir. Deus não quer fazer tudo, para não nos tolher o livre-arbítrio e a parte de glória que nos cabe", afirma Maquiavel em *O príncipe*[10].

Agora sim, podemos pensar na *virtù* maquiavélica. Ela é uma ação política que implica a utilização da força, bem ao estilo da definição romana (pré-cristã) de virtude: uma força masculina – em latim, *vir*, o "homem". E se observarmos com atenção, *O príncipe* é uma obra que fundamenta a *virtù*. Especialmente no capítulo VI, o pensador político comenta que a *virtù* é um desses elementos, juntamente com Fortuna – que propicia a passagem de um "simples cidadão a príncipe". A *virtù*, a princípio, requer uma forma de imitação (do aspirante à glória) daqueles grandes homens his-

---

8. Ibid., p. 121.
9. De Grazia, 1993, p. 222
10. Maquiavel, 2004, p. 124.

tóricos. Esses são homens que abriram um caminho (novo) para a *práxis* fundadora. Maquiavel cita os exemplos de Moisés, Ciro, Rômulo e Teseu:

> Examinando suas ações e suas vidas, veremos que não receberam de Fortuna mais do que a ocasião, que lhes deu a matéria para introduzirem a forma que lhe aprouvesse. E sem ocasião a *virtù* de seu ânimo se teria perdido, assim como, sem a *virtù*, a ocasião teria vindo em vão. [...] Essas ocasiões, portanto, tornaram aqueles homens afortunados; enquanto sua excelente *virtù* fez com que reconhecessem a ocasião. Com isso, trouxeram honra e felicidade às suas pátrias[11].

A prática da *virtù*, juntamente com a ocasião propícia, permite que esses homens se tornem "homens afortunados". O que eles devem fundar? Uma nova ordem social cuja consequência implica a gênese da "honra e felicidade às suas pátrias". Mas em seguida Maquiavel adverte que essa empreitada, ou seja, "ser o introdutor de uma nova ordem" corresponde a uma das maiores dificuldades do homem. A questão é cooptar os adeptos para a nova causa, pois os homens "só creem na verdade das coisas novas depois de comprovadas por uma firme experiência"[12]. Então a saída está no "novo príncipe" ao dispor de suas próprias forças e, por outro lado, saber "forçar" a ordem ordinária das coisas. Neste ponto Maquiavel reflete: quantos perigos esse "novo príncipe" terá de enfrentar. Por isso ele deve saber que em determinado momento precisa usar a força. Quando os homens comuns não mais acreditarem em sua missão é preciso fazê-los crer à força. Esse foi o erro de Savonarola. Portanto, só com a *virtù* pode o "novo príncipe" superar os enormes desafios que enfrentará em seu caminho.

O que se percebe com Maquiavel é que não temos mais o "dever-ser". Mas em caso dele aparecer, como em seus conselhos ao novo herói, ele deve ser um produto de experiências históricas con-

---

11. Ibid., p. 24, 25.
12. Ibid., p. 25.

cretas[13]. O universo humano relacionado à história abre-se à *práxis* humana fundadora. Nesse sentido, os próprios acontecimentos históricos não deixam de conter erros:

> Não se acredite que governo algum possa sempre tomar decisões seguras. Pelo contrário, deve-se sempre levar em conta que as decisões são todas dúbias, pois isto se inscreve na ordem das coisas, e não se consegue jamais escapar de um inconveniente sem cair em outro. Contudo, a prudência consiste em saber reconhecer a natureza dos inconvenientes e tomar os menos maus como satisfatórios[14].

O que é valorizado por Maquiavel não é uma espécie de algo "novo". O "novo", em Maquiavel, parece resultar de um modelo já prefigurado e que o passado nos revela. Mas estamos no século XVI e a noção plena desse conceito de "moderno" só aparecerá nos séculos seguintes. Maquiavel indica ao candidato a "novo príncipe" que tome cuidado nos momentos de paz. É preciso se antecipar aos futuros acontecimentos e estar preparado para enfrentá-los: isto sim já é intuir certo "processo histórico".

É que está em curso nos séculos XVI e XVII a construção de uma nova concepção de homem. Como explicar o sucesso da comédia *A Mandrágora*, de Maquiavel? Os espectadores riram de quem? Da inocência do Dr. Nícia, é claro. É que o astuto Calímaco, herói "maquiavélico" da peça, quer "dormir" com Lucrécia, esposa de Nícia. Na perspectiva de Maquiavel, Nícia comporta um caráter

---

13. Essa forma de "filosofia prática" pode ser localizada em uma das passagens de *A Mandrágora*, onde Calímaco diz: "[...] Preciso tentar qualquer coisa, seja grande, seja perigosa, prejudicial ou infame. Antes morrer do que viver assim" (MAQUIAVEL, 1976, p. 29). Na introdução dos *Comentários sobre a primeira década de Tito Lívio*, podemos ler a seguinte passagem: "Contudo, quando se trata de ordenar uma república, manter um Estado, governar um reino, comandar exércitos e administrar a guerra, ou de distribuir justiça aos cidadãos, não se viu ainda um só príncipe, uma só república, um só capitão ou cidadão, apoiar-se no exemplo da Antiguidade. A causa disto, na minha opinião, está [...] na ignorância do espírito genuíno da história. Ignorância que nos impede de aprender o seu sentido real, e de nutrir nosso espírito com a sua substância" (MAQUIAVEL, 1979, p. 18).

14. Maquiavel, 2004, p. 108.

antigo (que não leva em consideração a astúcia das pessoas) que deve ser ultrapassado. Ao abrir sua obra, o florentino escreve:

> Um amante infeliz,
> um doutor pouco astuto
> um frade de má vida,
> um parasito fértil em malícia,
> hoje serão o vosso passatempo[15].

Assim como o "novo príncipe" deve realizar uma conquista, também Calímaco tem um enorme desafio pela frente. Nessa batalha, todos os elementos devem ser levados em consideração. Primeiro, que o esposo de seu "amor" é o homem mais simplório de Florença (essa é a ocasião); segundo, montar uma boa estratégia para se alcançar o objetivo final. E o otimismo de Maquiavel é persistente:

> Calímaco: Não há nunca situação tão desesperada que não deixe algum caminho aberto para dela tirarmos esperança; e, ainda que esta seja débil e vã, o desejo e a vontade que tem o homem de levar a sua causa a bom termo, tal não a fazem perecer[16].

Essa imagem do homem que se forja nos séculos XVI e XVII é de um ser carente de atributos positivos. Nesse novo universo realista presenciamos um homem incompleto num "mundo estragado" (a expressão é do próprio Maquiavel). A saída religiosa que propunha o cristianismo já não basta, e o pouco otimismo que resta deve encontrar na Terra sua forma de ser. O homem é mau, assim pensa Maquiavel. Eles "sempre usarão a malignidade de seu espírito toda vez que tiverem livre ocasião"[17]. Assim, por livre e espontânea vontade o homem não pratica o bem. O homem deve estar ocupado e sempre sob pressão da necessidade. O ócio leva os homens à corrupção. Então, no meio social não podemos esperar

---

15. Maquiavel, 1976, p. 12.

16. Ibid., p. 21.

17. Apud De Grazia, 1993, p. 276.

muita coisa do homem: o homem é lobo do homem; "os homens se comem uns aos outros".

Mas aqui reside um problema. Se esse homem dos séculos XVI e XVII é concebido de forma tão negativa, como erigir um espaço público que gere a virtude cívica? Maquiavel pensa que com essa "natureza bruta", os homens por si sós não chegarão ao bem comum. Pelo meio natural os homens não atingirão o tão almejado espaço público. É um curso artificial – a força humana fundadora – que pode levar a tal objetivo:

> E porque reordenar uma cidade segundo o viver político pressupõe um homem bom, e tornar-se por violência príncipe de uma república pressupõe um homem mau, por isso se constatará que raríssimas vezes acontece que um bom, por vias más, ainda que seu fim seja bom, queira se tornar príncipe; e que um mau, tornado príncipe, queira agir bem, e que lhe entre alguma vez no espírito usar bem aquela autoridade que adquiriu mal[18].

O príncipe deve saber fundar uma nova ordem social; deve saber, se for a ocasião, enveredar-se pelo mal. Mas para organizar tal ordem social, esse mesmo príncipe deve ser bom. Aqui a lógica, meio paradoxal, da força fundadora.

Tem-se, frequentemente, concebido Maquiavel como um pensador moderno. Isto se explica, principalmente, por suas ideias sobre a fundação do Estado. Ao que tudo indica, essa concepção foi motivada pela leitura exclusiva de *O príncipe*. Mas quando vamos a outra obra de importância política como os *Comentários sobre a primeira década de Tito Lívio*, notamos um Maquiavel crítico com relação à sua época, bem como um intelectual desejoso de promover os bons tempos de gregos e romanos antigos. Maquiavel via sua época como um período de decadência: "Embora em nossos dias somente num país haja algumas cidades independentes, na Antiguidade todos os países eram povoados por homens livres"[19].

---

18. Ibid., p. 290.
19. Maquiavel, 1979, p. 203.

Percebe-se, nessa apreciação, como o princípio da liberdade (pública) é o fator determinante no juízo sobre a glória ou a decadência de um povo. Por isso o elogio às repúblicas nos *Comentários*: "[...] não é o interesse particular que faz a grandeza dos Estados, mas o interesse coletivo. E é evidente que o interesse comum só é respeitado nas repúblicas: tudo o que pode trazer vantagem geral é nelas conseguido sem obstáculos"[20].

Para Maquiavel as causas de tal decadência são, basicamente, duas. A primeira causa está na nova religião cristã. Em uma apreciação parecida com a de Nietzsche, Maquiavel vê no cristianismo uma forma de religião que retira vigor do cidadão[21]. Ao mostrar que só há um único caminho (para a felicidade), o cristianismo "diminui o valor das honras deste mundo". O pagão, ao contrário, persegue a glória como bem supremo, pois sua religião atribui "honras divinas aos mortais tocados pela glória mundana"[22]. Já no cristianismo o ideal de homem se caracteriza como um ser "humilde" que despreza as coisas do mundo.

Isto tudo gerou um homem fraco, na apreciação de Maquiavel. Daí por que ficou fácil para os "homens celerados": "Estes sabem que podem exercer sem medo a tirania, vendo os homens prontos a sofrerem sem vingança todos os ultrajes, na esperança de conquistar o paraíso"[23]. Apreciação semelhante àquela do final de *O contrato social*, onde Rousseau visualiza na religião cristã um perigo ao ardor cívico de seu cidadão ideal. O mesmo efeito, só que

---

20. Ibid., p. 204.

21. Cf., em especial, essa passagem de Nietzsche em *O anti-Cristo*: "Sem dúvida, quando um povo perece; quando sente desaparecer para sempre a sua fé no futuro, a sua esperança na liberdade; quando a submissão lhe parece ser de primeira necessidade; quando as virtudes dos submissos entram na sua consciência, como condição de conservação, então, é preciso também que seu Deus se transforme. Torna-se então santarrão, medroso, humilde, aconselha a "paz da alma", a ausência do ódio, as considerações, até o "amor", tanto aos amigos como aos inimigos. Não faz mais do que moralizar, esconde-se na cova de todas as virtudes privadas, faz-se o deus de toda a gente, retira-se à vida particular, torna-se cosmopolita" (NIETZSCHE, 1978, p. 30).

22. Maquiavel, 1979, p. 205.

23. Ibid., p. 206.

em sentido contrário, encontra-se em Hobbes e Kant: ao desejarem um cidadão pacífico, elogiam o cristianismo como promotor de tal formação educativa.

O outro fator, este sim o mais importante, está no próprio Império Romano. Com seu poderio, tal império aniquilou uma série de Estados menores, livres e prósperos[24]. Como resultado tivemos um conjunto de Estados subjugados, fracos, após a queda do império. Observa-se, nesse sentido, como a visão maquiaveliana é bem pessimista em relação à sua época; ele acrescenta, ainda: "[...] antigamente os povos eram livres; hoje, vivem como escravos"[25].

Isto explica a admiração e o porquê do estudo da história romana. Maquiavel tem consciência de que "o presente merece mais nossos louvores e admiração"; mas quando esse presente é visto como uma fase decadente, então a virtude do passado merece ser estudada. Eis por que esse tema da virtude é preponderante em Maquiavel. Se em *O príncipe* temos uma virtude (*virtù*) do novo príncipe, nos *Comentários* o pensador florentino procura delinear a virtude cívica. Assim se explica o binômio virtude/decadência que é tão recorrente nesta última obra.

A virtude cívica em Maquiavel é uma questão de instituição, mesclada com os bons costumes. O objetivo da primeira é gerar um espaço social (que Maquiavel denomina de "bem comum") capaz de dar origem à liberdade civil. Esta, por sinal, representa a força propulsora, o orgulho de um povo. Por ela se luta e se vive: "O rumo e os progressos da república romana provam como é difícil organizar um povo livre, no qual todas as leis tendam à manutenção da liberdade"[26]. A virtude cívica, portanto, é o produto de uma

---

24. Cf. o exemplo que nos dá Maquiavel: "O Estado toscano gozou por muitos anos de uma grande tranquilidade, como foi demonstrado pelo seu império e a glória das suas armas, a pureza de costumes e o respeito que tinham pelos deuses. Esta glória e este poder, que os gauleses romperam, foram tão completamente aniquilados pelos romanos que, embora tenham durado dois mil anos, mal se conservou deles traços na memória dos homens" (Ibid., p. 214).

25. Ibid., p. 206.

26. Ibid., p. 159.

boa sociedade. Por isso a admiração de Maquiavel ao referir-se ao povo romano do período republicano. Mas, por outro lado, sem a virtude "nada se pode esperar de bom".

A Alemanha era a exceção de sua época. Mas por que naquela gente preponderava o ideal maquiaveliano? Principalmente pela inexistência da aristocracia. Maquiavel afirma que esta classe social "é inimiga declarada das instituições civis". E bem ao seu estilo, aconselha: "Pode-se, portanto, concluir que quem quiser estabelecer uma república num país onde haja grande número de aristocratas não terá êxito a não ser que mate a todos"[27].

Eis então as causas da derrocada da república romana. A ambição desmedida de alguns levou ao enriquecimento exagerado de um grupo que, por sinal, provocou a ira das classes populares. Nessa polarização do conflito social (que Maquiavel localiza nos partidários de Mário (povo) e Sila (nobreza enriquecida)) a liberdade não pode sobreviver. Por isso o conselho de Maquiavel: "[...] num governo bem-organizado o Estado deve ser rico e os cidadãos pobres"[28]. A solução para o acirramento da luta de classes na república romana foi o império. Mas com este, a antiga virtude cívica entrou em decadência: "Quando a virtude desapareceu de Roma", seus "soldados perderam o antigo valor". Daí o império sucumbir sob as invasões bárbaras.

Como podemos perceber, nos *Comentários* temos um Maquiavel que aprecia a virtude cívica antiga. Já com relação ao futuro, tal dimensão temporal implica (em caso de sucesso do novo príncipe ao fundar uma nova ordem social) uma retomada da boa ordenação social do passado. Hannah Arendt já havia notado em *Sobre a revolução*, a inexistência da concepção de "novo" nos movimentos revolucionários até o século XVIII. Sobre Maquiavel, ela comenta:

> [...] o *páthos* revolucionário específico do absolutamente novo, de um início que justificasse começar a

---

27. Ibid., p. 177.
28. Ibid., p. 125.

contagem do tempo pelo ano do acontecimento revolucionário, era totalmente estranho a Maquiavel. Apesar disso, mesmo nesse aspecto, ele não estava tão distante de seus sucessores do século XVIII como poderia parecer[29].

É que Maquiavel, como bem notou Hannah Arendt, abre uma possibilidade para a revolução. Nos *Comentários* ele afirma que os homens, geralmente, prendem-se a certa maneira de viver. Os homens não desejam a transformação social. Por isso, na gênese de uma nova ordem social[30] é necessário o surgimento de "métodos extraordinários" (na expressão de Maquiavel)[31]. E o que isto significa? As armas, a violência: "O reformador deve apoderar-se do Estado, a fim de poder dele dispor à vontade"[32]. Isto explica a afirmação de Maquiavel:

> Assim, raramente acontecerá que um cidadão virtuoso queira apossar-se do poder por meios ilegítimos, mesmo com as melhores intenções; ou que um homem mau, tendo alcançado o poder, queira fazer o bem, dando boa utilização ao poder que conquistou com o mal[33].

Essa ausência da noção de progresso é manifesta numa passagem interessante dos *Comentários*. Maquiavel sabe que o mundo está "sempre em transição". Mas isto não implica uma concepção de melhoramento, pelo contrário:

---

29. Arendt, 2011, p. 66.

30. Esse ideal maquiaveliano aparece em algumas passagens dos *Comentários*: "[...] fundar o Estado para dar-lhe uma existência livre e prolongada, fazendo dos cidadãos defensores da sua liberdade" (1979, p. 91). E também: "Assim parecia o povo romano, enquanto a república teve costumes puros: nunca obedecia de modo vil ou covarde; nunca comandava com orgulho. No relacionamento com os diferentes grupos, e com seus magistrados, sabia respeitar honradamente a posição que ocupava no Estado. Se era necessário erguer-se contra um poderoso, não hesitava (Ibid., p. 184).

31. Observar que, nesta espécie de "revolução", não há a noção de progresso mas sim de restauração: "A corrupção e a inaptidão para a vida em liberdade provêm da desigualdade que se introduziu no Estado; para nivelar essa desigualdade é preciso recorrer a meios extraordinários, que poucos homens sabem ou querem usar" (Ibid., p. 78).

32. Ibid., p. 81.

33. Ibid.

> [...] penso que o mundo não se modificou substancialmente: que sempre guardou igual parte do bem e do mal. O bem e o mal, contudo, têm passado de um país a outro, como nos indicam as informações que temos hoje dos reinos antigos – que a variação dos costumes tornava diferentes uns dos outros, embora o mundo, como um todo, permanecesse imutável[34].

O interessante nessa concepção é que "a parte do bem" passa de um povo a outro. A questão é mais de arranjo, de configuração, que propriamente evolução. Maquiavel vê a transformação, a modificação e as alterações das "paixões" num modelo imutável. Como ele diz, "estas (ele se refere às paixões) mudam sem cessar, ainda que não mudem os tempos [...]"[35].

Ao lermos Maquiavel, percebemos que a concepção cristã deixou um legado negativo em relação ao homem. Este é pecador e susceptível à queda. Se formos aos escritos de Thomas Hobbes não encontraremos uma concepção de homem tão diversa como a de Maquiavel. Logo no início de seu *Leviatã*, Hobbes deixa claro que não existe um "fim último" ou um "bem supremo" para a vida (terrena) do homem, como propunha a filosofia moral. Os homens lutam por uma "vida satisfeita", mas os meios não são nada nobres. Além disso, Hobbes observa: "Assinalo como tendência geral de todos os homens um perpétuo e irrequieto desejo de poder e mais poder, que cessa apenas com a morte"[36]. O homem, para Hobbes, não se inclina naturalmente para o bem público. Entre este e o bem particular, ele preferirá este último, pois "em geral as paixões humanas são mais fortes do que a razão". É deste modo que por natureza todo homem procura seu próprio interesse e benefício. Em *Do cidadão*, Hobbes deixa mais clara essa definição de homem. Se sua natureza tem esse viés egoísta, para que o contrato social – o pacto fundador

---

34. Ibid., p. 196.

35. Ibid., p. 197.

36. Hobbes, 2006, p. 78.

da sociedade – resulte em sucesso é necessário "um poder comum que governe os particulares sob o medo do castigo"[37]. Hobbes chega até a afirmar a "depravação da natureza humana". Dessa forma, a segurança que se almeja para a paz social deve ser alcançada não a partir da confiança no homem, mas "por meio de castigos". Algumas semelhanças com Maquiavel são visíveis. Hobbes insiste nessa forma de governar: "Mas para governar os homens como eles são, é necessário o poder de coerção, no qual estão contidos o direito e a força"[38]. Essa semelhança com Maquiavel se acentua ainda mais quando vamos à introdução da obra *Do cidadão*: "O homem é um deus para o homem e que o homem é lobo do próprio homem"[39]. Como veremos logo a seguir, Francis Bacon também usa a mesma expressão. Então, essa passagem acima sintetiza de forma clara a concepção de homem dos séculos XVI e XVII. Homem mau em seu estado natural, mas capaz de realizar o bem sob certas condições (a nova ordem civil).

O que se percebe nesse período inicial da época moderna, é que lentamente desaparecem as ameaças provindas de um além e que nos castigará por nossas más ações. Evidentemente que para liberar uma *práxis* fundadora, todo um conjunto de representações deveria ser removido ou deslocado. Ou seja, já não vivemos mais aquele clima de guerra espiritual que observamos nos escritos de Santo Agostinho. Embora permaneça uma concepção negativa do homem (oriunda, provavelmente, da tradição judaico-cristã), abre-se a possibilidade de se criar uma nova ordem social capaz de trazer "paz e felicidade" para o homem terreno. Isto pode ser constatado na representação do inferno e do purgatório nesse princípio da Era Moderna. Jacob Burckhardt, ao se referir aos humanistas do Renascimento, diz que eram homens que "desconhecem o pecado". Em seguida, acrescenta:

---

37. Hobbes, 2004, p. 86.
38. Ibid., p. 232.
39. Ibid., p. 11.

> Graças à sua força plástica, confiam na própria capacidade de restabelecer sua harmonia interior em face de qualquer distúrbio sofrido, desconhecendo, por isso, o arrependimento. Com isso, esmaece-se também a necessidade de salvação, ao mesmo tempo em que, em vista da ambição e da intensa atividade intelectual cotidiana, o pensamento na vida eterna ou desaparece completamente ou assume forma poética, em lugar da dogmática[40].

O que Burckhardt percebe nessa fase histórica é que a certeza na imortalidade começa a vacilar. Ele se refere ao "fatalismo" e ao "epicurismo" como representações que substituem a antiga crença cristã. No final de *A cultura do Renascimento na Itália* há um capítulo intitulado "Crise geral da fé". Nele, Burckhardt expõe os detalhes de sua ideia ao afirmar que a grande saída dos humanistas foi conceber uma "suprema felicidade na Terra". O despontar da Era Moderna mostrou que "o cristianismo passivo e contemplativo, remetendo continuamente a uma vida posterior mais elevada, não mais dominava esses homens"[41].

A representação do inferno desaparece lentamente, esvazia-se. A parte IV do *Leviatã*, de Hobbes, refere-se ao "Reino das trevas". Mas o que encontramos, de fato, são alguns comentários sobre as "escuras e errôneas doutrinas". A substancialidade do diabo e seu reino desaparecem para dar lugar às doutrinas errôneas. Hobbes é cuidadoso com suas ideias; em determinado momento parece defender a ideia de que "o Reino de Deus tem de estar agora neste mundo atual"[42]. Esse presentismo terreno é flagrante ante todos os escritos de ordem cristã que remetiam a felicidade para um além, junto a um Deus transcendente. Hobbes também nega que

---

40. Burckhardt, 2009, p. 437.

41. Ibid., p. 486.

42. Hobbes, 2006, p. 443. Hobbes afirma que o Reino de Deus, instituído por Moisés, terminou com a eleição de Saul. Depois, o sacerdote por sua própria autoridade nunca mais depôs nenhum rei.

os "maus" sejam castigados eternamente. Depois de uma longa consulta às fontes religiosas, ele conclui: "Contudo não consigo encontrar em parte alguma que alguém deva viver eternamente em tormentos"[43]. Após o juízo final, os réprobos (que constituem o reino de satanás) serão também corpos gloriosos. O período de castigo para eles é pequeno, mas sentido como "eterno" por causa do tormento desses castigos.

Então, neste instante, podemos interrogar: qual o instante da grande ruptura com relação ao mundo antigo? Que campo do conhecimento dá esse salto? Parece evidente que o nascimento da ciência moderna é esse instante, esse campo, que promove a ruptura frente ao mundo antigo. Um exemplo importante desse argumento é o pensamento de Francis Bacon. De forma mais geral, este último é esquecido nas reflexões sobre a história e disciplinas afins; é mais citado nos trabalhos sobre o nascimento da ciência moderna. Mas deixar Bacon de lado é um erro. Vamos nos atentar para uma obra importante: *Novum Organum*. Ela representa todo um esforço de se configurar as bases da ciência moderna. Seu ideal de ciência nos interessa de perto, bem como tudo aquilo que o pensador vê como obstáculo à realização desse ideal. Em primeiro lugar, Bacon se posiciona de forma crítica com relação à filosofia. É que não podemos nos esquecer que nesses primeiros anos (ou décadas) do século XVII, a ciência ainda não se constituíra em um *corpus* próprio. Bacon, assim, vê na própria filosofia um obstáculo ao avanço da ciência. Em sua teoria dos Ídolos, identifica quatro formas que obstruem o verdadeiro pensamento científico. A última corresponde aos Ídolos do Teatro; aqui residem as "diversas doutrinas filosóficas" que representavam "fábulas, produzidas e representadas, que figuram mundos fictícios e teatrais"[44]. Platonismo invertido, sem dúvida. Crítica a toda forma de pensar metafísico. As filosofias são colocadas na gama das representações teatrais; já o real encontra-se

---

43. Ibid., p. 447.

44. Bacon, 1999, p. 41.

no seio da natureza. Assim, é preciso chegar até esse "fundo" da realidade natural.

Separar-se da influência da filosofia, livrar-se dos Ídolos do Teatro, eis uma meta a que se propõe Bacon: "Assim, a filosofia se acha fundada, em ambos os casos, numa base de experiência e história natural excessivamente estreita e se decide a partir de um número de dados muito menor que o desejável"[45]. Aristóteles é o alvo principal de sua crítica. O filósofo grego com sua "dialética" corrompeu a filosofia natural. É toda uma série de erros que se encontra no aristotelismo: seu método vai além da descoberta. Nesse sistema o filósofo "estabelecia antes as conclusões, não consultava devidamente a experiência para estabelecimento de suas resoluções e axiomas"[46]. Como o próprio Bacon afirma, Aristóteles, ao seu arbítrio, decidia e submetia a experiência como a uma escrava para conformá-la às suas opiniões.

Então, no fundo, o que obstrui o avanço da ciência é uma espécie de humanismo impregnado na própria filosofia. Basta verificarmos que uma das objeções que Bacon realiza em relação a Aristóteles é o fato de este atribuir à alma humana a mais nobre das substâncias. Bacon indica, em contrapartida, um realismo que reconfigura a imagem do homem. Sua semelhança com Maquiavel é flagrante. Para que o homem alcance novos poderes deve saber que não é esse ser tão especial, como àquele concebido pela cultura antiga. Bacon ataca a falsa ideia que se tem sobre o intelecto hu-

---

45. Ibid., p. 49.

46. Ibid., p. 50. É evidente que Bacon exagera em suas afirmações sobre Aristóteles. Na obra *Aristóteles*, Jonathan Barnes nos apresenta de forma equilibrada esse percurso do pensamento aristotélico, do empirismo ao modelo universal racionalista. Barnes cita diversas passagens de Aristóteles que confirma que o filósofo não era avesso ao empirismo: "Mas ainda – afirma Aristóteles – não alcançamos uma apreensão adequada dos fatos: se em algum momento a adquirirmos, teremos então de confiar mais na percepção que nos argumentos – e nos argumentos se eles mostrarem ser compatíveis com os fenômenos" (Apud BARNES, 2005, p. 114). O problema da análise de Barnes é não problematizar esse "empirismo" de Aristóteles; então a questão é a qualidade da "observação". Provavelmente é este ponto que Bacon inova ao propor uma observação como experimentação, coisa que Aristóteles não pensara.

mano. Para ele, o intelecto é semelhante a um espelho que reflete desigualmente os raios das coisas. Ele "distorce e corrompe" a real representação das coisas:

> O intelecto humano, à mercê de suas peculiares propriedades, facilmente supõe maior ordem e regularidade nas coisas que de fato nelas se encontram. Desse modo, como na natureza existem muitas coisas singulares e cheias de disparidades, aquele imagina paralelismos, correspondências e relações que não existem[47].

É que o intelecto humano tende ao abstrato; "aquilo que flui, permanente lhe parece". Então, Bacon propõe uma espécie de realismo das reais condições ao alcance do homem; só assim pode descortinar para ele novas ambições. "A nossa disposição", afirma, "é de investigar a possibilidade de realmente estender os limites do poder ou da grandeza do homem e tornar mais sólidos os seus fundamentos"[48]. É a própria ciência moderna, como forma legítima de interpretação da natureza, que deve condicionar uma nova forma de se pensar as coisas. Podemos pensar, então, numa nova filosofia? Na metáfora da formiga, da aranha e da abelha já presenciamos esse despontar de uma nova filosofia. Os empíricos são como formigas, acumulam provisões; os racionalistas, como aranhas, onde de si mesmo extraem o que lhes serve como teia; a abelha deve representar a nova filosofia, pois recolhe a matéria-prima das flores (natureza) e com seus próprios recursos a transforma e digere.

Portanto, o método que Bacon propõe não é mais a dedução. O verdadeiro método, o *Novum Organum*, deve se pautar pela indução. Deve-se "acender o archote" e com ele aceso, mostrar o caminho iniciado por uma "experiência ordenada e medida", nunca vaga e errática. Dessa experiência se retira os axiomas e, desses, estabelece-se novos experimentos. Esse é o caminho correto para se chegar à verdade da natureza. Mas para que tudo isto resulte em

---

47. Ibid., p. 41.

48. Ibid., p. 87.

sucesso, primeiro o homem precisa respeitar a natureza, ouvi-la. É claro que a domesticação, a dominação, será o prêmio final. Sem dúvida, Bacon propõe uma espécie de astúcia para com a própria natureza: no primeiro momento, diminuição do homem para que a observação se dê de forma mais pura; em seguida, um conhecimento "exato" através de axiomas e, finalmente, a utilização do conhecimento em proveito do próprio homem. Bacon deixa claro em seu *Novum Organum* que a ciência moderna deve ter uma postura ativa. Ela deve ser capaz de gerar inventos que se traduzam na melhoria da qualidade de vida do homem. Veja, por exemplo, o que ele afirma sobre os gregos:

> Os gregos, com efeito, possuem o que é próprio das crianças: estão sempre prontos para tagarelar, mas são incapazes de gerar, pois a sua sabedoria é farta em palavras, mas estéril de obras[49].

Bacon vê na natureza um potencial enorme à disposição do homem. É nesse horizonte de expectativas que define o homem como "um ser que fabrica": a composição é obra do homem. A mistura é obra da natureza. Com isso, remodela-se uma nova imagem do homem; essa imagem sugere que tal homem chegou a um determinado estágio onde já pode cultivar a esperança de "poder realizar, com meios artificiais, os processos de geração e de transformação dos corpos naturais"[50]. Homem prometeico que, com o auxílio da ciência moderna, vislumbra um novo futuro. Bacon chega a afirmar que essas novas energias retiradas do seio da natureza prometem "a fortuna de Alexandre Magno" – o novo império, agora dominado pela ciência.

Nesse sentido é necessária uma atenção especial a algo que surge nesses escritos de Bacon. Ele comenta sobre a "esperança". O homem não deve ser levado por certa tristeza, caso sejamos obrigados a olhar o seu estado atual. Não temos que formar "uma opinião ainda mais pobre e vil que a que possui, ou a fazê-lo sentir a

---

49. Ibid., p. 57.
50. Ibid., p. 60.

condição infeliz em que se encontra"[51]. Sem dúvida, uma inversão estranha. Bacon quer que o homem dê um novo salto, agora amparado na ciência moderna. Ele propõe, então, essa "esperança". Cita até de forma astuta o Profeta Daniel que afirmara que "muitos passarão e a ciência se multiplicará". Novo reino que o homem deve alcançar, agora na terra.

Nasce, desse modo, uma noção de progresso que só a ciência moderna pode trilhar. A "esperança" implica esse contentamento um futuro promissor, num além que pode ser realizado. Bacon defende a ideia que só no âmbito da ciência pode-se conceber a noção de progresso: "[...] porque aquilo que tem o seu fundamento na natureza cresce e se desenvolve, mas o que não tem outro fundamento que a opinião varia, mas não progride"[52]. Pedra fundamental essa lançada por Bacon e que, ao que tudo indica, será a base de toda a concepção moderna de desenvolvimento. Com essa ideia, gera-se a cisão entre os homens do século XVII e os antigos. Bacon acrescenta:

> Deve-se entender mais corretamente por Antiguidade a velhice e a maturidade do mundo, e deve ser atribuída aos nossos tempos e não à época em que viveram os antigos, que era a do mundo mais jovem. Com efeito, aquela idade que para nós é antiga e madura é nova e jovem para o mundo. E do mesmo modo que esperamos do homem idoso um conhecimento mais vasto das coisas humanas e um juízo mais maduro que o do jovem, em razão de sua maior experiência, variedade e maior número de coisas que pôde ver, ouvir e pensar, assim também é de se esperar de nossa época (se conhecesse as suas forças e se se dispusesse a exercitá-la e estendê-las) muito mais que de priscas eras, por se tratar de idade mais avançada do mundo, mais alentada e cumulada de infinitos experimentos e observações[53].

---

51. Ibid., p. 74.
52. Ibid., p. 59.
53. Ibid., p. 66.

Ou seja, a época moderna é concebida como um período mais desenvolvido. Inverte-se, portanto, o sentido da valoração temporal. O modelo antigo de valorização do passado (como "tradição") é rompido para dar lugar, agora, a uma valorização do futuro[54]. Esse novo pensamento científico do século XVII lança uma crítica severa aos antigos, ao saber da Antiguidade. Bacon reproduz a expressão de Aulo Gélio das *Noctes Atticae*: "A verdade é filha do tempo, não da autoridade". É que está em jogo, agora, uma forma de ruptura essencial para a nova ciência[55]. Bacon tem essa consciência de que o novo método científico não se faz por justaposição, ou seja, com relação aos métodos anteriores: "Não seria esperar-se grande aumento nas ciências pela superposição ou enxerto do novo sobre o velho"[56]. No fundo o que está ocorrendo, assim pensa Bacon, é a evolução de uma "verdade" que havia se iniciado pelos pré-socráticos[57]. Daí aparecer tanto em Bacon quanto em Galileu a metáfora do rio, onde se explica o movimento (do saber) como um fluxo de um rio, onde são transportados os resíduos mais leves (a filosofia platônico-aristotélica) na superfície, permanecendo no fundo (o atomismo, para Galileu e os pré-socráticos, para Bacon) os elementos mais pesados. No *Novum Organum* Bacon comenta: "Pois o tempo, como o rio, trouxe-nos as coisas mais leves

---

54. Aliás, esse tema da "queda da tradição" que promove a época moderna é um dos temas essenciais da reflexão de Hannah Arendt. Como numa espécie de lamento dessa perda, ela comenta: "Todas três – religião, autoridade e tradição – foram condenadas quando, com o início da Era Moderna, a velha crença no caráter sagrado da fundação num passado longínquo deu lugar à nova crença no progresso e no futuro como um progresso infindável, cujas ilimitadas possibilidades podiam não apenas ser jamais vinculadas a qualquer fundação passada, mas também interrompidas e frustradas em sua ilimitada potencialidade por qualquer nova fundação" (ARENDT, 2009, p. 98).

55. Essa nova ciência implica, de fato, uma nova razão. Quando Vernant comenta sobre a razão grega, isto fica evidente: "Nesta tarefa, ela pouco se apoiou no real sensível; não recolheu grande coisa da observação dos fenômenos naturais; não fez experiências. A própria noção de experimentação lhe pareceu estranha. A sua razão não é ainda a nossa razão, esta razão experimental de ciência contemporânea, orientada para os fatos e para a sua sistematização teoria" (VERNANT, 1990, p. 473).

56. Ibid., p. 38.

57. Já para Galileu Galilei, essa evolução parte de Demócrito.

e infladas, submergindo o mais pesado e consistente"[58]. São essas verdadeiras teorias ("coisas sólidas e pesadas") que a nova ciência deve intentar. É que o caminho escolhido pelos homens foi errado; assim, "a atividade humana se tenha consumido de forma inoperante". Então, a dificuldade está no próprio homem, na sua postura ante a natureza.

Bacon propõe um domínio[59] sobre a natureza. Mas por mais estranho que pareça, esse domínio é parte da quota devida ao homem. É como se seu destino estivesse traçado no percurso dessa dominação sobre a natureza: "Que o gênero humano recupere os seus direitos sobre a natureza, direitos que lhe competem por dotação divina"[60]. Essa dominação é santificada por Bacon; ela é a mais "sábia" e "nobre" de todas as dominações. A ciência e as artes se traduzem, para ele, como o "império do homem sobre as coisas". É evidente que tudo isto traz como consequência um bem-estar para a vida humana; esse avanço científico implica novos inventos que amenizarão o sofrimento humano. Bacon não deixa de inserir nessa visão certo idealismo. Ele afirma que o mais digno fruto das descobertas é a "contemplação das coisas tais como são". Nessa forma de realismo já podemos pressentir o positivismo que surgirá com vigor no século vindouro. Essa forma de conhecimento científico deve, no futuro, impregnar outros campos do saber. A "ira", o "medo", a "vergonha" e também "para exemplos das coisas civis". A própria ideia de Auguste Comte de se fundar uma ciência política já se encontra, como podemos notar, em Bacon.

O *Novum Organum* é espantoso para sua época (por volta de 1620). Tudo aquilo que visualiza, suas rupturas, bem como a proposta para uma nova ciência. Já Galileu Galilei vivia num contexto

---

58. Ibid., p. 57. De forma surpreendente, Galileu em *O ensaiador* utiliza-se de uma metáfora parecida: "Pode ser que os ventos que levam as nuvens, as quimeras e os monstros que vão se formando neles em tumulto não tenham força de levar consigo as coisas sólidas e pesadas" (GALILEI, 2000, p. 39)

59. O termo exato que Bacon utiliza é "governar ou transformar a natureza".

60. Bacon, 1999, p. 98.

social diverso. No centro de uma Itália renascentista e, ao mesmo tempo, rodeado do mais puro conservadorismo católico, sua biografia (o temor da Inquisição) não desmente este fato. Mas o salto a que se propõe Galileu está em plena sintonia com Bacon. Em *O ensaiador* a polêmica com Tycho Brahe resvala nos poderes (do saber) constituídos das escolas (universidades) italianas. A nova verdade galileana ameaça destronar muitos padres-professores. Mas não só eles: ela ameaça a estabilidade da doutrina da fé cristã. Há uma passagem famosa em *O ensaiador* onde Galileu procura se defender das críticas do padre jesuíta Horácio Grassi (que utiliza o pseudônimo de Lotário Sarsi Sigensano). É que Sarsi (ou seja, Grassi) havia criticado a postura de Galileu que "chora a triste situação dos nossos tempos". No fundo, Sarsi indica que Galileu não se apoia na autoridade dos sábios (Aristóteles e toda a tradição intelectual). Eis a resposta de Galileu:

> Parece-me também perceber em Sarsi sólida crença que, para filosofar, seja necessário apoiar-se nas opiniões de algum célebre autor, de tal forma que o nosso raciocínio, quando não concordasse com as demonstrações de outro, tivesse de permanecer estéril e infecundo. Talvez considere a filosofia como um livro e fantasia de um homem, como a *Ilíada* e *Orlando Furioso*, livros em que a coisa menos importante é a verdade daquilo que apresentam escrito. Sr. Sarsi, a coisa não é assim. A filosofia encontra-se escrita neste grande livro que continuamente se abre perante nossos olhos (isto é, o universo), que não se pode compreender antes de entender a língua e conhecer os caracteres com os quais está escrito. Ele está escrito em língua matemática, os caracteres são triângulos, circunferências e outras figuras geométricas, sem cujos meios é impossível entender humanamente as palavras; sem eles nós vagamos perdidos dentro de um obscuro labirinto[61].

Aqui, a mesma ruptura empreendida por Bacon. Hoje já podemos ter uma visão mais exata das apreciações de Bacon. Seu equí-

---

61. Galilei, 2000, p. 46.

voco em crer num desenvolvimento independente da ciência, sem a mediação social. Sua concepção de ciência carece de uma autocrítica que implica que tal ciência corresponde a um salto do capitalismo para novas formas de dominação[62]. Como no positivismo, ele se propõe ingenuamente (ou astutamente) na aplicação do método científico para um aprimoramento e bem-estar da vida humana. Também lança a ideia de que a ciência é uma espécie de operação. Por trás da noção de "experiência", Bacon dessacraliza a natureza e a transforma num *quantum* de energia, cuja composição (daí os "organismos" e "componentes" da natureza) o homem deve dominar. De seus escritos emerge uma nova definição de homem: um ser que age através de instrumentos, *o homo faber*. Mas não como na definição antiga que o associava ao "artesão"; esse *homo faber* de Bacon é o homem que tem consciência das limitações de seu intelecto e, portanto, opera através de instrumentos. Assim, como explicar sua afirmação de que "o homem é um Deus para o homem"? É essa capacidade de descobrir e inventar que lança o homem (o cientista, o inventor) na condição de Senhor (daí o domínio) e de poder. O que Adorno critica na *Dialética negativa* é tudo aquilo que Bacon já tinha exposto em seu programa. Adorno afirma:

> O próprio espírito do mundo colocou em marcha uma representação subjetivisticamente obstinada da ciência, uma representação que visa antes a um sistema autárquico, empírico-racional, do que à concepção de

---

62. Isto ficou evidente com as análises de Marx e os demais críticos da formação do processo capitalista. Cf.., p. ex., essa passagem de Marx em *O capital*: "Até a maior facilidade do trabalho torna-se instrumento de tortura, já que a máquina não dispensa o operário do trabalho, mas faz com que o trabalho perca o interesse. Toda produção capitalista, como geradora não só do valor, mas também da mais-valia, tem esta característica: em vez de dominar as condições de trabalho, o trabalhador é dominado por elas; mas essa inversão de papéis só se torna real e efetiva, do ponto de vista técnico, com o emprego das máquinas. O meio de trabalho tornado autômato ergue-se, durante o processo de trabalho, diante do operário sob a forma de capital, de trabalho morto, que domina e explora a força de trabalho viva. [...] A habilidade particular, individual, do trabalhador assim despojado não passa de ínfimo acessório e desaparece diante da ciência, das enormes forças naturais e da massa de trabalho social que, incorporadas ao sistema mecânico, constituem o poder do Mestre e Senhor" (Apud GORZ, 1989, p. 32).

uma sociedade que é em si objetiva e que dita as suas leis de cima[63].

A bem da verdade a filosofia da natureza de Bacon apresenta-se com uma roupagem cristã que não convence ou, pelo menos, contém um ingrediente de astúcia (que convém levar em consideração). Essa filosofia (da natureza) é uma espécie de anjo da guarda que guarda o ovo da serpente. Isto pode ser constatado de forma mais direta em sua utopia denominada de Nova Atlântida. Essa sociedade-modelo que o romance ficcional narra, a "Ilha de Bensalém", tem como seu orgulho a "Casa de Salomão", uma espécie de universidade que se comporta como uma casa civil do governo local. Nessa instituição os grandes experimentos científicos são utilizados para o bem-estar da sociedade. Mas a forma ideológica (de consciência) em que esse avanço científico se dá apresenta-se num formato cristão. "Os filhos agradeçam a Deus por terem nascido e perseverem no bem até o fim", expressa a educação cristã que cimenta o vínculo familiar, base da estabilidade social. Daí o motivo de Bacon concluir que "não há sob os céus nação tão casta como Bensalém, nem tão livre da corrupção e da torpeza. É a nação virgem do mundo"[64]. A utopia baconiana: um povo casto para uma ciência plenamente desenvolvida.

Mas a realidade em que se deu o desenvolvimento da ciência moderna difere da Bensalém de Bacon. Aqui, cristianismo convive em harmonia com o domínio da natureza: não há heresia em desejar mexer nas coisas de Deus para usufruto humano. O contexto histórico moderno mostrou coisa diversa. O domínio da natureza

---

63. Adorno, 2009, p. 261. É que Adorno procura localizar no próprio movimento da razão positiva esse instante em que ela se fecha numa lógica imanente: "O método reprime autoritariamente aquilo que caberia a ela (a razão) conhecer. É impossível sustentar o ideal positivista do conhecimento, o ideal dos modelos em si consistentes e isentos de contradições, logicamente irrefutáveis, por causa da contradição imanente daquilo que precisa ser conhecido, por causa dos antagonismos do objeto. Esses são os antagonismos do universal e do particular na sociedade, e eles são negados pelo método antes de todo conteúdo" (Ibid.).

64. Bacon, 1999, p. 241.

através da ciência moderna realizou-se num contexto capitalista. O desenvolvimento das forças produtivas capitalistas não pode se realizar sem o avanço da ciência. Tanto a contemplação da verdade da natureza (que Bacon via como algo primordial) quanto a "sociedade virgem" são complementos falsificadores de um avanço do domínio humano ante novas forças naturais. O desenvolvimento da ciência desemboca num avanço vertiginoso da técnica (como tecnologia) que aprisiona o avanço real da consciência humana.

É que Bacon descortina um novo mundo para o homem moderno. Assim como Colombo, esse novo continente que se denomina "natureza" pode nos oferecer coisas maravilhosas. Mas é preciso cautela, afirma ele. A natureza apresenta uma forma última (que provavelmente só Deus conhece); mas, por outro lado, apresenta também várias outras formas que o homem deve conhecer. A "coisa em si mesmo" é um limite do conhecer humano:

> Pois sendo a forma de uma coisa a coisa em si mesma e visto que a coisa difere da forma tanto quanto difere a aparência da existência, o exterior do interior e o relativo ao homem do relativo ao universo, segue-se necessariamente que se não pode tomar uma natureza pela verdadeira forma, a não ser, que sempre decresça quando decresce a referida natureza e, igualmente, sempre aumente quando aumenta a natureza[65].

Observar que ele distingue o que é "relativo ao homem" daquilo que é "relativo ao universo". Então o homem necessariamente está imerso numa forma de ilusão que o impede de conhecer esse "relativo ao universo". Por isso na prática do saber tenho que levar em consideração aquilo que ainda não sei. O real absoluto na filosofia da natureza de Bacon encontra-se no seio da natureza e cabe à ciência moderna se aproximar desse conhecimento. Já o homem, sem o auxílio de tal ciência está acometido pelos Ídolos (a ilusão para Bacon). Quebra-se, com essa visão baconiana, o invólucro humanista que impregnara a concepção de homem. A "vida con-

---

65. Ibid., p. 120.

templativa" que era um mérito (e valor) do homem teórico agora é questionada; Bacon quer a "vida ativa", lembrando que cabe só a Deus (e aos anjos) uma vida contemplativa[66]. Para conhecer não basta mais contemplar a verdade, mas operar (com instrumentos) sobre um meio (natural) por meio da experiência. Bacon vai além ao distinguir os experimentos "lucíferos" dos "frutíferos". A luz do saber dever gerar frutos.

O que a proposta de Bacon realiza, ou seja, a instauração de uma razão instrumental em benefício do "mais forte", os gregos já tinham visualizado em seu aspecto crítico. Se atentarmos para o Mito de Pandora, que tão bem foi analisado por Vernant, podemos ver o quanto essa mediação preventiva já estava incorporada no pensamento grego. Vernant se propõe a comentar sobre o mito das raças em Hesíodo. Em certo momento, surge Pandora como mal, "mas um mal amável, a contrapartida e o reverso de um bem"[67]. Réplica à artimanha de Prometeu, Pandora pode ser concebida como astúcia:

> [...] ela introduz no mundo uma espécie de ambiguidade fundamental; entrega a vida humana à confusão e ao contraste. Com Pandora, não apenas os poderes da noite se esparramaram pela terra, os *Álgea* das doenças, o *Pónos*, o *Gêras*, estes males que a humanidade ignorava em sua pureza original, mas todo bem comporta agora a sua contrapartida de mal, o seu aspecto noturno, a sua sombra que o segue passo a passo: a abundância implica doravante um *ponos*, a juventude uma velhice, a *Díke*, uma *Éris*, da mesma maneira, o homem pressupõe diante de si o seu duplo e contrário, esta "raça das mulheres", ao mesmo tempo maldita e desejada[68].

---

66. Na *Ética a Nicômaco*, Aristóteles expressa aquilo que a própria cultura grega havia desenvolvido: "E essa atividade – Aristóteles se refere à prática do filósofo, o "mais autossuficiente dos homens" – parece ser a única que é estimada por si mesma, pois nada decorre dela além da própria contemplação, ao passo que, no caso das atividades práticas, sempre obtemos vantagens – maiores ou menores – além da própria ação" (ARISTÓTELES, 2008, p. 229).

67. Vernant, 1990, p. 71.

68. Ibid., p. 72.

Nesse sentido, o Mito de Pandora é uma forma de justificar a presença do mal na vida humana. Com Pandora sabemos que a vida humana comporta um bem e um mal. Mas o mito não só justifica. Mostra que as descobertas humanas, suas realizações, implicam a possibilidade de se despertar um mal (escondido, implícito). É essa forma de crítica contida no mito que a ciência moderna (com Bacon, em especial) menospreza. Isto é tão evidente que podemos observá-lo na polêmica obra de Bertrand Russell, *A perspectiva científica*:

> A sociedade científica na sua forma pura, isto é, como a tentamos retratar, é incompatível com a busca da verdade, com o amor, com a arte, com o deleite espontâneo, com todos os ideais que o homem acalentou até agora, exceção feita apenas para a renúncia ascética[69].

De forma surpreendente, Russell, como bom conhecedor da postura dos antigos gregos ante a verdade, afirma que o moderno homem de conhecimento deve "renunciar ao mundo como seus amantes". O que Bacon em seu tempo sugere nas entrelinhas, Russell expõe de forma aberta: "E, assim, a ciência substitui, cada vez mais, o conhecimento-amor pelo conhecimento-poder, e à medida que esta substituição se torna mais completa, a ciência tende a se tornar cada vez mais sádica"[70]. O sábio ou o cientista deixa de se relacionar com a natureza de forma "amorosa"; agora, passada a ilusão (ou astúcia) do século XVII, "o cientista passou a ser o seu tirano", afirma Russell.

Essa nova perspectiva é vista por Russell como uma evolução natural da ciência. O que era secundário – esse "impulso-poder" – torna-se agora o momento principal e diretor. Ocorre, na verdade, uma mudança na forma de se exercer o conhecimento. A questão se desloca para a prática em si desse conhecimento científico. A ciência se transforma em técnica.

---

69. Russell, 1977, p. 204.
70. Ibid., p. 203.

4

A *ratio* iluminista e a filosofia da história

Algo muito profundo e que inquietava Giambattista Vico promove e motiva a configuração da *Ciência nova*. Ele afirma que na "história da natureza humana" faltam "princípios que configurem uma "história universal". Essa afirmação é a própria problemática da obra: achar um sentido para a história universal. Mas o que Vico tem em mãos? Onde se agarrar para fundamentar tal sentido? A *Ciência nova* é de 1725. Sabemos que Vico era um admirador de Bacon. Mas este já tinha lançado a ideia de progresso, como vimos no capítulo anterior. Assim, Vico percebe que sua tarefa, acoplada à ideia desenvolvida por Bacon, é encontrar um sentido evolutivo para as sociedades humanas. A questão está em se descobrir uma "linha evolutiva". A base da pesquisa de Vico é a filologia, juntamente com as representações culturais como a mitologia, por exemplo. A partir da cultura, Vico reflete na forma social associada a essas configurações de ordem cultural.

Vico parte do instante em que o homem-fera se sente só no mundo. Esse homem olha para o céu, observa sua grandeza e imensidão. Durante uma tempestade, o trovão lhe provoca pavor. Concebe um deus (Júpiter) que vai lhe dar os primeiros sentidos desse universo, estranho nesses primeiros tempos. Envolto nessas "densas trevas", esse homem-fera se agarra à religião[1]. Estamos na

---

[1]. Numa determinada passagem de sua *Ciência nova*, Vico afirma: "Devido ao mesmo erro da fantasia, esses temiam os deuses que eles mesmos tinham imaginado" (VICO, 2008, p. 133).

"Idade dos Deuses" e é neste período que o homem-fera inicia seus primeiros passos rumo à humanização. Ele vive nas grutas; leva suas mulheres para um esconderijo (para realizar a união carnal), mas não tem, ainda, qualquer sentimento mais sublime (como o amor, por exemplo). Com a introdução dos deuses, só falta o matrimônio para realizar uma nova etapa dessa evolução:

> Para que esses primeiros passassem à primeira de todas, que foi a dos matrimônios, para fazê-los entrar, foram necessários os estímulos da libido bestial. Para mantê-los dentro, foram necessários os fortes freios de espantosas religiões. Dessa sociedade humana provieram os matrimônios, que foram a primeira amizade que nasceu no mundo[2].

Com isso, a religião e o matrimônio correspondem aos dois pilares, segundo Vico, que sustentam a humanização do homem-fera. Aqui ingressamos na "Idade dos Heróis". Neste ponto, Vico visita a Grécia antiga em busca de provas para sua argumentação. Ele denomina esses primeiros homens de "crianças". Se o homem-fera era "estúpido, insensato", ou seja, uma "horrível fera", agora os homens da Idade dos Heróis são crianças. Vico estuda a arte poética porque ela nos conta os segredos da "natureza das crianças": "Os episódios nasceram dessa grosseria das mentes heroicas, que não sabiam discernir a razão das coisas que servissem ao seu propósito [...]"[3]. É neste contexto que Homero é estudado. Antes de tudo, percebe-se que Vico já concebe o grande poeta grego sob os olhos do princípio da evolução. E mais, Homero vai nos revelar que a fantasia imperava naqueles tempos. Vico permanece com certa relutância ante Homero: é que suas invenções "são tão inconvenientes à nossa natureza humana civil"[4]. Elas, segundo Vico, possuem algo de "indecoroso". Na esteira de Platão, Vico vê Homero expressando

---

2. Ibid., p. 96.

3. Ibid., p. 77.

4. Ibid., p. 105.

"deuses e heróis inconstantes". Isto provoca no vulgo certa ferocidade, uma selvageria heroica:

> Esses costumes rudes, vilões, ferozes, orgulhosos, volúveis, irracionais ou irracionalmente obstinados, levianos e estúpidos, que só podem ser de homens quase crianças por debilidade da mente, como femininos pela robustez da fantasia hão de negar a Homero toda e qualquer sabedoria secreta[5].

É nessa escala evolutiva que o ascetismo é lido como algo superior e propício à ordem civil. Com isso, Vico concebe Homero como expressão de uma época decadente (do direito heroico); com Homero já podemos vislumbrar as liberdades populares. O poeta corresponde à última fase dos poetas heroicos. Dessa forma, fica fácil entendermos a alegria de Vico com a chegada dos filósofos "tranquilos, civilizados e brandos". Em Homero não havia uma sabedoria secreta; esta só foi introduzida pelos filósofos[6].

A terceira fase da evolução da humanidade é a Idade dos Homens. Ela corresponde a uma consciência "modesta, benigna e razoável". É o governo dos homens, nas repúblicas democráticas ou monarquias. Aqui, a plebe não se sujeita mais como nos tempos da aristocracia (a Idade dos Heróis). A cidadania é estendida até às camadas populares. Vico se refere a essas nações de "iluminadas". Assim, de forma resumida, temos três idades que irão caracterizar toda a história universal. É um modelo que atua em dois sentidos: diacrônico e sincrônico. Para cada idade temos os elementos correspondentes (direito, formas de governo, representação social etc.) que compartilham da lógica específica para cada idade. Com isso, Vico antecipa uma abordagem sociológica do passado, bem anterior àquela de Comte.

Mas o que nos interessa, em especial, é o sentido dessa história. Vico nos apresenta duas afirmações que parecem contraditórias.

---

5. Ibid., p. 107.

6. No final da *Ciência nova*, Vico elogia os filósofos: "Assim, surgiu a filosofia, vontade do herói que ordena as paixões" (Ibid., p. 211).

No início da obra ele nos adverte: "Esse mundo civil foi feito pelos seres humanos, de onde se pode e deve descobrir os princípios dentro das modificações da própria mente humana"[7]. Mas Vico não consegue explicar o motivo dessa ordem quando ela transcende aos desígnios humanos. Sim, a história é feita pelos homens. Mas o sentido oculto, geral, universal, pertence a uma consciência que transcende as particularidades individuais. Daí aparecer, de forma insistente, a noção de Providência na *Ciência nova*. Há um desejo da Providência para que o homem evolua. Ver, neste sentido, as afirmações de Vico: "Destarde, ordenou a Providência"; "[...] e a Providência conduziu naturalmente [...]" etc.

Da fantasia (sentimento) à razão; das paixões ao dever: eis a evolução de Vico. Há, também, uma espécie de determinismo na ordem da história. Quando uma nação cai em decadência (que Vico concebe como uma espécie de frouxidão moral), a Providência aplica seu remédio: "Ela dispõe primeiro que se encontre nesses povos alguém que, como Augusto, apareça e se estabeleça como monarca, para que detenha em suas mãos todas as ordens e todas as leis pela força das armas"[8]. Se não há um homem forte no interior dessas nações, então ele aparece além das fronteiras – uma nação superior passa a dominá-la. Em último caso, ainda que não apareça uma nação superior para impor a ordem devida, ocorre uma "segunda barbárie". É a "ferocidade generosa", onde o ser humano parece regredir (mas sempre observado, lá do alto, pela Providência). A vida, neste estágio, resume-se às utilidades necessárias. Povo simples, eis que são "religiosos, verdadeiros e leais".

O que temos em Vico, neste caso, é um pensamento que se resume em duas afirmativas: a) Quem não consegue governar-se por si, deve se deixar governar por outros, com tal capacidade; b) Governam o mundo sempre os que são melhores por natureza. Esse pensamento já antecipa o conformismo ante um poder atual, bem

---

7. Ibid., p. 36.
8. Ibid., p. 212.

típico do Hegel conservador ou mesmo da sociologia de Comte. É que o pensamento em torno do progresso e da evolução da ordem civil (que se inicia, ao que tudo indica, com Vico) traz consigo, como conclusão quase implícita, a superioridade do presente ante um passado incompleto. Nessa lógica (que se inicia) de conceber a ordem das coisas históricas, sempre há um sentido para determinada orientação social. No caso de Vico, ela se dá como dupla determinação: como humana (ação imediata/interesse particular) e como Providência (ação indireta/interesse geral). É o que ele afirma: "Porém, este mundo nasceu de uma mente muito diferente e, às vezes, completamente contrário e sempre superior aos fins particulares aos que esses seres humanos tinham proposto para si"[9].

Na medida em que os homens perseguem seus interesses particulares, colaboram para os "meios" que servem a "fins mais amplos". Com isso, ele refuta a presença de um "destino" para a história, já que os homens a fizeram por escolha. Ao mesmo tempo, Vico descarta a opção pelo acaso, pois parece haver um sentido (evolutivo) para toda a história humana. No último caso ele situa Epicuro, Hobbes e Maquiavel; Zenão e Espinosa no primeiro. Nesse quadro, Vico fica ao lado de Platão, "pois este diz que os destinos humanos são ordenados pela Providência"[10].

Juntamente com Vico, outro precursor do Iluminismo foi Montesquieu. Isto por dois motivos principais: primeiro pelo reconhecimento de seus contemporâneos como homem que abriu um novo caminho para sua época; segundo, pela tradição crítica que o vê como o pensador que introduziu o pensamento sociológico[11]. Mas antes mesmo de entendermos sua apreciação sobre a história é necessário apreendermos sua ideia de razão. Ela será fundamental, pois é dela que provém boa parte de suas concepções.

---

9. Ibid., p. 214.

10. Ibid., p. 215.

11. Cf. tb. esta passagem *Do espírito das leis*: "Examinei, a princípio, os homens, e julguei que, nesta infinita diversidade de leis e de costumes, eles não eram guiados unicamente por suas fantasias" (MONTESQUIEU, 2004, p. 13).

Compreender Montesquieu é entender um intelectual de uma época de transição. Como afirma Starobinski, ele vive num período "de equilíbrio precário entre a idade da teologia e a idade do historicismo"[12]. Com Montesquieu abre-se pela primeira vez a possibilidade da compreensão de ordem secular da história. Ao retirar o sujeito da história da ordem da Providência, Montesquieu promove o aparecimento da causalidade como fator explicativo dos acontecimentos mais gerais. O que permanece do velho modelo interpretativo é certo absoluto, agora de forma intrínseca à história.

É que Montesquieu vê o equilíbrio das coisas como expressão de uma lei eterna; a própria natureza do homem compartilha desse absoluto. Não há aprimoramento do homem através da história; esta só pode dar ocasião do homem se degenerar. Daí que "o bem é algo que se mostra a nós por uma volta para trás", na interpretação de Starobinski. Assim, a razão humana compartilha de uma estabilidade; ela não se altera através da história. A leitura de Montesquieu, realizada por Jean Starobinski, mostra-nos que no primeiro há um pensamento contraditório: ao lado da "perspectiva idealista" (o homem possui uma essência invariável) existe uma "perspectiva determinista" (os fenômenos físicos obrigam os homens a se transformarem).

Não há processo histórico em Montesquieu. Há, sim, variações históricas que assinalam a "ação das leis imutáveis" que governam as mudanças. O que é preciso apreender para se pensar o homem é aquilo que Montesquieu qualifica de "espírito geral". Em *Do espírito das leis*, ele nos dá a definição desse conceito:

> Várias coisas governam os homens: o clima, a religião, as leis, as máximas do governo, os exemplos das coisas passadas, os costumes, as maneiras, formando-se daí, como resultado, um espírito geral. À medida que, em cada nação, uma dessas causas atua com maior força, as outras lhe cedem outro tanto. A natureza e o clima dominam quase sozinhos entre os selvagens; as manei-

---

12. Starobinski, 1990, p. 80.

ras governam os chineses; as leis tirânicas, o Japão; os costumes ditavam, outrora, o tom na Lacedemônia; as máximas do governo e os costumes antigos o faziam em Roma[13].

É que para o bom legislador, deve-se tomar em consideração o "espírito geral" de uma nação no exato momento de se elaborar as leis. Estas devem estar de acordo com a "inclinação natural" de seus habitantes. Nesse sentido, que poder podemos enxergar no homem? Em Montesquieu já se antevê um homem dominado por diversas forças; mas como "ser inteligente" ele viola incessantemente as leis e modifica aquelas que ele próprio estabeleceu. É necessário que o homem se oriente a si próprio; porém ele é um ser limitado e sujeito a erros e à ignorância.

O homem mau de Maquiavel e Hobbes permanece em Montesquieu. Mas agora esse "mau" adquire um fundo explicativo, respeita uma causalidade. É deste ponto que deriva a grande descoberta de Montesquieu: o homem no poder tende a abusar dessa forma de superioridade, de sua potência. Por isso "é preciso que, pela disposição das coisas, o poder contenha o poder"[14]. Um princípio essencial da democracia moderna: a limitação do poder. No fundo, trata-se de uma despersonalização do poder – elemento essencial da representação do poder na Ilustração – onde que se retira do homem a capacidade de produzir um "bem" social. Este último se realiza a partir do homem, de forma indireta.

Montesquieu, sem dúvida, inaugura toda uma época. Como bem mostrou Starobinski, ele é um pensador da transição. Nele já se avizinha o pensamento iluminista que elevará o homem a um ser racional e determinado por sua liberdade.

Assim como Montesquieu descobriu o fundamento da democracia moderna, Voltaire descobre os fundamentos da nova liberdade. Para ambos, esses princípios (civis) essenciais à sociedade

---

13. Montesquieu, 2004, p. 309, 310.
14. Ibid., p. 164, 165.

moderna nascem de forma indireta. São as condições da formação social que fazem com que se produzam esses "bens" e não a dádiva de determinado poder ou a capacidade intrínseca do homem. Nas *Cartas filosóficas*, Voltaire deixa clara a ideia sobre o nascimento da liberdade – de religião – (no final da 6ª carta). Ele comenta que no recinto da "Bolsa de Londres" reina um clima de respeitabilidade, onde os delegados de todas as nações do mundo se reúnem "para a utilidade dos homens". Aqui, o judeu, o maometano e o cristão se relacionam como se pertencessem à mesma religião; só denominam "infiéis" aqueles que vão à bancarrota. Sem dúvida, esta é uma passagem típica da ironia de Marx. Mas ela contém uma verdade importante para nossos objetivos: por trás das crenças religiosas há um padrão único que une os homens. É a "utilidade", e mais que isto, esta passagem indica que a existência de uma única religião (ou duas) provocaria o despotismo ou uma guerra religiosa, respectivamente. E Voltaire finaliza essa passagem, dizendo que há trinta seitas na Inglaterra e elas vivem em paz, felizes. Eis a descoberta de Voltaire: a pluralidade de crenças ao invés de gerar um caos social, contribui para que nasça (de forma indireta) a liberdade civil/religiosa. O capitalismo (que Voltaire qualifica como algo de "utilidade") gerou um padrão comum entre as diversas nações (e, consequentemente, entre homens com crenças diversas).

Essa crença no poder positivo que gera o capitalismo também pode ser observada em *Cândido*. Seu herói é um jovem inocente que segue as ideias do mestre Pangloss. Voltaire, aqui, realiza uma crítica ao filósofo Leibniz que concebe nosso mundo como "o melhor dos mundos possíveis" e que "não há efeito sem causa"; portanto, "tudo está necessariamente encadeado e arranjado para o melhor possível"[15]. Mesmo apesar das terríveis adversidades por que passa Cândido, as coisas não deixam de compor um quadro otimista.

Ver, nesse sentido, que a crítica voltaireana já indica uma abertura (algo imprevisível) para o futuro. Leibniz é a versão filosófica

---

15. Voltaire, 2003, p. 13.

de uma visão tradicional da história, onde se vê as coisas (humanas) de forma exageradamente ordenada. As ações humanas só as confirmam. Com sua típica ironia, Voltaire rompe com essa visão e apresenta a possibilidade de uma *práxis* fundadora. Observar que no final do romance Cândido se conscientiza – após a consulta com o "melhor filósofo da Turquia – da importância do labor. Pangloss parece concordar também com essa nova abertura; ele diz: "Tens razão, pois, quando o homem foi posto no Jardim do Éden, ali foi posto *ut operatur eum*, para que trabalhasse; isso prova que o homem não nasceu para o repouso"[16].

É o trabalho, enfim, que pode trazer um benefício futuro. E embora tudo se justifique pela filosofia de Pangloss, o transformado Cândido replica: "Isso está bem-dito, mas é preciso cultivar nosso jardim"[17]. Uma apologia ao trabalho, pois ele presencia "o melhor filósofo da Turquia" que cultiva suas "vinte jeiras" com seus filhos e se afasta do "tédio", do vício, bem como da necessidade.

O novo mundo da burguesia é o que encontramos nos anseios de Voltaire. No capítulo IV de *Cândido*, encontramos o anabatista Tiago. Um bom homem que é retratado por Voltaire como uma espécie de novo herói. Ele auxilia Cândido e lhe dá vários conselhos. É Tiago que conduz Cândido e Pangloss a Lisboa. Na viagem, presenciamos o encontro de duas filosofias:

> Pangloss explicou-lhe como tudo era o melhor possível. Tiago não era dessa opinião. "Não há dúvida, dizia ele, de que os homens corromperam um pouco a natureza, pois não nasceram lobos e tornaram-se lobos. Deus não lhes deu nem canhões de vinte e quatro, nem baionetas; e eles fizeram também baionetas e canhões para se destruírem"[18].

Eis a abertura de Voltaire: o homem é bom, apresenta-se de início com um bom princípio. É o contexto social que o faz "lobo". No

---

16. Ibid., p. 162.
17. Ibid., p. 163.
18. Ibid., p. 18.

exemplo do próprio Cândido, ele é um personagem bom. Quando da tragédia no Porto de Lisboa – onde morre a maioria da tripulação do navio, inclusive o "bom Tiago" –, Cândido "quer atirar-se ao mar atrás dele". Mas ao mesmo tempo, num acesso de raiva, assassina dois inimigos. Cunegundes, assombrada com o ato, exclama: "Como pudeste, tu que nasceste tão doce, matar em dois minutos um judeu e um prelado?" Na resposta, Cândido se justifica por estar "enamorado, enciumado" e por ter sido "açoitado pela Inquisição". O próprio contexto da situação (que gerou um homem "ciumento e ferido") fez com que o herói de Voltaire cometesse dois assassinatos.

Ainda que de forma lenta, em Voltaire presenciamos o nascimento de um senso de historicidade. Ele já percebe que cada época possui um "ser" único. Então, já há uma intuição daquilo que se denominará "processo histórico". Não como teorização, mas um *feeling* de que as épocas são diversas e que o futuro traz consigo algo de novo. Vejamos ainda em suas *Cartas filosóficas*. Na 7ª carta ela trata do arianismo e constata que seu aparecimento na Inglaterra já não apresenta a mesma vivacidade (ou potência) de outrora. Voltaire vê sua época (ou mundo) como saciada de disputas e seitas; as pessoas "andam tão indiferentes" que não há mais espaço para a criação de uma nova religião. Se Maomé (um ignorante, segundo Voltaire) deu uma religião à África e à Ásia é porque veio ao mundo em momento oportuno. Eis a historicidade que Voltaire já percebe nos acontecimentos sociais. Ele finaliza essa carta com a afirmação de que se Cromwell renascesse "seria um simples comerciante de Londres".

Ao que parece, em Voltaire o processo histórico (que nasce) não é algo mecânico, determinista ou um momento histórico independente do homem. O desenvolvimento existe quando ocorre o surgimento de algo novo; o desenvolvimento não é algo automático. Quando Voltaire analisa a Inglaterra, percebe que neste país ocorreram avanços. Há algo novo que os ingleses inventaram; por isso o que na Inglaterra é uma "revolução", em outros países não passa de sedição. Esta afirmação que encontramos na 8ª carta já mostra a noção de revolução moderna, ou seja, a criação de algo novo (que Voltaire, no exemplo inglês, denomina de "sábia liberdade"). Nos países onde a guerra civil não passou de uma sedição, houve agitação social sem nenhum ganho: após a sedição, os soldados mercenários subjugam os revoltosos e o resto da nação acaba por "beijar suas correntes". Voltaire, neste instante, volta-se para sua França e lamenta as últimas revoltas que lá ocorreram. Esses franceses se pareciam a colegiais que se revoltam contra o diretor do colégio e acabam, no final, sendo chicoteados. A figura maior desse tipo de rebelde (sem causa, segundo Voltaire) é o Cardeal de Retz que Voltaire descreve como "faccioso sem propósito" e "chefe de partido" sem exército. Ele provoca um grande tumulto social (só para seu prazer), mas no fundo não produz nada de interessante.

O que se constata nas *Cartas filosóficas* é que houve um progresso histórico na Inglaterra. O pensador francês faz um pequeno balanço da história política inglesa (9ª carta) e constata que "foram necessários séculos" para que a justiça se estendesse à humanidade. Isto propiciou um sentimento de aversão à ideia de uma maioria semear e uma minoria colher. O poder da Câmara dos Comuns representa essa expansão da igualdade entre os ingleses; se antes eles eram "vilões", agora são cidadãos participativos.

Voltaire cultiva um apreço especial para com a classe burguesa. Ele sabe que ela é a potência social de sua época. E mais que isto, ele vê a existência dessa classe como a responsável por incrementar a liberdade (especialmente na Inglaterra). Já a nobreza é pintada com muita ironia. Seu senso histórico já lhe indica que a época da nobreza se extinguira. Para ela só restava uma saída: aburguesar-se. Mas quando a velha nobreza insiste em seu velho padrão de vida, a própria atmosfera no novo mercado mundial lhe dá um tom melancólico ao antigo estilo. Ao se referir à nobreza alemã, Voltaire comenta que já se viu trinta altezas com um mesmo nome, tendo como bens somente armaduras e orgulho. É uma nobreza que perdeu o poder social; este último pertence, agora, à burguesia. Voltaire admira um tipo social como o "negociante" que, agitado, "dá ordens de seu escritório a Surata e ao Cairo; é um ser que contribui para a "felicidade do mundo".

Mas não é só na Inglaterra que Voltaire vê a história se dirigindo para um futuro melhor. Ao se voltar para a história geral, e mais especificamente para a história antiga, constata uma lenta evolução na prática humana através dos tempos. Sua obra *A filosofia da história* é esse testemunho. Nessa obra – que não é propriamente dita uma "filosofia da história" como a entendemos hoje – mistura-se a pesquisa histórica com algumas reflexões importantes. Em primeiro lugar, Voltaire clama por um senso crítico para filtrar a gama enorme de informações provindas de um passado remoto: tanto aquelas que proveem dos historiadores antigos como as dos livros sagrados. É em nome da "verdade" que o trabalho do historiador deve adquirir credibilidade. Portanto, com Voltaire já temos o prenúncio de uma ética da pesquisa histórica: "É bem difícil o historiógrafo de um príncipe não ser um mentiroso; o de uma república adula menos, mas não diz todas as verdades"[19].

Mas sua indicação de se perseguir sempre a "verdade" não é uma tarefa fácil. Ele sabe bem das forças que envolvem a produção de tal história; por isso afirma o "quanto é raro um historiógrafo ousar dizer a verdade". É que ele está apegado demais ao seu senhor: esse trabalho deve ser feito pelo historiador, que Voltaire imagina distanciado (o suficiente) para produzir um julgamento apropriado à verdade de seu campo de estudo.

Feitas essas observações, Voltaire se volta para sua história. Ele deseja entender o homem antigo; adverte-nos que as transformações das coisas são uma constante: "A natureza dá em toda parte testemunho dessas revoluções", afirma. Mas ele não advoga um evolucionismo tão convicto. Voltaire é precavido; estuda, observa suas fontes. Só depois se lança numa reflexão mais segura. Veja um exemplo: Se em nossa época as pestes e doenças trazidas pelo comércio mundial, bem como as condições precárias da vida urba-

---

19. Voltaire, 2007b, p. 34.

na, não nos dão um alento positivo, conclui que antigamente "os homens eram mais robustos e mais laboriosos na simplicidade de um estado campestre"[20]. Mas essa afirmação (que concorda com o pensamento de Rousseau) não impede que ele enfatize o caráter progressivo das condições sociais. Isto o leva a pensar na natureza humana. Para Voltaire, o homem não é um ser solitário que resolveu, num belo dia, viver em sociedade por meio de um contrato. Ao mesmo tempo, o homem não se assemelha a outros animais que, de forma perene, vive "em um bando". Para Voltaire: "Ele é perfectível. [...] Mas por que não concluir que se aperfeiçoou até o ponto em que a natureza marcou os limites da sua perfeição?"[21]

Há, então, uma natureza humana que é constante: "o homem sempre foi, em geral, o que é", afirma Voltaire. Mas isso não significa que no passado tenha tido bonitas cidades, "canhão com bala de vinte e quatro libras" etc. O que é constante no homem é seu instinto, "que o leva a se amar em si mesmo, na companhia do seu prazer, em seus filhos, em seus netos, nas obras das suas mãos"[22]. Para Voltaire, o homem já possui o fundamento da sociedade em seu próprio ser. A conclusão é que "sempre houve alguma sociedade".

Voltaire vê o homem como um ser social. Mas não pela pura necessidade; a natureza o dotou de dois sentimentos – a comiseração e a justiça – que são o fundamento de toda sociedade. Estes dois sentimentos já estão presentes na criança, como coisa inata. E para caracterizar de forma completa o homem, Voltaire acrescenta o "princípio de razão universal". Ele observa que este último é tão característico no homem como as penas nas aves ou a pelagem nos ursos.

Portanto, Voltaire concebe o homem como um ser bom e que já comporta o princípio de razão universal. Este último faz com que

---

20. Ibid., p. 44.
21. Ibid., p. 61.
22. Ibid.

nasça no homem uma espécie de capacidade mecânica: desde os homens mais antigos observamos a capacidade (que ele denomina de "instinto") de se inventar máquinas. É o *homo faber* que caracteriza o ser humano[23]. Eis, então, a mudança que o Iluminismo opera na representação do homem: ele não é mais um ser mau, como na representação renascentista, mas um homem bom por natureza[24].

Neste ponto, podemos interrogar: como Voltaire vê as transformações da ordem social? Primeiro ele pensa na dimensão temporal. É preciso um longo tempo para que uma nação atinja o grau de civilização: "Para que uma nação se reúna em corpo, seja poderosa, aguerrida, culta, é necessário um tempo prodigioso"[25]. Em sua *Filosofia da história* ele nos dá outros modelos dessa evolução. Para que se chegue ao grau da metafísica (a ideia de um ser puramente imaterial), foi preciso que existissem ferreiros, carpinteiros, pedreiros, lavradores, "antes de aparecer um homem que tivesse tempo suficiente livre para meditar". A divisão do trabalho, assim, é este elemento indispensável para que se chegue à civilização. Marx

---

[23]. Em seu *Dicionário Filosófico*, no termo "Instinto" encontramos a seguinte passagem: "Nosso instinto não é tão eficiente quanto o dos animais, nem mesmo se aproxima. Desde o momento do seu nascimento, um gamo ou um carneiro correm para a teta de sua mãe. Já uma criança poderia morrer se a sua mãe não lhe oferecesse seu seio, apertando-o em seus braços. [...] Entretanto, o dom que temos para refletir, somado às duas mãos engenhosas que a natureza nos presenteou, sobrepõe-nos até ao instinto dos animais e com o passar do tempo coloca-nos, por bem ou por mal, infinitamente acima deles" (VOLTAIRE, 2006, p. 313).

[24]. Essa fundamentação dos direitos do homem com base na "natureza" é, sem dúvida, um dos pilares do pensamento moderno e que influenciou grande parte dos revolucionários do século XVIII. Mas não podemos nos esquecer que outras representações (mais "conservadoras") também estavam presentes. Sobre Boulainvilliers, Foucaul comenta: "O grande adversário de Boulainvilliers e de seus sucessores será a natureza, será o homem natural; ou ainda, se vocês preferirem, o grande adversário desse gênero de análise (e é nisso também que as análises de Boulainvilliers vão se tornar instrumentais e táticas), é o homem natural, é o selvagem, entendido em dois sentidos: o selvagem, bom ou mau, esse homem natural que os juristas ou os teóricos do direito criaram, antes da sociedade, para constituir a sociedade, como elemento a partir do qual o corpo social podia constituir-se" (2005, p. 231, 232). Também Edmund Burke (1997), que Hannah Arendt aprecia, desconfia dessa fundamentação do homem civil ancorada no princípio natural.

[25]. Voltaire, 2007b, p. 45.

concebe a divisão do trabalho de forma negativa; já Voltaire, ao que tudo indica, concede-lhe um caráter positivo. Essa metafísica (que se entende por "religião") implica um Deus transcendente e a crença em uma alma imortal: eis o que Voltaire denomina de civilização: "O conhecimento de um Deus, formador, remunerador e vingador é fruto da razão cultivada"[26]. Nesse sentido, o monoteísmo foi um avanço com relação ao antigo politeísmo; também o aparecimento de uma "alma imortal" é sinal de evolução. Quando Voltaire se refere à Índia, a doutrina da metempsicose é elogiada porque transformou (juntamente com o clima) os indianos num povo semelhante "a esses animais pacíficos".

Onde quer que Voltaire enxergue a crença na existência da alma, o elogio parece evidente: "Essa ideia inspirava necessariamente uma caridade universal: causava pavor ferir um ser que fosse da família"[27]. Voltaire concebe nas crenças uma utilidade prática, especialmente de ordem civil. A evolução deve atestar que há um progresso moral no homem; esse é o resultado maior do grau de civilização.

Se em Montesquieu não percebemos sinais de uma concepção evolucionista, já em Voltaire ela aparece ainda que timidamente. No *Dicionário filosófico*, temos:

> Mas as nações que hoje são civilizadas não o foram sempre. Todas elas foram durante muito tempo selvagem. E com o sem-número de revoluções de que tem sido palco o mundo, o gênero humano foi ora mais, ora menos numeroso[28].

O próprio conceito de "civilização" tão frequentemente empregado por Voltaire já atesta que a história se dirige para o futuro. É o grau de civilização de uma nação que confirma sua inserção no processo de desenvolvimento. Daí por que sua crítica aos antigos

---

26. Ibid., p. 49.

27. Ibid., p. 97.

28. Voltaire, 2006, p. 37.

conquistadores[29]. Em sua obra *A Filosofia da história*, o antigo grande líder é assim descrito: "Tudo o que se pode afirmar de Ciro é que ele foi um grande conquistador, por conseguinte um flagelo da terra"[30].

Então, quem é o herói de fato para Voltaire? Quando ele se refere à Rússia, os elogios são para Pedro o Grande, pois ele alterou (para melhor) "os costumes, as leis, o espírito do mais vasto império da terra, que todas as artes tenham acorrido em grande número embelezar os desertos, isso é que é admirável"[31]. Já os antigos heróis são "ladrões, chamados conquistadores": eis a crítica de Voltaire. O novo herói é representado por homens que trazem desenvolvimento à nação, aqueles que lhe dão um novo grau de civilização.

E nisto Voltaire se diferencia de Rousseau; o primeiro não é pessimista ante uma grande cidade, um comércio florescente e tudo aquilo se assemelha ao dinamismo moderno. Não que o mundo moderno lhe traga um otimismo exagerado – basta lermos seu *Cândido* para verificarmos seu realismo ante sua época. O homem sofre, enfrenta enormes problemas, mas deve cultivar a esperança que é sua própria salvação. No poema que faz sobre o terremoto de Lisboa, ocorrido em 1755, a esperança (*l'esperance*) nasce das tristezas e sofrimentos dos homens. Não vemos um otimismo que surge como algo intrínseco ao curso das coisas; o otimismo como "esperança" é a única saída para o homem ante sua situação trágica:

> O passado não é mais que uma triste lembrança;
> o presente é horrível se não tem futuro,
> se a noite do túmulo destrói o ser que pensa.

---

29. Observar que em Montesquieu encontramos uma crítica semelhante. Nas *Cartas persas* temos: "Nada deveria corrigir melhor os príncipes da mania das conquistas longínquas do que o exemplo dos portugueses e espanhóis. [...] Os espanhóis, perdendo qualquer esperança de alcançar a lealdade das nações vencidas, tomaram o partido de exterminá-las e de ocupar seus territórios com povos fiéis trazidos da Espanha. Nunca um propósito horrível foi executado com maior precisão. [...] Julga então, Rédi, como são funestas as conquistas [...]. (MONTESQUIEU, 1991, p. 198).

30. Voltaire, 2007b, p. 76.

31. Ibid., p. 87.

> Um dia tudo há de correr bem, é a nossa esperança:
> tudo corre bem hoje, a ilusão[32].

A esperança no poema aparece como uma espécie de faculdade humana que está ao lado dos "defeitos", das "mágoas", dos "males e ignorância". Nem o passado ou o presente acalentam o homem; é a própria "esperança" como futuro que parece comportar o essencialmente humano (na dimensão da felicidade). O que é o homem? Resposta que nos remete a uma visão aterradora; átomos atormentados, neste monte de lama que a morte sorve e cuja sorte se joga. A saída? Átomos, sim, mas pensantes!

E foi sobre a tragédia de Lisboa que se evidenciou de forma clara a diferença entre Voltaire e Rousseau. Para este último a natureza e a providência das coisas não poderiam ser responsabilizadas pela tragédia. Era o próprio homem moderno que trazia as sementes dessa destruição ao optar por morar em cidades com prédios de seis andares e com uma elevada concentração populacional. Para Rousseau, há uma regularidade no Todo e seu otimismo é nesta linha: o Todo é melhor, está bem. Assim, para Rousseau não existe o "mal geral". Há um bem neste Todo organizado, regulado; o mal se inicia com o homem livre, aperfeiçoado e corrompido.

Assim, no exemplo de Rousseau, temos um pensamento que não compartilha com a noção de progresso, que nasce nessa época do Iluminismo. Em *A origem da desigualdade entre os homens*, ele defende sua tese com argumentos pretensamente históricos. Rousseau vai ao passado da humanidade para mostrar o momento em que o homem deixou seu estado natural. O que temos, neste caso, é uma idealização de uma espécie de homem que ele qualifica de "natural". Rousseau concorda com Maquiavel e Hobbes de que os homens são maus, mas acrescenta: o homem é naturalmente bom; mau é o homem civilizado. É a partir desse argumento que ele analisa a formação da sociedade humana e "demonstra" que aquilo que denominamos de progresso, no fundo, representa um progresso da

---

32. Apud Poppe, 1972, p. 88.

desigualdade. Então, de nada adiantou todo esforço do homem em alterar a natureza em seu proveito, de incrementar as artes, de descobrir novas coisas com o auxílio da ciência. Com tudo isto o homem tornou-se infeliz. Rousseau vê o cidadão moderno como um indivíduo agitado, escravo de seu trabalho, vaidoso de sua própria escravidão. No final de *A origem da desigualdade entre os homens* o pessimismo se intensifica; o cidadão vive uma vida ilusória, de aparência, ao cultivar uma "honra sem virtude, razão sem sabedoria e prazer sem felicidade".

Em um tom parecido com o de Marx, Rousseau conclui que o progresso do espírito humano representa uma espécie de objetivação em detrimento à "desigualdade". Então, para que serve o progresso se o próprio "homem civilizado" não encontra, em vida, uma felicidade (natural)? É que no exemplo de Rousseau a idealização do "homem natural" serve de princípio para sua crítica radical ao processo civilizatório. O que fazer então? É evidente que de Rousseau podemos retirar uma leitura radical – foi aquela verificada pela prática jacobina, durante a Revolução Francesa[33]. O que temos em *A origem da desigualdade entre os homens* é um modelo interpretativo que acompanha a desigualdade entre os homens. Seu paroxismo está no regime despótico (bem ao estilo da crítica de Platão). Nesta forma de governo, ingressamos (segundo Rousseau) num segundo estado de natureza, mas no sentido negativo: há um excesso de corrupção. O contrato (social) se anula e o poder do déspota se mantém exclusivamente pela força. Observar que Rousseau comenta: aquilo que só a força mantém, por outro lado só a mesma força derruba. Abrem-se, neste caso, as portas para a revolução. É nessa perspectiva que Rousseau profetiza "as

---

33. Hannah Arendt observa em *Sobre a revolução*: "Para Robespierre, era evidente que a única força que poderia e deveria unir as diferentes classes da sociedade numa só nação era a compaixão dos que não sofriam por aqueles que eram *malheureux* (desgraçados), das classes superiores pelo povo simples. A bondade do homem no estado de natureza se tornara um axioma para Rousseau porque ele considerava a compaixão como a reação humana mais natural ao sofrimento do próximo e, portanto, seria o próprio fundamento de toda relação humana "natural" autêntica (ARENDT, 2011, p. 117).

revoluções que o tempo necessariamente haverá de trazer". Mas são revoluções restauradoras; são esforços de antigos cidadãos para se retornar ao antigo contrato.

Basta para isso que tomemos seu *Do contrato social*. O que Rousseau propõe nesta obra é um governo ideal, uma ordem social onde prepondera o "interesse público". Podemos então dizer que Rousseau parte de um ideal (o "homem natural") para se chegar a outro ideal (o homem que respeita o "contrato social"). Ele sabe que essa democracia perfeita é impossível, mas persegue uma forma de organização social onde a soberania é o poder de fato por detrás do poder do governante:

> O governo recebe do soberano ordens que dá ao povo e para que o Estado goze de bom equilíbrio, é necessário, estando tudo compensado, que haja igualdade entre o produto ou poder do governo tomado em si mesmo e o produto ou o poder dos cidadãos que são soberanos de um lado e súditos do outro[34].

A ordem social almejada por Rousseau surge como uma espécie de "irmandade". Essa ordem social, embora distante da ordem natural, transfere ao homem novas forças. Com isso, o homem do contrato social deve estar consciente que essas "novas forças" advêm das relações sociais. Aqui surge uma proporção inversa, pois na medida em que as "forças naturais" estiverem aniquiladas, "mais as adquiridas serão grandes e duráveis e mais sólida e perfeita será a instituição". Ele comenta sobre uma "força adquirida pelo Todo" que atinge um máximo de eficiência. Neste instante, "a legislação estará no ponto mais alto de perfeição que possa atingir"[35]. Da inocência natural à inocência social. Este último estágio da perfeição social (perseguida por Rousseau) será objeto de crítica (por parte de seus comentadores) por se assemelhar ao regime totalitário. Mas

---

34. Rousseau, 2000, p. 79.
35. Ibid., p. 60.

a "vontade geral" de Rousseau se assenta num ideal difícil de ser erigido na época moderna. Seu instante crítico é realista, mas seu dever-ser é idealista. Ao retirarmos a dimensão idealista, resta-nos o real que ele vê como uma espécie de corrupção:

> Mas quando o laço começa a se afrouxar e o Estado a se debilitar, quando os interesses particulares principiam a se fazer sentir e as pequenas sociedades a influenciar a grande, o interesse comum se altera e encontra oponentes, a unanimidade não reina mais nos votos, a vontade geral não é mais a vontade de todos, irrompem contradições, debates e o melhor parecer não encontra acolhida sem disputas[36].

O que Rousseau aconselha ao seu Emílio? No final dessa monumental obra encontramos Emílio, que acaba de chegar de uma viagem pelo mundo. Seu pupilo conheceu vários países e já está relativamente educado. Restam apenas alguns conselhos do mestre. Por outro lado, Emílio se admira de não ter encontrado um país ideal. Mas não se entristece. Sua educação lhe mostrou que a liberdade se resume numa atitude de entrega ante a necessidade. "Rico ou pobre, eu serei livre", diz Emílio. Nesse ataque estoico, Emílio confidencia para seu mestre: "Para mim, todas as cadeias da opinião estão quebradas, só conheço as da necessidade. Aprendi a carregá-las desde a infância e as carregarei até a morte, porque sou homem [...]"[37].

Emílio não é um revolucionário. Rousseau o fará um camponês submisso, mas com uma consciência bem singular:

> É em vão que aspiramos à liberdade sob a proteção das leis. As leis! Onde as há e onde são respeitadas? Por toda parte não viste reinarem sob esse nome senão o interesse particular e as paixões dos homens. Mas as leis eternas da natureza e da ordem existem. Elas servem de lei positiva para o sábio; são escritas no fundo

---

36. Ibid.
37. Rousseau, 1968, p. 570, 571.

de seu coração pela consciência e pela razão; a essas é que deve escravizar-se para ser livre[38].

Rousseau quer unir os homens pelo coração. Afirma que a liberdade não está na forma de governo, mas "no coração do homem livre". A liberdade, aqui, transforma-se numa espécie de espiritualidade do coração humano. Mas isso poderia levar seu Emílio ao isolamento, a um retorno artificial à natureza. Rousseau não desaprova essa atitude: fuja das grandes cidades, aconselha! Ele quer seu Emílio (junto com Sofia) levando uma "vida patriarcal e campestre". Mas não isolado; observar como "os romanos passavam do arado ao consulado". O Emílio camponês deve ser um cidadão valoroso: "Se o príncipe ou o Estado te chamarem a serviço da pátria, abandona tudo para ires cumprir no ponto que te indicarem, tua honrosa função de cidadão"[39].

O pensador nega, dessa forma, que da evolução natural da realidade de sua época possa sair algo de valoroso. Seu estado social ideal corresponde a uma forma de vida (social) semelhante à dos antigos romanos, já que não podemos mais retornar ao "bom selvagem". Mas o problema maior é restaurar esse "bem" social, essa inocência numa época onde os valores de ordem individual (burgueses, enfim) expandem-se por todo o corpo social. Eis a tarefa dos jacobinos durante a Revolução Francesa.

Se Rousseau, de forma impressionante transita de um ideal a outro, em Kant encontramos um texto que abarca a realidade em toda sua nudez: *Ideia de uma história universal de um ponto de vista cosmopolita*. Aqui Kant desenvolve nove proposições. Seu ponto de partida é a tese de que há um propósito (geral) por trás das ações dos homens. Ele comenta que há "um fio condutor", um "propósito da natureza" que não podemos perceber. Os homens surgem para Kant em sua realidade mais cruel, nada favorável ao ideal de humanidade: tolice, capricho pueril, vandalismo, maldade infantil.

---

38. Ibid., p. 571.

39. Ibid., p. 573.

Assim, para o filósofo não há outra saída senão ver um "propósito da natureza [...] agindo por meio dos homens". Nesse contexto a função do filósofo é "encontrar um fio condutor para tal história"[40].

No homem o que deve se "desenvolver completamente e conforme um fim" é o uso da razão (1ª proposição). Só que esse desenvolvimento se dá na espécie e não no indivíduo (2ª proposição). A razão não age sozinha, de maneira instintiva, mas através de "tentativas, exercícios e ensinamentos"; assim ela consegue progredir (em seu grau de inteligência). Deve agir através de gerações que transmitem umas às outras suas luzes.

A felicidade e a perfeição do homem são proporcionadas por ele mesmo, por meio de sua razão. E aqui, nessa 3ª proposição, Kant distingue a excelência humana ante os outros animais. É um "mérito exclusivo" do homem essa conquista e, sem dúvida, é uma conquista que leva à autoestima racional, mais do que o bem-estar. Mas na sequência, Kant nos surpreende ao afirmar a "insociável sociabilidade" do homem (4ª proposição). Para ele, há no homem uma "forte tendência a separar-se"; uma "qualidade insociável" que resulta num antagonismo com relação aos seus semelhantes. É essa própria negatividade, como oposição, que desperta "todas as forças do homem". Pode-se ver, aqui, o individualismo que gera "talentos". Kant comenta sobre a "inveja competitiva" que, através dela, permite-se ao homem o grande salto da rudeza à cultura. Aqui, Kant louva a natureza por conceder ao homem o "sempre insatisfeito desejo de ter e também de dominar"[41], pois aí está a fonte do progresso.

Portanto, as fontes da insociabilidade e da oposição geral que geram tanto mal, também são fontes de "renovadas forças e um maior desenvolvimento das disposições naturais". Sem dúvida, nesta 4ª proposição estão os argumentos que agradariam qualquer liberal e lhe daria razão ao afirmar que o individualismo está na base do desenvolvimento social.

---

40. Kant, 2004, p. 4, 5.

41. Ibid., p. 9.

Na 5ª proposição, o filósofo trata do "estado de coerção", ou seja, a viabilidade de uma sociedade civil que administre universalmente o direito. Para ele, o homem ingressa em sociedade por necessidade, pois não iria abandonar sua "liberdade sem vínculos" em troca de nada. Essa sociedade deve permitir "um antagonismo geral de seus membros" e a "mais precisa determinação e resguardo dos limites desta liberdade – de modo a poder coexistir com a liberdade dos outros"[42]. Deste ponto deve emergir uma constituição civil "perfeitamente justa". É o que Kant denomina de disciplina da insociabilidade do homem.

O filósofo afirma que o homem deseja que se limite a liberdade dos outros, mas sua "inclinação animal egoísta" o conduz a excetuar-se. Nesse sentido, onde encontrar um senhor para conduzir a sociedade? Kant não vê uma solução para essa questão: "Sua solução perfeita é impossível: de uma madeira tão retorcida, da qual o homem é feito, não se pode fazer nada reto"[43]. Essa 6ª proposição traduz a desconfiança naquele que governa.

Quanto ao conjunto das nações, as coisas ocorrem de forma semelhante. É a partir do inevitável antagonismo entre as nações que encontramos um estado de tranquilidade e segurança. Essa solução é seguida, infelizmente, através de amargas experiências (guerras, conflitos) e não através da razão. Nesta 7ª proposição, Kant defende a ideia da tomada de consciência por parte das nações da conveniência de se ingressar numa "grande confederação de nações", onde o poder unificado as obrigue às mesmas decisões. Essas nações irão buscar tranquilidade e segurança numa constituição, abandonando assim a "liberdade brutal" em que estão inseridas.

Desse modo, as revoluções são tentativas de se formar "novos corpos" de nações, de formar melhores ordenações possíveis. O filósofo vê aqui, também, que a natureza segue um curso regular, da inferioridade animal até o grau supremo de humanidade:

---

42. Ibid., p. 10.
43. Ibid., p. 12.

"por meio de uma arte que lhe é própria, embora extorquida do homem"[44]. Como na "astúcia da razão" de Hegel, aqui temos a "astúcia da natureza".

Do confronto entre as nações nasce uma "lei de equilíbrio para a oposição em si mesma saudável". Kant se refere à emergência de um Estado cosmopolita de segurança pública entre essas nações. Nesse estágio, as forças da humanidade não podem adormecer. Os antigos esforços que as nações realizavam tendo em vista o domínio (ou proteção) agora podem ser encaminhados para o interior. O que isto significa? Kant explica que isto se traduz num esforço de melhorar o "modo de pensar de seus cidadãos". É a formação de seus cidadãos que está em jogo aqui. Kant afirma que já somos civilizados mediante a arte e a ciência, mas falta muito para nos considerarmos moralizados. Ou seja, já somos civilizados, mas não moralizados. Por isso, na ação política, o "bem" necessita estar enxertado numa intenção moralmente boa.

Na 8ª proposição fica clara a ideia de que o sujeito (último) da história é a natureza, pois a "história da espécie humana, em seu conjunto, realiza um plano oculto da natureza". Esse "plano" visa estabelecer uma "constituição política perfeita". Mas como esse percurso é longo. Se partirmos do particular, ou seja, da experiência humana, não perceberemos esse propósito da natureza. Mesmo assim, o homem não deve incorrer na indiferença; ele pode "acelerar o advento de uma era feliz" para nossos descendentes. Kant concebe sua época como um momento que necessita realizar a "cultura interna", sem perder de vista a relação com as outras nações. Ficam evidentes, em Kant, dois tipos de evolução. Primeiro, o "progresso" que o homem realiza através da razão; segundo, a "evolução" lenta e que realiza segundo as finalidades da natureza. Ele vê que a liberdade civil se expande ao poucos. Comenta sobre a conquista do Iluminismo (*Aufklärung*) que universalizou a concepção de "liberdade" (estendendo-a até a religião). Essa conquista

---

44. Ibid., p. 14.

deve "ascender até os tronos", ter uma influência sobre aqueles que governam. Nessa passagem, fica evidente o otimismo de Kant. Mas nessa difusão, os princípios do Iluminismo ainda são "débeis e vagarosos". Ele almeja que num futuro bem próximo os governantes sintam a necessidade de formar um "grande corpo político" entre as nações. Só assim o desperdício que se realiza através das guerras poderia ser usado para fins da "cultura interna".

Na última proposição o filósofo afirma a importância e a viabilidade de se elaborar uma "história universal do mundo segundo um plano da natureza". Esse propósito não implica um projeto cognitivo, de puro entendimento. Deve visar uma ideia para tornar-se útil:

> [...] esta ideia poderá nos servir como um fio condutor para expor, ao menos em linhas gerais, como um sistema, aquilo que de outro modo seria um agregado sem plano das ações humanas[45].

Kant vê uma continuidade dos povos antigos até seus dias. Nessa "história", há "um curso regular de aperfeiçoamento da constituição política". No passado, ele vê "um germe de Iluminismo" e que "desenvolvendo-se mais a cada revolução, preparou um grau mais elevado de aperfeiçoamento"[46]. Novamente surge o otimismo; ele comenta sobre "a perspectiva consoladora para o futuro". Sem dúvida, a história do mundo (*weltgeschichte*) a que se propõe o filósofo, significa uma história filosófica que sirva de orientação para a própria prática política. Ela difere da história (*historie*) que é narrada pelos historiadores, já que esta é composta de forma empírica.

Observar que essa cisão operada por Kant no campo histórico (que, aliás, também está em Hegel) retira dos historiadores a capacidade de se pensar o próprio movimento da história. Daqui para diante, os historiadores permanecerão tímidos diante da teoria que envolve seu próprio objeto de análise; essa timidez implica um retirar-se do instante gerador das concepções teóricas sobre a história.

---

45. Ibid., p. 20.

46. Ibid., p. 21.

O século XVIII presencia o nascimento de algo inédito e que marca de forma decisiva a formação da filosofia da história: a noção de processo histórico. E para que a gênese desse conceito pudesse se configurar, a própria noção de revolução sofreu uma alteração. Por suas ideias, Rousseau foi, sem dúvida, um dos grandes responsáveis pelos movimentos revolucionários do século XVIII. Como notou Hannah Arendt, o conceito de revolução que temos atualmente (o *páthos* de "novidade", na expressão de Arendt) surgiu, de forma inesperada, no transcurso dos acontecimentos revolucionários do século XVIII. O que se tinha em mente antes das revoluções era uma intenção que se assemelhava à renovação, como uma espécie de retorno a um bom estado[47]. A palavra revolução tinha um sentido de "restauração": "As revoluções dos séculos XVII e XVIII, que para nós aparentam dar todas as provas de um novo espírito, o espírito da Modernidade, pretendiam ser restaurações"[48].

É nesse contexto que Rousseau parece ser uma figura importante. Ele apresenta uma forma de radicalismo que questiona a civilização europeia (sob as Monarquias Absolutas) em nome de uma pureza natural[49]. Ou seja, em sua apreciação, o encaminhamento do processo civilizatório das sociedades ditas "modernas" adquire um tom negativo, pessimista. Ele será o grande inspirador dos jacobinos ao propor um tipo de "vontade" (geral) cuja "existência depende de sua oposição a cada interesse ou vontade particular" (cf. Arendt)[50]. Desejava-se, nessa Fase do Terror (1793-1794) um tipo de cidadão com ardor cívico; daí a menor suspeita de *incivisme*

---

47. Arendt acrescenta ainda: "[...] não havia nenhuma palavra que designasse uma mudança radical a ponto de os próprios súditos se tornarem governantes" (ARENDT, 2011, p. 73).

48. Ibid., p. 73.

49. Este tom revolucionário das ideias de Rousseau pode ser comprovado pela perseguição que sofreu. Em certa passagem de *As confissões*, ele comenta: "[...] porque é sabido que os malvados e os tiranos possuem um ódio mortal com relação a mim, concernente, tão somente, pela leitura de meus escritos" (ROUSSEAU, 1980, p. 510). A tradução é minha.

50. Arendt, 2011, p. 115.

poderia ser julgada pelo Tribunal de Salvação Pública como uma forma de traição. Era o tão propalado *ennemis du peuple*, uma espécie de inimigo interno ao corpo da nação. Saint-Just denunciava:

> Temos que punir não só os traidores, mas também os indiferentes; há de se punir qualquer um que é passivo na república e não faz nada por ela. Pois desde que o povo francês tem manifestado sua vontade, tudo aquilo que está fora desta soberania é um inimigo [...]. Entre o povo e seus inimigos não há nada mais comum que o gládio, a guerra: é preciso oprimir os tiranos[51].

A própria figura de Marat simboliza essa paixão revolucionária em nome dos *malhereux* (desgraçados, infelizes). Por diversas vezes Marat refuta ter um partido; em seus escritos, segundo seu biógrafo, "não cessa de reafirmar que o único partido de Marat é o povo"[52]. Mas quando vamos a seus adversários, a imagem que temos é outra. Para Brissot, Marat era "o terrível sangue-frio com que se justificava, ou antes se gabava, dos assassinatos que havia instigado. É preciso crer, para honra da humanidade, que sua cabeça é ainda mais louca que perverso o seu coração"[53].

Arendt identifica em Rousseau o introdutor da "compaixão" na ordem política. Em sua apreciação crítica concebe nesse elemento uma forma de desnaturação da política, já que introduz as "paixões" na prática política: "Segue-se a elas uma racionalização crua, mas muito precisa e corriqueira, da crueldade da piedade"[54]. É que essa "paixão" revolucionária não aceita nenhum limite: eis a crítica de Arendt a Robespierre. No fundo, ela analisa essa forma de *práxis* revolucionária sob o modelo do pensamento político da *pólis* grega, ou seja, como ação pré-política. Nesse padrão de análise, a "necessidade popular" gera violência.

---

51. Apud Villat, 1947, p. 254. A tradução é minha.
52. Coquard, 1996, p. 326.
53. Apud Coquard, 1996, p. 331.
54. Arendt, 2011, p. 128.

Independente da questionável interpretação que Arendt faz das revoluções sangrentas da Europa, sua argumentação sobre a moderna concepção de revolução parece plausível. Ela argumenta que a nova concepção de revolução surge como um produto (inesperado) das próprias condições ou ordem dos acontecimentos. Houve um determinado momento onde se precisou criar algo novo:

> Foi somente no curso das revoluções setecentistas que os homens começaram a ter consciência de que um novo início poderia ser um fenômeno político, poderia ser o resultado do que os homens haviam feito e do que podiam conscientemente começar a fazer. A partir daí, já não era preciso existir um "novo continente" e um "novo homem" [Arendt, aqui, refere-se à experiência das colônias dos norte-americanos] lá nascido para instilar a esperança de uma nova ordem das coisas. O *novus ordo saeclorum* deixou de ser uma bênção concedida pelo "grande plano e desígnio da Providência" [aqui, ela indica as revoluções inglesas do século XVII], e a novidade deixou de ser o monopólio precioso e ao mesmo tempo assustador de uma minoria. Quando a novidade chegou à praça pública, tornou-se o começo de uma nova história, iniciada – embora inadvertidamente – por homens em ação, que continuaria a se desenrolar, a aumentar e a se prolongar pela posteridade[55].

Desse momento em diante o conceito de revolução fica associado a uma espécie de transformação político-social com o uso da violência, capaz de gerar uma nova ordenação social. É interessante, também, observarmos a forma como um dos protagonistas dessa fase revolucionária – Thomas Paine – define o termo revolução. Ele defende o "sistema representativo de governo" como uma nova forma política adaptada à extensão da cidadania moderna. Na ordem das novas nações não é mais suportável a democracia direta como aquela da *pólis* antiga. Quanto à revolução, Paine comenta que ela desperta uma "qualidade de senso" que está frequentemente

---

55. Ibid., p. 77, 78.

em estado de sonolência no homem: "[...] se uma coisa qualquer não o instigar à ação, o senso descerá como seu possuidor ao túmulo"[56]. Daí por que é vantajoso para a sociedade que o homem empregue "todas essas faculdades"; sendo assim, cabe ao governo pós-revolucionário assegurar "mediante operação tranquila e regular" a presença dessas capacidades que "jamais deixam de existir nas revoluções"[57].

Portanto, aos olhos de Paine, a revolução apresenta-se como uma espécie de estímulo às potencialidades presentes no homem[58]. E a fase pós-revolucionária dever ser uma "operação tranquila e regular" onde essa capacidade não deve deixar de existir, ou melhor, de produzir bons frutos para a sociedade. A revolução e sua fase posterior despertam um *quantum* no homem: esse potencial nos leva ao futuro; é imprevisível e, obviamente, algo melhorado, superior às antigas configurações sociais.

Mas não podemos encerrar esse capítulo sem a referência a um autor que, decididamente, erigiu o historicismo e deu ao conceito de história um significado que sua própria época esperava: Condorcet. Entusiasta do processo revolucionário francês, em *Esboço de um quadro histórico dos progressos do espírito humano* (1795) nos dá de forma completa a noção de história linear, progressiva, noção que marcou de forma profunda os séculos XIX e XX. Seu elogio a Bacon, Galileu e Descartes já nos mostram um sinal de sua adesão à noção de progresso que emerge nos princípios da ciência moderna; mas Condorcet – assim como Vico – vai mais longe e aplica esse

---

56. Paine, 1964, p. 117.

57. Paine apresenta uma espécie de antinietzschianismo. Para ele é a presença da aristocracia que adormece as potencialidades do homem: "Entretanto, além da criminalidade da origem, a aristocracia possui um efeito daninho no caráter moral e físico do homem. Como a escravidão, ela enfraquece as faculdades humanas, pois assim como o espírito curvado pela escravidão perde em silêncio as suas forças elásticas, assim também, no extremo contrário, quando é alevantado pela insensatez, torna-se incapaz de exercê-las e descamba para a imbecilidade" (Ibid., p. 152).

58. Além dessa apreciação, para Paine o que fundamenta a presença da revolução é a luta (na retomada da ideia de "princípio") pelos direitos iguais.

conceito ao movimento das sociedades humanas. Ele utiliza a antinomia obscurantismo/razão para mostrar que "a razão humana se forma lentamente", contra o fanatismo e a barbárie.

O homem para Condorcet é um ser sensível e capaz de formar (adquirir) ideias morais. Por diversas vezes ele cita Locke e Rousseau. Mas a inovação que realiza é conceber a noção de progresso – que Bacon identificava como algo restrito às ciências naturais – para a sociedade no sentido geral. Então, na medida em que a sociedade realiza esse "progresso", surgem no modelo interpretativo de Condorcet os pares de opostos: verdade/erro; liberdade/servidão. O otimismo de Condorcet, como fica evidente, leva-o a conceber o homem num processo de aperfeiçoamento (*Le perfectionnement de l'espèce humaine*). Basta verificarmos seu último capítulo do *Esboço* que trata "Dos progressos futuros do espírito humano". Na medida em que o complexo cultural (as Luzes) domina os diversos setores da sociedade, mais feliz e perfeito torna-se o homem.

> Em uma palavra, os homens se aproximarão deste estado onde as Luzes necessárias para os conduzir segundo sua própria razão e no interior dos afazeres comuns da vida os manterão isentos de preconceitos, por conhecerem bem seus direitos e os exercer segundo sua opinião e consciência; onde todos poderão, ao desenvolverem suas faculdades, obter os meios seguros de adquirir suas necessidades; onde, enfim, a estupidez e a miséria não serão mais que um acidente e não um estado habitual de uma parte da sociedade?[59]

Assim, a "marcha do espírito humano" está de acordo com o "desenvolvimento de suas faculdades". Observar que o próprio termo "marcha" (*marche*) nos remete ao progresso, a um movimento para frente. Riqueza material e instrução (cultura) são concebidas por Condorcet como unidas em seu sistema interpretativo. Para a desigualdade cultural que presencia em seu tempo, o revolucionário pensa que o remédio é uma "instrução bem-dirigida".

---

59. Condorcet, 1988, p. 266. A tradução é minha.

Aquele movimento progressivo que Bacon indicava para a ciência, agora em Condorcet aparece na própria sociedade:

> Os homens não poderão se esclarecer sobre a natureza ou sobre o desenvolvimento de seus sentimentos morais, sobre o princípio da moral, sobre os motivos naturais de se conformar suas ações, sobre seus interesses, seja como indivíduos ou como membros de uma sociedade, sem realizar-se, também, de acordo com a moral prática dos progressos, não menos real que aquela da ciência em si[60].

A bondade natural do homem, que Rousseau tanto defende, em Condorcet é projetada para o futuro. Se Rousseau nos leva ao passado (ideal), Condorcet por outro lado e, com a ajuda de Voltaire, leva-nos a um futuro aperfeiçoado: "[...] a bondade moral do homem, resultado necessário de sua organização é como todas as outras faculdades, susceptível de um aperfeiçoamento indefinido [...]"[61]. É que Condorcet faz uma aliança entre o progresso da ciência com a nova instrução elementar (universal e pública). No fundo eles devem representar um progresso único, pois só assim alcançaremos uma expansão da razão e, consequentemente, colheremos os frutos de seus melhoramentos.

Com Condorcet atingimos um estágio de uma verdadeira crença na ciência, em seus benefícios que contribuem para o progresso da sociedade. Ele concebe o "progresso da razão" numa acepção bem ampla: ela nasce das ciências e se espalha (através da instrução) para todo o campo social.

---

60. Ibid., p. 285.
61. Ibid., p. 286.

5
O historicismo de Hegel

Que Hegel é um pensador hermético, difícil, com um conjunto de conceitos complexos, isto já se evidenciou[1]. Ele é, particularmente, odiado pelos historiadores. Mas não podemos evitar um fato: é com Hegel que nasce toda uma sistematização do historicismo e que vai preponderar nos séculos XIX e XX. O próprio marxismo bebe em suas fontes e, de certo modo, não rompe com o pensamento mais profundo de Hegel. Altera-se o hegelianismo, mas permanece com o seu fundamento. Basta para isso que visualizemos o apreço dos marxistas por Hegel, como, por exemplo, em Herbert Marcuse ou Georg Lukács[2].

Neste sentido, para nos atermos com relação ao historicismo (que já surge na concepção de Condorcet) é necessário uma pequena incursão no hegelianismo. De início, o que mais nos chama a atenção é seu conceito de Espírito. Um conceito que, sem dúvida, não é exclusivo de Hegel. Espírito é um princípio que encontramos no idealismo alemão: Hölderlin, Schelling, Fichte, entre outros, utilizam-no. O termo Espírito faz parte da representação romântica alemã. Como sabemos, os românticos alemães reagiram contra o racionalismo exacerbado dos franceses. Contra a razão, os român-

---

1. Nos *Fragmentos póstumos e aforismos*, Nietzsche dirá: "A maneira gótica de Hegel [...]" (2005, p. 243); logo em seguida, complementa: "[...] a sua arte de falar à maneira de um homem embriagado com todas as coisas mais austeras e mais frias" (p. 245).

2. Nesse sentido, confirma-se a importância de Hegel para a formação intelectual de dois autores de destaque no universo marxista: Georg Lukács e Herbert Marcuse. Em Lukács, destaque para *O jovem Hegel e os problemas da sociedade capitalista*; já Marcuse, *A ontologia de Hegel e a Teoria da Historicidade* e *Razão e revolução*.

ticos valorizavam a imaginação, a criação (artística), a natureza e a religião. O romantismo queria resgatar um pensamento holístico que contivesse a noção de "vida". Daí ser tão comum o termo "espírito do mundo"; Schelling designava esse termo como expressão de um conjunto que abarcava tanto a natureza quanto as qualidades da humanidade (a "alma", por exemplo). Assim, a natureza se transforma numa propriedade visível de uma qualidade superior – o Espírito. É este que estrutura e ordena o mundo vivo, vivificante. Para Schelling havia uma evolução no seio da natureza cujo ápice é o homem. Mas o próprio homem representa uma forma de consciência desse Espírito. Isto é só um exemplo de como a noção de Espírito estava impregnada no idealismo alemão. Hegel não foge à regra, já que em seu sistema o conceito de Espírito tem um lugar especial.

Primeiro, podemos pensar no Espírito (em Hegel) como o elemento que realiza a síntese, algo tão difícil na filosofia kantiana. Se em Kant temos o dualismo (entendimento/fenômeno; razão/intuição), em Hegel ocorre a síntese, como elemento que se traduz pela identidade. O que isto significa? O movimento das coisas (na história) e a própria relação subjetivo/objetivo terminam numa síntese. É que Hegel vê no próprio conteúdo do mundo – um povo com seus costumes, sua organização política, seu Estado, suas revoluções etc. – uma forma de exteriorização do Espírito. Temos uma "evolução multilateral" que representa ao mesmo tempo a existência (do mundo) e o processo onde o Espírito se exterioriza: "[...] toda a forma determinada da história concreta é caracterizada por todos os aspectos de sua exterioridade"[3].

Observar, neste caso, que o Espírito em Hegel não é essa entidade superior que se basta a si mesmo e nada necessita para sua integridade. O Espírito hegeliano sofre de uma espécie de "contradição". Hegel diz que "o Espírito quer reconhecer-se a si mesmo". Dessa forma, a questão principal está na realização do Espírito que se traduz nesse "reconhecer-se". Eis o idealismo religioso de Hegel.

---

3. Hegel, 1983, p. 246.

Sua preocupação é com essa realização do Espírito. Mas isto não retira a enorme riqueza de suas reflexões, principalmente referente ao historicismo.

Hegel concebe que cada época histórica apresenta um padrão único; tal padrão é que dá o sentido de evolução ao processo histórico geral. O que no marxismo será tão recorrente, no hegelianismo é expresso de forma evidente:

> Há uma determinada essência que penetra todos os aspectos e que se expressa no político e nos demais como em elementos distintos. Há uma condição geral que une a si todas as suas partes e, por múltiplos e casuais que possam parecer seus diferentes aspectos, não podem conter em si nada de contraditório diante desta condição geral[4].

O que une os princípios da política, da arte, da religião etc. de uma época é esse padrão que contém a própria época[5]. É nesse sentido que como ser histórico (a conclusão que traz o hegelianismo) não posso sair de minha época. Estou impregnado de passado e minha historicidade me escraviza ao "espírito" de minha época. É esse sentido de historicidade que Hegel desenvolve na *Introdução à história da filosofia*. Assim como nos outros campos do saber, a abordagem filosófica deve levar em consideração não aquilo que envelheceu, mas o que atualmente está vivo.

Hegel frequentemente se refere ao "progresso", à "evolução". Mas se concebermos a noção de processo histórico em Hegel da mesma forma que em Comte ou Marx, cairemos em erro. A dialética de Hegel é circular e não abarca a noção de criação. Na *Introdução à história da filosofia* o filósofo é direto em sua afirmação: "Na evolução não pode descobrir-se nenhuma outra coisa senão o que

---

4. Ibid., p. 222, 223.

5. Neste sentido, a leitura da amplitude das ideias de Hegel é acertada em Hannah Arendt: "Pensar, com Hegel, que a verdade reside e se revela no próprio processo temporal é característico de toda a consciência histórica moderna, como quer que esta se expresse – em termos especificamente hegelianos ou não" (1972, p. 101).

existe já em si"[6]. A *dynamis*, a *potentia*, já contêm em si tudo aquilo que irá se desenvolver. Não há nada de novo; pelo contrário, o que se manifesta já estava lá no início, em potência. Nesse sentido, no processo (dialético) não há mudanças, mas desenvolvimento. Este último implica que uma potência entra em existência, começa a existir como algo distinto.

Eis por que Hegel diferencia mudança de evolução. No processo evolutivo o "ser em si" não é negado, mas afirmado, confirmado. Ele comenta que o Outro, produto da evolução, conserva o Idêntico do primeiro:

> O gérmen se desenvolve assim, não muda. Se o gérmen fosse mudado, desgastado, triturado, não poderia evoluir. Esta unidade do existente, o que existe, e de que é em si é o essencial da evolução[7].

Nessa evolução há toda uma ordem. Há momentos desse processo, mas esses momentos não representam o todo do processo. No exemplo da árvore, a constituição das raízes, do tronco, das folhas, não representa a "verdadeira existência da planta". Hegel divide esse processo em três partes: primeiro, a potência; segundo, as mediações do processo e, por último, o resultado da evolução. Esse resultado é o "por si", o Idêntico. Voltando ao exemplo da árvore: o primeiro momento é o germe, a semente; o segundo a constituição da árvore como raízes, folhas etc.; por último, o fruto. Assim, o fruto é o "por si", o "Idêntico" do processo da existência da árvore em seu todo.

Observar nesse sentido que a diferença em Hegel não leva ao aparecimento do singular, do Outro (como em Deleuze, por exemplo). A diferença em Hegel é a atualização de algo que já existia em potencial. Ela não abre novas possibilidades, novas saídas; simplesmente reatualiza o potencial (que era "simples"). Hegel insiste em sua ideia de que "no germe já está contido tudo, embora oculto, ideal, indeterminado, indiferenciado".

---

6. Ibid., p. 34.

7. Ibid., p. 38.

Visto isto, temos alguns problemas pela frente. Como relacionar o Espírito com a história? Qual a finalidade da história? O primeiro passo para pensarmos essa problemática é notarmos a importância que Hegel dá às noções de "totalidade", de "todo". O real está na totalidade e a própria história (em seu sentido geral) implica totalidade. Alexandre Kojeve, que foi um dos grandes intérpretes de Hegel, afirma que no pensamento deste último "o real concreto é a totalidade da realidade, da qual nada é retirado por abstração, e que esta totalidade, tal como existe realmente, implica isto que se chama história"[8]. Na totalidade que implica o "ser real concreto" encontramos a identidade e a negatividade. Esses termos não existem em estado isolado. A negatividade é esse elemento "estranho" no seio da totalidade que a faz em movimento. Na interpretação de Kojeve, "toda negação transforma o Em-si em Para-si, o inconsciente em consciente"[9]. Enquanto essa totalidade não se bastar a si mesma, o processo é ativado. Nesse sentido, os elementos constitutivos da totalidade são "idênticos" e "negadores". Essa é a dialética hegeliana que explica o movimento da história. Ela implica evolução, em algo que se torna mais determinado, mais profundo. Na interpretação de Kojeve, a dialética hegeliana representa "a alma motriz do progresso", como uma forma de "superação imanente"; esse processo de reatualização da totalidade é dialético.

Mas vamos retornar ao Espírito. Hegel o dota de certa inquietude. Em seu movimento (que é o próprio movimento da história) há um processo de desdobramento. No final, o Espírito conquista uma unidade que ele denomina de "saber absoluto". É que para além da realização humana (o reconhecimento, a consciência da liberdade) o movimento histórico representa a própria realização do Espírito.

O Espírito apresenta uma espécie de "realidade vivificante". O desdobrar equivale a uma espécie de absorção ("o Espírito se converte", na expressão de Hegel) que resulta numa consciência real.

---

8. Kojeve, 1972, p. 61. A tradução é minha.

9. Ibid., p. 53.

Em sua realização, o Si-Mesmo do Espírito necessita do mundo; ele não pode erigir uma identidade vazia. Por isso o Espírito (e todo o movimento da história) experimenta a contradição, a negatividade[10]. Nesse processo, o Si-Mesmo torna-se mais rico e profundo, o que equivale a dizer que conquista a liberdade. Por isso, o problema reside no Si-Mesmo do Espírito e não no mundo, no homem. Esse Si-Mesmo necessita de uma conquista: a autoconsciência. Daí por que a "coisa" (o "externo") deve ser incorporada como forma de consciência enriquecida. Hegel afirma: "O Ser do Eu é uma coisa e a Coisa é Eu"[11]. O idealismo de fundo espiritual de Hegel só concebe o movimento da história geral como autoatividade do Espírito. Há sempre um retorno ao Si-Mesmo do Espírito. Portanto, tudo o que se passa no mundo histórico – a família, a religião, o Estado etc. – é entendido nesse horizonte da realização do Espírito.

Vejamos o exemplo da ciência. Para Hegel ela representa uma "forma de objetividade para a consciência". Para que essa objetividade possa ser compreendida é necessário o conceito, que sinaliza o estágio do saber absoluto: quando o objeto e o Si-Mesmo compreendem-se como "o mesmo". Nunca há um movimento único e que se dirige para o exterior (natureza, universo), como na prática científica tradicional. Em Hegel o resultado é o enriquecimento da consciência: "Porque a consciência-de-Si é razão, sua atitude, até agora negativa frente ao Ser-Outro, converte-se numa atitude positiva"[12]. A razão (incorporada) é a certeza da consciência de ser toda a realidade. A ciência realiza aquilo que deve ser realizado; de certo modo, as coisas já estão dadas:

---

10. Cf. nesse sentido, a crítica que Gilles Deleuze faz à contradição em Hegel: "Assim, a contradição hegeliana dá a impressão de levar a diferença até o fim; mas este é o caminho sem saída que a reduz à identidade e torna a identidade suficiente para fazê-la ser e ser pensada. É somente em relação ao idêntico, em função do idêntico, que a contradição é a maior diferença. Os atordoamentos e a embriaguez são fingidos; o obscuro já está esclarecido desde o início. Nada mostra isto melhor do que a insípida monocentragem dos círculos na dialética hegeliana" (DELEUZE, 2006, p. 366).

11. Apud Másmela, 2001, p. 119.

12. Hegel, 2005, p. 172.

> A consciência nada sabe, nada concebe, que não esteja em sua experiência, pois o que está na experiência é só a substância espiritual, e em verdade, como objeto de seu próprio Si[13].

Mesmo no exemplo da ciência, nunca escapamos do Espírito, dessa "substância espiritual". Outro exemplo pode ser dado com relação à religião. Para Hegel, esta última se assemelha à filosofia, pois ambas se propõem ao conhecimento da "essência do mundo", da verdade, da ideia absoluta. Há, sem dúvida, uma apreciação positiva da religião por parte de Hegel: a religião corresponde a uma das mais elevadas realizações da razão. No caso das religiões dos persas e hindus, elas apresentam "pensamentos muito profundos, sublimes e especulativos". E além disso, a religião é o testemunho do Espírito; as várias religiões são apreendidas de acordo com o processo histórico. No início, a religião compunha com a filosofia uma só visão. Hegel diz que a contradição ainda não se tinha feito consciente. Mas houve um momento em que o "conceito especulativo" divorcia-se da fé e acaba com a "paz da religião". Essa razão especulativa que conquistou a independência da fé é a filosofia. Ela é uma forma de pensar (com conceitos) universal. Assim, a filosofia é uma forma suprema de se pensar – um pensamento puro – onde a "essência das coisas chega à consciência".

Portanto, as religiões correspondem às formas como os homens "representam a essência do mundo, a substância da natureza e do Espírito e como se representam as relações do homem consigo mesmo"[14]. Observar que há um forte historicismo (de fundo espiritual) no pensamento de Hegel. Nunca há um modelo (de verdade absoluta) que surge como fundamento no juízo crítico; tudo aquilo que ocorre na história se justifica como uma "etapa"[15]. Daí por

---

13. Ibid., p. 46.

14. Hegel, 1983, p. 224.

15. Cf., nesse caso, os comentários elogiosos que Richard Rorty faz de Hegel: "Desde a época de Hegel, os intelectuais vêm perdendo fé na filosofia. Isso equivale a perder fé na ideia de que a redenção pode vir sob a forma de crenças verdadeiras. Na cultura

que a tarefa da filosofia da história é demonstrar esse sentido do "espírito de uma época" e o grau de sua "determinabilidade". Aqui temos, então, um aspecto importante do hegelianismo: a síntese que implica os vários elementos de uma época.

Na interpretação que Herbert Marcuse faz de Hegel há uma afirmação que parece evidenciar de forma correta a relação do hegelianismo com a história. Marcuse comenta que Hegel "acabou por transformar a história em ontologia"[16]. Estamos a um passo da própria independência da história como momento ontológico, instância fundante para se pensar outros aspectos do mundo humano. Mas isto só ocorre quando Hegel sofre o processo de materialização. É Marx que realiza este trabalho. A partir deste instante nasce a sociologia, profundamente impregnada de historicismo. O que Marx faz com o hegelianismo é mais que uma inversão; realiza-se uma "materialização" de seu sistema e o esvaziamento do transcendental que contaminava (idealisticamente) o próprio pensar da filosofia. Transcendente (em Hegel) significa a possibilidade de realização do Espírito. Marx transforma o Espírito, de Hegel, no próprio movimento da história. A transcendência em Marx está no próprio seio da história. O Espírito materializado se transforma na própria história concreta dos homens.

Há na filosofia de Hegel uma apreciação importante referente à categoria de consciência. Esta, no decorrer do processo temporal, transforma-se, enriquece-se. Nas palavras de Másmela, "a consciência realiza uma experiência de Si-Mesma que a faz outra e a transforma"[17]. É evidente que Hegel refere-se ao Espírito quando pensa na categoria de consciência. Mas suas determinações passam

---

literária que tem emergido durante os últimos duzentos anos, a questão "Isso é verdadeiro?" deu lugar à questão "O que há de novo?" (2009, p. 159). Logo na sequência, Rorty complementa: "Nietzsche certamente teria apoiado a insistência de Hegel de que não concebamos o conhecimento como um meio para entrarmos em contato com a Realidade, mas como uma maneira pela qual o Espírito amplia a si próprio" (Ibid., p. 189).

16. Marcuse, 1969, p. 154.

17. Másmela, 2001, p. 128.

a valer, nas leituras posteriores, à consciência humana. Quando Deleuze introduz sua noção de consciência, evidencia-se sua semelhança (ou influência) com a abordagem hegeliana:

> Não basta dizer que a consciência é consciência de algo; ela é o duplo desse algo e cada coisa é consciência porque possui um duplo, mesmo que muito longe dela e estranho a ela[18].

Hegel introduz a noção de consciência infeliz como uma espécie de consciência singularizada, abstrata, desprovida de uma relação objetiva com o mundo. Aqui reside uma insatisfação, fato que obriga essa consciência a uma espécie de "elevação" (que Hegel denomina de "reconciliação"). Nessa nova etapa, o Espírito (consciência) realiza uma "relação consigo mesmo". Essa nova experiência da consciência equivale ao movimento "cuja figura espiritual é ao mesmo tempo uma figura do mundo, onde o Espírito se converte em uma consciência real"[19]. Observar, assim, que o "mundo real-objetivo" se transforma em consciência (do Espírito). A autoconsciência é uma síntese (como etapa superior) de mundo-objeto-história com a consciência infeliz. Daí por que o Espírito ser uma "essência real e viva". A identidade consigo mesma não se realiza, portanto, numa ação vazia, abstrata. Pelo contrário, ela se dá pela "inquieta abertura ao mundo em sua autoprodução". Há, nesse sentido, exteriorização: isto significa que a consciência experimenta a si mesma como contradição, essência do desdobramento/exteriorização. No final, isto resulta numa unificação de razão, consciência e mundo. No término da *Fenomenologia do Espírito*, Hegel enfatiza:

> O Espírito é em si o movimento que é conhecer – a transformação desse Em-si no Para-si; da substância no

---

18. Deleuze, 2006, p. 310. Observar, agora, essa passagem de Hegel na *Fenomenologia do Espírito*: "A coisa é Eu: de fato, nesse juízo infinito a coisa está suprassumida: a coisa nada é em si; só tem significação na relação, somente mediante o Eu, e mediante sua referência ao Eu. [...] A consciência-de-si cultivada – que percorreu o mundo do espírito alienado de si, produziu por sua exclusão a coisa como a si mesma: portanto, conserva-se ainda a si mesma na coisa e sabe a falta-de-independência da coisa, ou sabe que a coisa é essencialmente apenas ser-para-outro; [...]" (HEGEL, 2005, p. 532).

19. Másmela, 2001, p. 59.

sujeito; do objeto da consciência em objeto da consciência-de-si; isto é, em objeto igualmente suprassumido, ou seja, no conceito[20].

Quando Alexandre Kojeve analisa a dialética hegeliana, evidencia-se o tema da criação histórica. Mas como já vimos anteriormente, Hegel nega a transformação ao enfatizar uma evolução como atualização de uma potência dada. Esses novos intérpretes de Hegel – e, aqui, nos referimos a Kojeve – configuram um Hegel mais progressista. Mas essas análises não deixam de conter suas verdades na medida em que o próprio hegelianismo permite um novo pensar sobre a história.

Na leitura de Kojeve, o Real é temporal e dialético. Para ele, a filosofia de Hegel representa uma descrição "fenomenológica" dessa dialética do Real. Na história de Kojeve há mais o homem que o Espírito. A história representa uma forma de negação humana, que transforma o natural/social pela luta sangrenta e pelo trabalho criador[21]. Quando o homem estiver plenamente satisfeito, então não teremos mais o movimento da história. Se há, na natureza, o elemento "necessidade", na história encontramos a "liberdade" como elemento diferenciador. Assim, Kojeve introduz a sequência: liberdade/ação/negatividade. A ação é independente do Real (dado), já que ela o nega. Ela "cria", realizando algo essencialmente novo. A liberdade é esse elemento que está por trás da criação do novo a partir do dado:

> Pois a evolução verdadeiramente criadora, ou melhor, a materialização do devenir, que não é simples prolongamento do passado pelo presente, chama-se história: liberdade = negação = ação = história. Assim, o que caracteriza em verdade o homem, aquilo que

---

20. Hegel, 2005, p. 539.

21. Segundo Hannah Arendt, esse é o aspecto essencial da dialética hegeliana: "Esse aspecto se refere ao caráter do movimento histórico que, segundo Hegel e todos os seus seguidores, é ao mesmo tempo dialético e movido pela necessidade [...]" (p. 86). Portanto, na interpretação de Arendt, em Hegel há essa ideia (ela denomina de "paradoxo") de que a "liberdade é o fruto da necessidade".

em essência o distingue do animal, é precisamente sua historicidade[22].

Esse homem, consequência da leitura que Kojeve faz de Hegel, emerge como um ser que transforma o mundo natural/social através de sua ação negadora, transformando a si próprio em função desse processo. O homem realiza (ou seja, "cria") e manifesta sua humanidade (liberdade) arriscando sua vida pela "glória", pela "vaidade". Pelo trabalho o homem realiza uma espécie de "autocriação", onde ele se livra da servidão para alcançar a liberdade.

O tema da liberdade é essencial em Hegel. A história da humanidade é apreendida através da evolução da consciência da liberdade:

> Os orientais ainda não sabem que o Espírito – o Homem, como tal – é livre. E, como não o sabem, não são livres. [...] A consciência da liberdade surgiu primeiro entre os gregos e, portanto, eles eram livres. Mas eles, como também os romanos, apenas sabiam que alguns são livres – não o homem em si. [...] Só os povos germânicos, através da cristandade, é que vieram a compreender que o homem é livre e que a liberdade de espírito é a própria essência da natureza humana[23].

Com a Revolução Francesa opera-se o último estágio da evolução da consciência da liberdade. Agora presenciamos a "aplicação do princípio às condições seculares, toda a moldagem e interpretação da sociedade constituída por este princípio é precisamente o demorado processo da história"[24]. Nesse sentido, Hegel conclui que "a história do mundo é o avanço da consciência da liberdade"[25]. De forma resumida, essa apreensão da história da consciência da liberdade se traduz em: nos orientais (monarquia absoluta), apenas um é

---

22. Kojeve, 1972, p. 57.
23. Hegel, 2001, p. 64, 65.
24. Ibid., p. 65.
25. Ibid.

livre; na aristocracia greco-romana, alguns são livres; já na atualidade sabe-se que todos os homens são livres. Dessa forma, o princípio confiável para se entender a transformação do mundo, da história, está na liberdade. Hegel afirma que ele (esse princípio) é o "único polo duradouro estável na mudança de acontecimento e condição".

Como afirmamos acima, o reino da liberdade caracteriza o processo de formação histórica. Esta, por outro lado, diferencia-se da natureza. Nesta, segundo Hegel, não há mudança ou evolução, mas "um ciclo de repetição constante": é só no mundo histórico-social que verificamos a evolução. Daí por que Hegel afirma que na natureza humana há um aspecto totalmente diverso daquele da natureza: o desejo de aperfeiçoamento. Mas essa evolução – que é o "desenvolvimento de uma potencialidade pressuposta" – do Espírito (entendido como "mundo histórico") não é algo pacífico, uniforme. Vejamos a explicação de Hegel:

> Assim o Espírito está em guerra consigo mesmo, deve superar-se como inimigo e como seu mais formidável obstáculo. O desenvolvimento, que na natureza é um tranquilo desdobramento, no Espírito é uma dura luta interminável contra si mesmo. O Espírito realmente se esforça por atingir seu próprio ideal, mas o esconde de si mesmo e se orgulha e tem prazer nesta alienação de si mesmo. O desenvolvimento histórico, portanto, não é o simples crescimento inofensivo e sem oposição da vida orgânica, mas um duro trabalho feito de má vontade contra si mesmo[26].

Hegel acrescenta que essa "dor" inerente ao desenvolvimento histórico é o preço da evolução. Além do mais não se trata de um "desenvolvimento em geral", mas da "obtenção de um resultado de conteúdo inequívoco". Aqui está a essência do Espírito que Hegel denomina de "conceito de liberdade". Sem esse conceito (de liberdade), perdemos o fundamento do processo de desenvolvimento, seu sentido e significado.

---

26. Ibid., p. 106, 107.

O idealismo de fundo religioso que encontramos em Hegel não oblitera a riqueza de suas análises. As interpretações posteriores de sua obra, principalmente dos intérpretes marxistas, eliminam esse idealismo, convertendo o sistema hegeliano num processo histórico dialético, agora como algo que se dirige para frente[27]. Seria melhor afirmar a existência de um sistema hegelo-marxista que propriamente um marxismo isolado. Só assim se explica a tentativa de diversos pensadores de repensar o marxismo endereçando a crítica ao hegelianismo. É que ambos compõem um mesmo sistema lógico. Nesse sentido, por mais profunda que seja a crítica de Marx a Hegel, algo de essencial migrou do hegelianismo para os trabalhos de Marx. O historicismo, a dialética aplicada à história e ao real, o poder da negatividade, a verdade contida no universal: eis os conceitos que marcam toda uma geração e perduraram até meados do século XX.

Se hoje o pensamento inquietante da época da Pós-modernidade repensa a negatividade hegeliana (Deleuze) ou a totalidade (Adorno), isto é um indício de que Hegel consegue uma enorme vitalidade até nossos dias. Não de forma isolada, mas pelo processo hermenêutico que sofreu sua obra. Hegel é a porta de entrada para o século XIX e isto significa a autonomia da história como uma verdadeira ontologia, assim como Marcuse já havia identificado.

---

27. É neste sentido que a crítica de Hannah Arendt deve ser compreendida. Em *A promessa da política*, ela afirma: "Marx formaliza a dialética hegeliana do absoluto na história como um desenvolvimento, um processo autoimpulsionado [...]" (2009, p. 124). É que o objetivo de Arendt é entender o fenômeno totalitário à luz do conceito de "processo histórico". A ontologização da história levou o homem a concluir que "tudo é possível", eis a essência do totalitarismo. Assim, é essa objetivação exagerada do conceito de história (implícito no conceito de "processo histórico") que é problemático: "O que o conceito de processo implica é que se dissociaram o concreto e o geral, a coisa ou evento singulares e o significado universal. O processo, que torna por si só significativo o que quer que porventura carregue consigo, adquiriu um monopólio de universalidade e significação" (ARENDT, 1972, p. 96).

6

Comte e o positivismo: o poder da ciência

O conservadorismo de Comte tem obscurecido, muitas vezes, uma leitura atenta sobre os avanços que realizou sua obra em relação à proposta de Hegel. Evidentemente que o caminho usual que a corrente crítica de origem marxista percorre, leva-nos de Hegel a Marx, deixando Comte como uma "pedra ao lado". Ele se configura como uma espécie de sombra da dialética, como no exemplo de Marcuse em *Razão e revolução*. Mas se quisermos ter uma real apreciação do valor de Comte, ele deve ser recolocado em seu devido lugar: após Hegel e anterior a Marx.

Os argumentos que configuram tal ideia podem ser retirados da própria obra de um dos fundadores da sociologia. Se o processo histórico já havia nascido com Cordocet e Hegel, agora surgem as classes e sistemas sociais, bem como todo um universo social como elemento que condiciona o pensar sobre a história. Esse é o grande mérito de Comte que, embora cultivando um pensamento conservador, apresenta-se com uma série de novidades para a época.

Comte via seu momento histórico como um período de grande instabilidade social. Isto porque o grande desenvolvimento das forças econômicas havia gerado, no campo das ideias, um espírito crítico que não tinha mais razão de ser. Esse "espírito crítico" pode ser entendido como o avanço do ideário iluminista que abalou o Antigo Regime. E Comte não é contra tal "avanço", mas crê que no atual estágio da sociedade ele se tornou um elemento de instabilidade. Por outro lado, os aristocratas do Antigo Regime (que ele concentra na figura do "rei") procuram uma forma de restauração do sistema medieval que é impossível, nesse novo contexto histórico. É que existe, para Comte, um "progresso da civilização" que não pode ser negado. Essas duas correntes ao lutarem para afirmar suas próprias visões e projetos, só contribuem para a "anarquia" geral. Com isso, a crise atual implica a coexistência dessas duas tendências opostas.

É curioso observarmos o modo como Comte analisa a proposta restauradora da aristocracia, os partidários do rei. Como Hegel já havia notado, ele afirma que "cada um pertence ao seu próprio século". Isto quer dizer que é impossível ao grupo aristocrático querer voltar na história. É algo absurdo pretender "lutar contra a marcha da civilização"; por isso, os aristocratas ao negarem sua própria época só contribuem para acelerá-la ainda mais – pelo processo da contradição. Comte não mede palavras para denunciar: a ruína do antigo sistema é completa e irrevogável. Ver neste caso que além do processo histórico, Comte descreve a história através de uma sucessão de "sistemas".

Comte também investe contra o liberalismo que propõe uma "liberdade de consciência". Isto nada mais é, em sua concepção, que o resultado das doutrinas contrárias ao direito divino. O Iluminismo construíra uma ideia onde se alçava a "razão individual" como soberana. Neste estado, o social se posiciona em estado de guerra contra o governo. Comte afirma que desta perspectiva não pode nascer uma sociedade. Esse excesso de autonomia do indivíduo é ilusório. Ele já teve sua função na época da derrocada do Antigo Regime; agora, esse elemento de destruição não serve mais como fator de construção. A doutrina da "soberania do povo" dotara os homens menos esclarecidos de um poder sobre as ideias (gerais) que não pode mais reinar. Neste sentido, resta o estabelecimento de uma nova ordem de ideias que compreenda a época atual e coloque a sociedade numa "direção orgânica".

Então, longe da "doutrina retrógrada" dos reis e da "doutrina crítica" dos iluministas, deve surgir um sistema de ideias para por fim à instabilidade atual. Comte denomina seu sistema de "doutrina orgânica", porque visa o estabelecimento de uma ordem regular e estável.

Mas como entender suas ideias à luz do jogo político-social da época. Para esse intento, provavelmente uma passagem de *O 18 brumário*, de Marx, possa nos esclarecer. Nesta obra, Marx vê a burguesia como detentora do poder social, tornando-se agora uma classe conservadora que preserva suas conquistas frente ao avanço político do proletariado. Ele afirma:

> A burguesia tinha uma noção exata do fato de que todas as armas que forjara contra o feudalismo voltavam seu gume contra ela, que todos os meios de cultura que criara rebelavam-se contra sua própria civilização, que todos os deuses que inventara a tinham abandonado. Compreendia que todas as chamadas liberdades burguesas e órgãos de progresso atacavam e ameaçavam seu domínio de classe, e tinham, portanto, convertido-se em "socialistas"[1].

Nessa passagem, pode-se perceber e incluir todo o referencial positivista: o temor ante a instabilidade e a busca de uma nova ordem (orgânica) administrada pela burguesia (que Comte denomina de "classe industrial"). Essa atitude teórico-política do positivismo explica, em parte, a ruptura de Comte para com seu mestre, Henri de Saint-Simon, bem como sua postura crítica em relação a Condorcet.

Em sua obra intitulada *Plano dos trabalhos científicos necessários para reorganizar a sociedade* (publicada em 1822), Comte expõe de uma forma sintetizada todo seu intento, bem como sua Teoria da História. Nesse processo de reorganização da sociedade, afirma ele, a teoria adquire uma importância fundamental. Como na reconstituição de qualquer ciência, uma nova teoria "se produz e se discute" antes do estabelecimento de seu princípio fundamen-

---

1. Marx, 1974, p. 62.

tal. Aceitando-se tal fato, só depois, por meio de um longo encadeamento de trabalhos é que todas as partes dessa ciência adquirem uma coordenação. O pensador positivista quer mostrar que esse processo, que ele demonstrou no campo científico, também ocorre no processo histórico. Ele nos dá um exemplo: a "doutrina crítica" (do Iluminismo) é um desenvolvimento geral e aplicação completa do direito individual de exame e que teve sua fundação, como princípio, no protestantismo. Mas com o positivismo as coisas podem ocorrer de forma diversa.

Comte pensa que nesses primórdios do século XIX uma nova consciência histórica despertou nos povos. Esses últimos, nos séculos anteriores, não compreenderam "o grande trabalho de reorganização social". Isto significa que eles misturavam a teoria com a prática ou só a partir da prática procuravam instaurar uma nova ordem social. O que nasce nessa época de positividades é a consciência de que a teoria precede a prática. Cabe à teoria "o desenvolvimento da ideia-mãe do plano, ou seja, do novo princípio segundo o qual as relações sociais devem ser coordenadas e a formação do sistema de ideias gerais destinado a servir de guia para a sociedade"[2]. Já em relação à prática, esta consiste na determinação do modo de repartição do poder e do conjunto das instituições administrativas, conforme o espírito do sistema. Por isso, de nada adianta um grupo de homens elaborarem, utopicamente, um novo sistema social. Este só vai operar com eficácia quando as condições indispensáveis do antigo sistema tiverem sido previamente satisfeitas e exigirem, pela crise, uma nova ordenação social. É que Comte concebe a sociedade como um "organismo" onde há uma "ação geral e combinada"; em caso contrário, temos uma aglomeração e não propriamente uma sociedade.

Para se pensar concretamente num novo sistema social há a necessidade de se caracterizar as "forças sociais" que operariam tal transformação. A instabilidade que Comte vê em sua época era o

---

2. Comte, 1993, p. 30.

resultado, assim pensava ele, de tentativas práticas antes mesmo da refundação teórica. Para se por fim ao avanço revolucionário, seria preciso a reorganização do poder espiritual. As condições já estavam "maduras", o feudalismo estava destroçado em sua base fundamental; o que era urgente para essa fase de reconstrução seria a sistematização das ideias gerais. São elas que devem iniciar o trabalho de reconstrução: "Nada de essencial e de sólido pode ser feito quanto à parte prática, enquanto a parte teórica não for estabelecida ou, pelo menos, muito adiantada"[3].

Então, quais seriam as duas classes mais aptas para essa reconstrução social? Comte responde que a primeira, ou seja, aquela que deve operar a sistematização das ideias é a classe dos sábios. Entende-se por isso os cientistas. São eles que estão aptos a tal tarefa porque se orientam, em sua prática, da "ciência da observação". Nesta fase da ciência positiva, esses "sábios" possuem autoridade suficiente para impor uma nova visão social. Quem, senão eles, poderia quebrar a ideia iluminista do "direito inato em todo o indivíduo"? A autoridade da ciência irá criar, pouco a pouco, o hábito na sociedade de se submeter às decisões desses "sábios" no tocante às ideias teóricas gerais. Nesse sentido, Comte vê nesse grupo de cientistas um poder que possa gerar submissão na população, já que eles possuem a capacidade e a autoridade que proveem do campo teórico. O que é preciso que seja executado pelos "sábios" é um trabalho de conversão: a política deve ser transformada numa ciência. E para que esse intento se efetive, a política deve ser estudada como uma "ciência da observação".

Neste instante, Comte adverte que a observação deve levar em conta a "teoria dos três estados". Sem dúvida que a observação significa identificar aqueles elementos que compõem os "estados". Assim, a teoria precede a observação. Mas que teoria? Sem dúvida, aquela que Comte acha inquestionável! É um fato para ele que a marcha da civilização realiza "uma linha reta". Observamos

---

3. Ibid., p. 37.

sequências de oscilações progressivas, "mais ou menos extensas e mais ou menos lentas". Essa marcha da civilização é regulada por "leis naturais" não havendo qualquer diferença entre os fenômenos naturais e os humanos (históricos). O processo científico, que até agora obteve sucesso em sua evolução, deve ser aplicado à sociedade. E mais especificamente, à ordem política.

Há, sem dúvida, um erro de interpretação do positivismo ao considerarmos que ele prioriza o "imediato" e a "observação da experiência". Em *Razão e revolução*, Marcuse enverada por essa linha interpretativa. Ele quer ressaltar o poder de análise de Hegel (que implica o poder racional de uma transcendência) em contraposição ao positivismo. Marcuse afirma: "O repúdio positivista da metafísica foi, assim, associado ao repúdio da exigência do homem de alterar e reorganizar suas instituições sociais de acordo com sua vontade racional"[4]. Há uma teoria no positivismo, assim como há toda uma sociologia que remete o homem às suas condições sociais. O marxismo sempre leu Comte de forma equivocada. O positivismo aparece para Marcuse como aquele sistema que "desloca a fonte da evidência, do sujeito pensante para o sujeito da percepção. A observação científica é que produz, aqui, a evidência. As funções espontâneas do pensamento se retraem, enquanto que suas funções passivas e receptivas passam a predominar"[5]. A questão está deslocada em Marcuse. Sua recondução a uma perspectiva correta implica analisar a teoria positista; já em relação ao indivíduo, temos que dar atenção à reflexão sobre a moral em Comte.

A "teoria dos três estados" mostra a evolução da civilização. O primeiro estado é o teológico, onde os "fatos" são explicados *a priori*, segundo "fatos inventados". Comte comenta que é o único modo de ligação possível nesse estágio da ciência; no segundo, o metafísico/abstrato, é um estado intermediário. Nele, o enunciado abstrato indica uma simples série de fenômenos. Já o último estágio

---

4. Marcuse, 1969, p. 311.

5. Ibid., p. 316.

corresponde à fase positivista, onde se encontra o estágio definitivo da ciência. A existência dos dois primeiros estágios se explica por sua preparação gradual ao estágio supremo. Assim, Comte não denuncia as imperfeições na história, pois ela simplesmente prepara o "pensamento" para sua glória científica atual. Neste último estado, os fatos são ligados por "ideias" ou "leis gerais" de uma ordem inteiramente positiva.

Como podemos notar, a "teoria dos três estados" apresenta uma concepção da história de ordem epistemológica e que é aplicada para os outros campos sociais. Só há uma "lei" e um só "desenvolvimento". Assim a política, como objeto desse "método", fica entendida dessa forma: a fase teológica corresponde à "doutrina dos reis" que mostra as relações sociais como expressão da ideia sobrenatural do direito divino. A fase metafísica indica o período iluminista, onde se supõe um contrato social primitivo, totalmente abstrato e metafísico. Os direitos naturais e comuns a todos os homens, no mesmo grau, são garantidos por esse contrato. Ela é uma "doutrina crítica" e que tem em Rousseau seu principal idealizador. Já a "doutrina científica da política" considera o estado social como "a consequência necessária de sua organização". Nota-se que Comte retira a tensão crítica que havia nos iluministas. Agora, a observação "científica" não mais denuncia um estado presente para nos indicar um futuro melhor. O estado social está atrelado a um "sistema natural" que não pode ser questionado. E aqui, a ideia que Comte desenvolve é muito parecida com os "modos de produção" de Marx, retirando, evidentemente, o instrumental crítico desse último. Mas vamos observar a ideia de Comte. Ele afirma que há uma tendência constante no homem de agir contra a natureza para modificá-la em seu proveito. A ordem social tem como objetivo final "desenvolver coletivamente essa tendência natural, regularizá-la e concertá-la para que a ação útil se torne a maior possível"[6]. O que corresponde à leitura dessa nova concepção científica é a ligação

---

6. Ibid., p. 48.

das "leis fundamentais da organização humana" com o "desenvolvimento coletivo da espécie". Comte denomina a época presente como "esse estado definitivo"; assim, os desenvolvimentos de cada época devem ser ditados pelo ponto desse desenvolvimento atual. Essa visão concebe ainda que, para cada "grau de civilização", temos "combinações políticas" que são justificadas pela sua facilitação dos passos decisivos rumo ao desenvolvimento presente.

Como podemos notar, não temos nem "liberdade" de interpretação para o passado, nem em relação ao futuro. Há uma presença marcante da dimensão do presente. Processo civilizatório único; subordinação do homem (entende-se, do trabalhador) a um determinismo social fantasiado de interpretação científica. Com o positivismo é a ciência que se propõe como autoridade inquestionável a gerar uma nova forma de subordinação.

A "política científica" se propõe a mostrar que o presente não pode ser questionado. A política dos iluministas é descartada porque "não é, propriamente falando, uma verdadeira teoria". E no instante em que a política for alçada na esfera das "ciências da observação", uma verdadeira "revolução moral" se operará, já que ela fará intervir uma "força verdadeiramente preponderante", capaz de regular e preservar a sociedade das explosões anárquicas. Ela levará a sociedade a realizar um "sistema social aperfeiçoado".

Em termos econômicos, o positivismo se propõe ao desenvolvimento das forças produtivas. Na linguagem de Comte, como afirmamos acima, isto equivale a uma capacidade dos homens civilizados de exercer seu poder sobre a natureza, modificando-a em seu benefício. Mas o problema maior é que Comte, ao contrário de Marx, não concebe uma nova ordenação social (que em Marx significa a transformação das "relações de produção"). A apropriação capitalista é intocável em Comte e o objetivo principal da produção capitalista (que é reproduzir o capital) é escamoteado pelo esplendor do desenvolvimento das forças produtivas. Daí por que do rompimento de Comte para com seu mestre, Saint-Simon. Encontramos neste último, como bem afirma Lelita Benoit, uma "defesa aberta da classe mais numerosa e mais pobre"[7]. Em *O novo cristianismo* (1825), Saint-Simon defende abertamente a classe operária contra a exploração capitalista; em sua proposta, "toda sociedade deve trabalhar para melhorar a existência moral e física da classe mais pobre"[8].

O método de análise que Comte propõe implica caracterizar a organização social na marcha da civilização. Isto é o mesmo que dizer que uma dada organização é determinada pelo grau de civilização. Mas qual civilização? Esta última está sujeita a uma "lei invariável, baseada sobre a natureza das coisas". Desse modo, a civilização corresponde ao desenvolvimento do espírito humano e ao desenvolvimento da ação do homem sobre a natureza. O mundo da cultura e as forças produtivas, enfim. Comte desenvolve a ideia de que "o estado da civilização determina, necessariamente, aquele da organização social"; a própria natureza dos aspectos da organização social, o espiritual e o temporal, são determinados pelo estado da civilização. Este estado é que "fixa o objetivo da atividade da sociedade; além disso, prescreve-lhes a forma essencial, porque cria e desenvolve as formas sociais temporais e espirituais, destinadas a dirigir essa atividade geral"[9].

A civilização está sujeita a um "desenvolvimento progressivo" que corresponde a uma "marcha natural e irrevogável". Há uma "lei necessária" que preside esse processo civilizatório. Comte afirma que é uma "lei natural". E esse encadeamento ocorre em todas as áreas da cultura. As descobertas de uma geração preparam os avanços da próxima; há uma marcha determinada no "desenvolvimento das ciências e das artes". Os homens de gênio (que Comte denomina de "as maiores forças intelectuais") nada mais são do que instrumentos destinados a produzir em determinados períodos. Daí por que o homem de gênio não pode saltar além dessa marcha civilizatória.

---

7. Benoi, 1999, p. 47.

8. Ibid.

9. Ibid., p. 56.

Vê-se que Comte indica que o homem deve passar, necessariamente, por esta marcha natural da civilização. Os estados sucessivos devem ser transpostos. É que o homem apresenta uma tendência instintiva para o aperfeiçoamento. Daí o determinismo que obriga que a organização social passe por esses estados. Nós não podemos queimar etapas, muito menos voltar a etapas já vivenciadas. A marcha natural da civilização determina o que cada época social deve alcançar. Por isso os grandes homens foram aqueles que perceberam, em cada época, "quais eram as modificações que tendiam a se efetuar, conforme o estado da civilização". Quando as teorias que vieram à luz, devido à ação dos grandes homens, provaram-se em conformidade com o verdadeiro estado das coisas, as mudanças se verificaram e se consolidaram. Comte conclui: "Novas forças sociais que, havia muito tempo, desenvolviam-se em silêncio, de repente apareceram por meio das vozes deles na cena política com todo o vigor da juventude"[10]. O erro que se comete ao analisarmos os grandes feitos é que só são vistos "os homens"; Comte acentua que deve-se tomar em consideração "as coisas que os impelem com uma força irresistível". Eis aí o foco a ser estudado e não, como fazem a maioria, de se priorizar os feitos humanos. Podemos observar que é a própria sociologia que nasce nessa concepção positivista:

> Em geral, quando o homem parece exercer uma grande ação, isso não acontece por suas próprias forças, que são extremamente pequenas. São sempre forças exteriores que agem por ele, segundo leis sobre as quais nada pode[11].

A ignorância dessa realidade social (que Comte denomina de "leis") leva o observador e até mesmo o ator da ação a admitir o "poder do homem", quando na verdade se trata de uma "previdência". Observar neste ponto a semelhança com Hegel, principal-

---

10. Ibid., p. 64.

11. Ibid.

mente quando este se refere aos "homens históricos". A diferença em relação à Comte é que neste já temos toda uma sociologia que localiza as forças sociais, historicamente determinadas. Em Hegel, temos uma dimensão mais idealista, associada ao seu historicismo.

Dessa maneira, o próprio sistema político tem sua *raison d'être* ancorado nas "forças sociais preponderantes". Por isso Comte critica o modo de se estudar o sistema político de forma isolada ou "fazer derivar dele as forças da sociedade". O que ocorre, afirma, é exatamente o contrário:

> [...] a ordem política não é e não pode ser mais do que a expressão da ordem civil, o que significa, em outros termos, que as forças sociais preponderantes terminam, necessariamente, por tornarem-se dirigentes[12].

Nesse sentido, Comte acentua que só falta um passo para reconhecermos a subordinação do sistema político em relação à civilização. A ação política eficaz é aquela que é realizada no "mesmo sentido da força da civilização". Em caso contrário, a ação é nula. E o exemplo de uma ação política que exceda o padrão de civilização também é ineficaz. Comte dá os exemplos das reformas empreendidas por José II para modernizar a Áustria. Não surtiram efeitos porque a realidade social não estava preparada para recebê-las. Por isso a política deve abandonar sua tendência de querer realizar seus planos independente do estágio da civilização. Ela deve "coordenar todos os fatos particulares" que estão em sintonia com a marcha da civilização. Portanto não cabe à política a tarefa de criar um estado social particular, mas de "modificar a velocidade" da marcha da civilização. Ela pode facilitar essa "marcha", iluminando-a.

Comte é muito direto ao expressar o objetivo da nova ciência política: evitar as revoluções violentas. Essas revoluções nascem dos entraves que aparecem diante da marcha civilizatória. É necessário, nesse sentido, conhecer com maior precisão a tendência atual da civilização e conformá-la à ação política.

---

12. Ibid., p. 57.

As revoluções e instabilidades sociais são lidas como efeitos dos "obstáculos gerados pela ignorância". Assim podemos pensar que o vínculo da ordem política com os interesses dos grupos sociais teve de esperar por Marx para aparecer. Mas eis que Comte afirma: "As demonstrações da política de observação são suscetíveis de agir sobre as classes, cujos preconceitos e interesses levariam a lutar contra a marcha da civilização"[13]. Mas como tal intento poderia superar esses interesses e preconceitos (lê-se, "ideologia") de classe? Comte responde que só a "força da demonstração" já é um elemento importante. As demonstrações verdadeiras podem atuar com tal força para combater as "ambições" e "interesses"; quando os aperfeiçoamentos atingem a maturidade, "as forças reais em seu favor são superiores às forças opostas". Mas há um elemento de força social. Comte conclama as "classes ascendentes" a aceitarem o conhecimento positivo da civilização; se assim for, essas "classes ascendentes" combinarão com segurança os meios de anular antecipadamente todas as resistências e, ao mesmo tempo, facilitarão a seus adversários a transição para a nova ordem de coisas.

O historicismo de Comte é evidente e se apresenta numa de suas primeiras obras, *A indústria*: "O único princípio absoluto é que tudo é relativo". Esse relativismo implica dizer que as coisas são entendidas em seu sentido histórico, portanto, sujeitas à transformação. O valor de uma ideia, de um princípio, está em sua adequação a uma realidade social dada. Este modo de pensar também se aplica aos acontecimentos históricos. Vamos dar um exemplo: No caso da Revolução Francesa a apreciação de Comte é marcada por esse relativismo histórico, ou seja, ela apresenta uma face boa, progressista, embora contenha alguns erros que cabe evitar. Comte denomina essa Revolução de "explosão salutar", pois ela teria revelado "a caducidade do antigo sistema que, de outra maneira, ficaria para sempre dissimulada, colocando, por isso, um obstáculo radical à

---

13. Ibid., p. 67.

marcha política da elite da humanidade"[14]. Mas, por outro lado, a Revolução Francesa manifestou sua impotência orgânica com relação ao princípio crítico do Iluminismo. Ele foi incapaz de construir uma sociedade. Comte elogia o jacobinismo por sua tendência em elevar a moral do povo; a convenção barrou o desprezível egoísmo humano e propôs como modelo de vida social o civismo. Daí o motivo dele afirmar que o positivismo revive o jacobinismo; se este iniciou o processo revolucionário, o positivismo, por outro lado, através da ideia de ordem e progresso irá preencher de forma orgânica a grande Revolução.

Podemos observar, nesse sentido, como o positivismo absorve e compreende os acontecimentos históricos. O positivismo, como afirmamos anteriormente, não nega os avanços da ordem revolucionária, mas procura reinseri-los em seu modelo interpretativo. A solução final está na "organicidade" como único modelo capaz de gerar a estabilidade social. Então temos um modelo onde há momentos de estabilidade, intercalados por crises.

O positivismo com sua "teoria dos três estados" procura congelar a história no momento de ordem industrial, plenamente hierarquizado. A classe operária se assentaria em sua condição social e de forma espontânea se disporia ao trabalho – fator indispensável ao bem-estar da ordem social. Daí a importância que o positivismo dá à condição moral. A submissão dos trabalhadores modernos passaria por essa reorganização da ordem moral. Assim se explica o elogio de Comte ao período teológico-católico da Idade Média. Nesta época, o catolicismo configurou-se numa doutrina universal capaz de gerar uma organicidade indispensável para a estabilidade social. Isto equivale dizer: a moral adquiriu uma realidade social. Então, o que importa para o positivismo é essa "submissão voluntária" que só o "domínio moral da massa social" pode gerar.

Nesse sentido, a força política do catolicismo consistiu no ensinamento da "moral universal". Foi essa moral que estabeleceu o

---

14. Apud Benoit, 1999, p. 257.

vínculo entre o poder espiritual e o poder temporal[15]. Mas as ideias morais (o "espírito", concebido em seu sentido de cultura) não têm o poder de conduzir a "vida real, individual e social". Ela não modifica o modo essencial da existência humana. Se a ordenação moral tem sua eficácia é "porque encontrou terreno para isso"[16]. Portanto, é preciso ficar atento, segundo Comte, aos detalhes do processo de ensino que contribuem para o reforço moral. Ele nos dá o exemplo da confissão católica. Além das práticas religiosas que o catolicismo popularizou e que foram indispensáveis para a vida social, a instituição da confissão mostrou que além de "educar do ponto de vista moral", era preciso aconselhar com relação à vida prática. A confissão foi o reforço indispensável à educação católica; ela reforçou sua aplicação. Outro exemplo da importância da educação pode ser constatado na própria prática de Comte. Ele dá um curso de "astronomia elementar" para um público eminentemente popular – entendem-se, os operários. O objetivo de Comte, nesse curso, é mostrar que o universo é o paradigma perfeito da ordem. Lelita Benoit acrescenta: "O professor popular Comte acreditava que a experiência resultante do estudo da astronomia elementar seria o solo propício para semear o princípio fundamental da sociologia positiva: a noção de uma ordem social natural"[17]. Observar, neste caso, como o positivismo procurava induzir o grande público de que a ordem social tem uma realidade (real, constatada através de "leis") independente da vontade humana. O positivismo retira do homem essa capacidade de intervir nos rumos da história – com exceção, é claro, do próprio positivismo. Daí, então, a importância do estudo da astronomia para despertar e reforçar no grande público o sentimento da invariabilidade da ordem social.

Não há dúvida que Comte via na "resignação" da classe operária um fator fundamental para a construção da nova ordem social.

---

15. Cf. Benoit, p. 230.
16. Ibid., p. 231.
17. Ibid., p. 363.

Nesse horizonte, a moral cumpre sua função social de reforçar uma determinada condição social. Ou podemos dizer que ela é "um poderoso instrumento de aperfeiçoamento social". O positivismo se considera como herdeiro do catolicismo; na visão de Comte, o modelo católico apresentou um sistema apropriado para a estabilidade da ordem social. Assim, Comte conclui: "O que deve morrer, no catolicismo, é a doutrina e não a organização"[18].

As inovações do positivismo de Comte com relação à Teoria da História não podem impedir que reconheçamos que o positivismo indica um fechamento da *práxis* humana. O modelo científico aplicado à história gera um engessamento final da *práxis* propriamente dita. E Comte tinha plena consciência da consequência de sua teoria. Mais ainda, ela era bem-vinda, pois constituía um elemento indispensável para barrar a "anarquia" social que presenciava em sua época. Há uma passagem em Castoriadis que bem serve como crítica ao positivismo:

> Um sujeito completamente inserido em um universo conjuntista-identitário, longe de poder modificar qualquer coisa nele, não poderia sequer saber que está preso a um tal universo. De fato, ele só poderia conhecer de modo conjuntista-identitário, isto é, tentar sempre (e sempre em vão) demonstrar com teoremas os axiomas de seu universo; pois, como é óbvio, do ponto de vista conjuntista-identitário, nenhuma metaconsideração tem sentido[19].

Essa passagem é interessante porque mostra o fechamento de qualquer sistema lógico (em nosso caso, o positivismo) com relação a essa "metaconsideração" que afirma Castoriadis. No fundo, o sujeito da história em Comte é a própria ordem natural das coisas, cujas "leis" expressam seu sentido. O sistema de pensamento em si do positivismo nos leva a uma resignação.

---

18. Cf. Benoit, p. 239.

19. Castoriadis, 1987, p. 421.

E há outras considerações que não podemos deixar de lado. O positivismo traz um evolucionismo tão intenso que ao olharmos para o passado, só presenciamos estados provisórios (e preparatórios) para o advento da era positiva. O passado apresenta um "destino transitório" no sentido em que ainda está imaturo quanto às reais possibilidades de desenvolvimento. Assim, Comte compartilha da ideia de que em sua época, irremediavelmente, ingressara-se num "regime definitivo da razão humana". Ou melhor, restava agora uma reorganização da sociedade. Daí a boa-nova no tocante à mensagem positivista.

Esse evolucionismo aprisionador confere ao movimento histórico um caráter "indispensável" e "inevitável". O pensamento crítico, aqui, sucumbe, capitula-se ante uma forma de pensar que se imagina superior: a constatação. Mas essa constatação que em Comte assume o caráter de "observação" está encerrada num clima plenamente abstrato. Primeiro, como crença na superioridade da cientificidade moderna; segundo, na ideia de que essa cientificidade possa gerar, ao se expandir para as mais amplas áreas do campo social, uma época definitiva no homem.

Comte vê a positividade do pensamento como uma forma de emancipação humana. Agora, nesta positividade racional, o "fato libera o homem de sua infância" (os estados teológicos e metafísicos). Tudo aquilo que for proposto como condição para o pensamento e que não estiver ancorado neste "fato", não pode se oferecer como sentido real e inteligível. Esse "fato" exige o império da observação: eis os dois mitos do positivismo.

O que posso conhecer nas coisas são "as diversas ligações mútuas próprias à sua realização"; daí nascerem as leis que pressupõem "relações constantes que existem entre os fenômenos observados". Comte tem plena consciência de dois limites (ou elementos relativos) no ato de conhecer. Primeiro, a forma objetiva, pois o "conhecer" não esgota todas as possibilidades de "existências reais, das quais a maior parte talvez nos deva escapar totalmente"[20]; se-

---

20. Comte, 1976, p. 17.

gundo, subjetivamente, ao mostrar que a entidade que conhece não é simplesmente individual, "mas também e sobretudo, sociais, pois resultam, com efeito, de uma evolução coletiva e contínua, cujos elementos e fases essencialmente se entrelaçam"[21].

Nasce aqui toda uma teoria do conhecimento nada desprezível para a época. Comte mostra que nosso conhecer está condicionado pelo "conjunto da progressão social". Então, a "perfeição científica" implica uma aproximação (como uma possibilidade) do limite ideal dessa "realidade", tanto quanto o exija nossas diversas necessidades reais. Longe do instante metafísico que imagina um absoluto fixo para a dimensão do conhecer, Comte acena para a possibilidade (social) do conhecer, cujas variações graduais não estão ao sabor de um caráter arbitrário, fato este que pode gerar o ceticismo.

Comte já antevê um possível erro nas análises extremadas no próprio seio do positivismo. Ele comenta sobre o "exagerado abuso" desse princípio lógico, fato que pode gerar o "acúmulo estéril de fatos incoerentes, sem oferecer essencialmente outro mérito senão o da exatidão parcial"[22]. Para ele, o espírito positivo não é sinônimo de empirismo; o que o positivismo deve focar é a "lei dos fenômenos": aqui, sim, encontramos a verdadeira ciência. De forma quase espantosa, Comte acrescenta:

> [...] a verdadeira ciência, muito longe de ser formada por simples observações, tende sempre a dispensar, tanto quanto possível, a exploração direta, substituindo-a pela previsão racional, que constitui, a todos os respeitos, o principal caráter do espírito positivo [...][23].

Desta forma Comte deixa claro que o positivismo vai além do empirismo, pois consegue através "das relações constantes descobertas entre os fenômenos", projetar previsões. O verdadeiro espírito positivo, acrescenta, consiste em "ver para prever, em estudar

---

21. Ibid., p. 18.
22. Ibid., p. 19.
23. Ibid., p. 20.

o que é, a fim de concluir o que será"[24]. A chave do espírito positivo está na busca do nexo entre dois fenômenos. Isto permite explicá-los e prever um pelo outro. Para aqueles que imaginam o positivismo como algo preso à simples experiência, com certeza, poderão estranhar esta afirmação de Comte: "[...] conhecer um fato independentemente de sua exploração direta [...]"[25].

O fim do positivismo é alcançar um estado social com ordem e progresso. Sua utopia se resume numa era onde "reinará por toda a parte, sob diversos modos e em diferentes graus, esta admirável constituição lógica [...]". Mundo fechado, seguro, previsível, onde o pensamento tem agora a "obrigação permanente de restringir todas as nossas especulações aos casos verdadeiramente acessíveis". O regime positivo deve estar consciente que na realidade existe uma multidão de acontecimentos que se realiza sem nenhuma real dependência mútua. Querer achar uma lei comum para essa multidão de acontecimentos é um engodo. Desejar uma "lei universal" que presida os fenômenos é prolongar o espírito teológico sob a capa positivista.

O positivismo não está preocupado com a "verdade Absoluta". Ele sabe o quanto isto é paradoxal e inadequado, mas se preocupa com um conhecimento possível. Conscientiza-se da relatividade do saber – essa é sua sabedoria. Mas o problema reside neste conhecimento que pode ser alcançável. Em sua concepção, tal conhecimento adquire um grau tão elevado de certeza (ainda que relativa, de forma geral) que se converte em dogma: daí a "lei" que tanto aparece nos escritos de Comte. E há algo mais: Comte vai além, a ponto de desejar converter esse "absoluto relativo" em autoridade para as outras áreas do mundo social, como a política, por exemplo. Sem dúvida, sua reorganização social corresponde a uma era de dominação científica e da criação de uma nova forma de consenso social. Eis seu núcleo conservador: o positivismo anseia por paralisar a capacidade do pensamento crítico que se atreve a se opor à "lei".

---

24. Ibid.
25. Ibid., p. 27

7
O sentido da história em Marx

Quando partimos para o estudo de Karl Marx com tudo aquilo que Comte produziu, o iniciador do marxismo adquire uma nova tonalidade. Isso porque, embora de uma perspectiva conservadora, já temos em Comte tanto o historicismo quanto a dimensão social na representação do indivíduo. Marx vai introduzir a perspectiva de classe social.

Nesta perspectiva os trabalhos de Karl Marx representaram um impacto enorme nas chamadas ciências sociais. Seu radicalismo nos levou a entender melhor a sociedade capitalista; seu gênio e brilhantismo educaram várias gerações de pensadores. Se hoje grande parte desses pensadores de vanguarda procura conservar certa distância de Marx, isto não implica desmerecimento de sua produção[1].

O nascimento do capitalismo é concebido por Marx como uma inflexão profunda na história do Ocidente. O que ele denomina de "acumulação primitiva" é uma forma de separação do trabalho de suas condições exteriores indispensáveis. Daí a problemática que emerge ao desenvolver essa ideia: por que o servidor (trabalhador) renunciou à propriedade sobre seu próprio produto? Isto, a princípio, pode parecer o nascimento de certa liberdade. Mas Marx deixa claro que o movimento (histórico) que levou a esta separação efetuou-se de forma violenta. Por isso o termo "expropriação".

A história dessa expropriação, segundo Marx, representa a própria "acumulação primitiva": "O progresso que esse desenvolvimen-

---

1. Cf., nesse sentido, a nota 41 do cap. 8, a seguir.

to realizou consiste em mudar a forma de sujeição, em conduzir a metamorfose da exploração feudal em exploração capitalista"[2]. Marx afirma que a ordem capitalista nascente converteu o trabalhador imediato em assalariado. Esse "novo trabalhador" nada mais possui senão a sua força física – que ele denomina de "trabalho em estado potencial". Eis, então, a essência do sistema capitalista e que se traduz na separação "radical entre o produtor e os meios de produção".

É que está em jogo, nesse novo processo histórico moderno, o avanço da classe capitalista. Marx segue todos os detalhes desse avanço e destaca que o primeiro passo dessa dominação é despojar as grandes massas de seus meios de produção e existência tradicionais. Essas massas despojadas de suas condições externas (do trabalho) são lançadas de improviso no mercado do trabalho.

O exemplo mais típico dessa "acumulação primitiva" ocorreu na Inglaterra. A expansão das manufaturas de lã em Flandres e a alta dos preços desse produto fizeram com que as terras de cultivo fossem preteridas em prol dos pastos. O cenário que descreve Marx para essas transformações é terrível: as casas dos camponeses foram "violentamente arrasadas" e "o país alimentou muito menos gente". São os efeitos sociais do poder do mercado. Marx quer mostrar que uma nova lógica aparece na cena histórica: a lógica do mercado. O setor social sofre as consequências desse novo poder (econômico); já o setor político passa a representar, ainda que indiretamente, essas novas forças econômicas. Marx denomina de "oligarquia inglesa" essa classe política dominante que realiza a "apropriação fraudulenta do domínio público e a pilhagem dos bens eclesiásticos". Enfim, uma nova fase nasce no Ocidente, um novo movimento, intenso, apropria-se de todo o edifício social:

> Os domínios do Estado, roubados até essa data com moderação, dentro dos limites da decência, foram então extorquidos à viva força do rei adventício como

---

2. Marx, 1985, p. 16, 17.

compensações devidas aos seus antigos cúmplices, ou vendidos a preços irrisórios, ou enfim, sem formalidade alguma, anexados a propriedades privadas[3].

Marx comenta sobre "a forma parlamentar do roubo" contra as comunas – uma velha instituição germânica que persiste no seio da sociedade feudal. Elas significam as leis sobre o fechamento das terras comunais. Ver, neste sentido, como Marx utiliza a história para comprovar sua hipótese sobre o nascimento do capitalismo. Segundo ele, está em curso, agora, "o roubo sistemático das terras comunais junto à pilhagem dos domínios do Estado". Em termos sociais, verifica-se que a população dos campos transforma-se em proletariado "disponível" para a nascente indústria.

Essa é a visão pessimista e radical de Marx sobre o nascimento da época moderna. A gênese do capital está manchada de sangue e violência: é a dolorosa expropriação do povo trabalhador. É sobre essa ambivalência que opera o pensamento marxiano. Os produtores se transformam em proletários e as condições de trabalho (desses produtores) em capital. Desde essa fase histórica, trabalho e capital, embora dissociados, comporão um mesmo modelo: o processo de produção capitalista.

Nesse sentido há uma crítica de Marx ao processo social e à perspectiva do homem nesse horizonte capitalista. Essa crítica é importante porque mostra até que ponto a sociedade burguesa impede o real crescimento do indivíduo. Como vimos acima, Marx identifica o nascimento da sociedade burguesa e o equipara a uma excessiva sede de riqueza. O próprio objetivo social passa a gravitar só através desse anseio: o mercado se insinua em todas as relações humanas. Assim, o que se verifica com o trabalho? O que é do homem nessa sociedade? Qual a saída? Eis um conjunto de questões importantes e que direcionam todo o estudo/*práxis* do marxismo.

Com relação ao trabalho, Marx responde que além do que pensava Hegel – ou seja, que o trabalho representa uma negação do ho-

---

3. Ibid., p. 33.

mem –, ele tornou-se a "essência tensa" da propriedade privada. Se antes o trabalho representava uma forma de exteriorização real do homem, agora essa forma de exteriorização produz "estranhamento"[4]. O que faz dos *Manuscritos econômico-filosóficos* (escrito em 1844) uma obra interessante é que nele encontramos esse horizonte humanista que deseja resgatar o marxismo. Na lógica de Marx, se o objetivo do processo social capitalista é gerar (e reproduzir) capital, então o homem se transforma em meio, em peça, desse processo. O homem sofre o processo, apequena-se, desumaniza-se:

> O selvagem em sua caverna – este elemento natural que se oferece espontaneamente para seu gozo e proteção – não se sente entranho, ou, melhor dito, sente-se tão à vontade como um peixe na água. Mas o quarto de porão do pobre é uma habitação hostil, que "retém uma potência estranha, que só se entrega a ele quando ele entregar a ela seu suor e seu sangue", habitação que ele não pode considerar como lar – onde, finalmente, pudesse dizer: aqui estou em casa –, onde ele se encontra muito mais em uma casa estranha, na casa de outro que o espreita diariamente e que o expulsa se não pagar o aluguel. Igualmente, do ponto de vista da qualidade, vê sua casa como o oposto à habitação humana situada no além, no céu da riqueza[5].

Assim, nos *Manuscritos econômico-filosóficos* Marx traça um perfil das enormes potencialidades da sociedade capitalista em prejuízo do desenvolvimento do homem. Se a divisão do trabalho é benéfica para o processo geral, para o homem produz um "trabalho mecânico"; se o dinheiro agiliza as transações, para o homem con-

---

4. Para Marx, essa inversão do trabalho ocorre quando este adquire uma forma abstrata: "Mas, ao reduzir-se o fetichismo da antiga riqueza exterior, que existia apenas como objeto, a um elemento natural muito simples, e ao reconhecer-se sua essência, ainda que parcialmente, em sua existência subjetiva sob um modo particular, já está iniciado necessariamente o passo seguinte, de reconhecer a essência geral da riqueza e elevar por isso, a princípio, o trabalho em sua forma mais absoluta, isto é, abstrata" (MARX, 1987, p. 171).

5. Ibid., p. 188.

verte "todas essas forças (individuais) essenciais naquilo que em si não são, isto é, em seu contrário". Com a sociedade capitalista há um enorme desenvolvimento da capacidade produtiva com prejuízo para o próprio homem. É a teoria da objetivação: ela propõe que todo o esforço social gerado tem produzido enormes riquezas e, ao mesmo tempo, um mundo estranho, desumano[6]. O trabalho na sociedade capitalista produz um mundo social (seu processo de objetivação) desumano.

Esse fato levou a uma transformação na forma sensível do próprio homem. A propriedade privada como valor absoluto de uma sociedade expropriadora tem moldado a forma sensível do homem: "[...] a exteriorização de sua vida é a alienação da sua vida e sua efetivação sua desefetuação, uma efetividade estranha [...][7]. Por isso, Marx comenta que a superação da propriedade privada equivale à apropriação sensível pelo homem e para o homem da essência e da vida humana. Uma apropriação do "homem objetivo" das obras humanas. Estranho e belo salto a que se propõe o humanismo de Marx[8]. Mas como seria esse mundo renovado? Marx indica que as coisas não devem ser só sentidas em termos de "gozo imediato", exclusivo, no sentido da posse, do ter: "O homem apropria-se do seu ser global de forma global, isto é, como homem total"[9]. Eis a utopia de Marx.

---

6. Ao realizar a crítica à abordagem hegeliana, Marx deixa claro sua própria visão de mundo. A superação da alienação é a superação do fato do "ser humano se [objetivar] desumanamente" (Ibid., p. 202).

7. Ibid., p. 176.

8. Em uma bela passagem Marx vislumbra a realização de relações sociais essencialmente humanas: "Se se pressupõe o homem como homem e sua relação com o mundo como uma relação humana, só se pode trocar amor por amor, confiança por confiança etc. Se se quiser gozar da arte deve-se ser um homem artisticamente educado; se se quiser exercer influência sobre outro homem, deve-se ser um homem que atue sobre os outros de modo realmente estimulante e incitante. Cada uma das relações com o homem – e com a natureza – deve ser uma exteriorização determinada da vida individual efetiva que se corresponda com o objeto da vontade. Se amas sem despertar amor, isto é, se teu amor, enquanto amor, não produz amor recíproco, se mediante tua exteriorização de vida como homem amante não te convertes em homem amado, teu amor é impotente, uma desgraça (Ibid., p. 198).

9. Ibid., p. 177.

Sem dúvida que a teoria da objetivação foi retirada de Feuerbach. Neste, tal teoria é utilizada para realizar uma crítica (de ordem geral) à religião. Feuerbach, bem ao estilo dos intelectuais da época das Luzes, intenta uma substituição da religião pelo complexo cultural. Como ele diz, "a cultura do homem rude é a religião"; portanto, a própria religião é entendida como uma forma de "rudeza". Feuerbach acrescenta:

> O fundamento de sua humanidade, de seu não beber, não comer é apenas Deus, um ser fora dele, um ser que ele concebe como diverso dele ou pelo menos existente fora dele; se não existe um Deus [...] eu sou uma besta, um animal, isto é, o princípio e a essência de minha humanidade está fora de mim. Mas quando o homem tem o princípio de sua humanidade fora de si, num ser não humano [...] ele é humano por motivos não humanos, isto é, religiosos, então não é ainda um ser verdadeiramente humano[10].

No caso de Marx é a propriedade privada que exerce esse "poder externo", desumanizante, que nos deixa "tão estúpidos e unilaterais". Isto porque só posso gozar um objeto como capital ou quando é possuído. A forma propriedade privada contaminou todo o comportamento humano, introjetou-se no interior do homem. Portanto, a enorme capacidade produtiva do homem não se converte em crescimento do homem real. Nesse sentido, Marx não compartilha do otimismo gerado pela Era das Luzes: "liberdade", "igualdade" e "igualdade" são formas ideológicas que não corres-

---

10. Feuerbach, 2009, p. 240. A teoria da objetivação aparece também em Nietzsche. Nos *Fragmentos póstumos e aforismos*, ele acrescenta: "Toda sacralização de ideias gerais e abstratas como: Estado, povo, humanidade, processo universal, traz consigo o inconveniente de tornar leve o fardo do indivíduo e de limitar a sua responsabilidade. [...] Em termos morais: quem retira do homem a crença de que ele é algo fundamentalmente mais precioso do que os meios destinados a assegurar a sua existência, este torna o homem pior. As abstrações são as suas obras, os meios de que ele se vale para existir – nada mais, nem os seus mestres. E deve ser permitido a ele em todas as ocasiões, enquanto um ser moral, morrer lutando contra os meios que, assumindo um poder excessivo, tornam-se eles mesmos os fins, quer dizer, deve ser permitido que ele seja um mártir, para não *propter vitam vitae perdere causas* [Para salvar a vida, perder a razão de viver]" (NIETZSCHE, 2005, p. 240, 241).

pondem à real condição da maioria dos trabalhadores. François Furet em seu *Marx e a Revolução Francesa* comenta essa ideia:

> E é nesta sociedade individualista, fundada nos interesses particulares, que o Estado moderno se erige como figura subordinada, tal como o vimos surgir da Revolução Francesa, isto é, como Estado democrático representativo que sucedeu ao Estado monárquico. Seu caráter representativo exprime a separação da sociedade em relação ao Estado e seu caráter democrático (universal), a abstração da cidadania igualitária considerada em relação às situações reais dos indivíduos membros do corpo social. O Estado democrático representativo constitui a ilusão comunitária da história real, que é a história das desigualdades das riquezas e da dominação burguesa. Os indivíduos separados da sociedade civil moderna se alienam na comunidade imaginária do Estado, da mesma maneira como os homens, segundo Feuerbach, projetam em Deus a imagem quimérica de si próprios[11].

Marx não concebe o homem através da dicotomia nascida do ideário iluminista que implica a normatização de direitos básicos, de ordem formal. Para ele, conceber o homem no sentido "individual", "independente", é uma ilusão. O homem é um "ser social"; isto quer dizer que "o homem produz o homem, a si próprio e a outro homem". O objeto é modo de existência para o outro homem, modo de existência deste e para ele. Marx quer indicar com esse pensamento que o social apreende a todos. Ele comenta sobre o "movimento":

> O caráter social é, pois, o caráter geral de todo o movimento; assim como é a própria sociedade que produz o homem enquanto homem, assim também ela é produzida por ele. A atividade e o gozo também são sociais, tanto em seu modo de existência, como em seu conteúdo; atividade social e gozo social[12].

---

11. Furet, 1989, p. 19.

12. Marx, 1987, p. 175.

Então não há como sair deste fato. A própria natureza surge como "essência humana da natureza" na medida em que ela é um elemento vital para a efetividade humana. O modo de existência natural se converte em modo de existência humana. É como se a natureza se reduplicasse nas atividades humanas. Neste ponto, Marx chega a um paroxismo ao afirmar que a sociedade é a "verdadeira ressurreição da natureza".

É evidente que aqui já atua o materialismo de Marx. O homem é concebido segundo as circunstâncias sociais. Desse materialismo nasce uma sociologia: "Meu próprio modo de existência é atividade social"[13]. O indivíduo representa o "ser social" e a exteriorização desse indivíduo expressa "uma exteriorização e confirmação da vida social".

Assim, Marx indica que devemos procurar o caráter individual do homem no contexto social concreto. Não que esse homem tenha uma natureza parecida com a das formigas ou das abelhas. É que a própria sensação desse "individual" tem seu pressuposto social: o homem é "a totalidade, a totalidade ideal, o modo de existência subjetivo da sociedade pensada e sentida para si [...]"[14].

Nesse momento surge uma questão importante: como pensar a noção de "consciência" em Marx? Ela não pode ser uma instância especial, singular? Na resposta de Marx aparece a crítica à filosofia a aos vários tipos de idealismos. Um dos objetivos de *A ideologia alemã* é responder a esta questão da consciência, ou seja, não partir desta para, depois, conhecer o mundo social. Deve-se fazer o inverso. Por isso, já no prólogo, Marx e Engels escrevem: queremos nos rebelar "contra esta tirania dos pensamentos"[15]. Por toda a obra sente-se um clima de insegurança; Marx e Engels mostram como as ideias são instáveis, vazias, quando consideradas de forma isolada. Eis o solo seguro para se abordar as ideias, os pensamentos:

---

13. Ibid., p. 176.

14. Ibid.

15. Marx e Engels, 1973, p. 11. A tradução é minha.

As premissas de que partimos não têm nada de arbitrário, não compõem nenhuma classe de dogmas, senão premissas reais, que só é possível abstrair-se na imaginação. São os indivíduos reais, suas ações e suas condições materiais de vida, tanto aquelas que têm encontrado, como aquelas engendradas pela sua própria ação. Essas premissas podem ser comprovadas, consequentemente, pela via puramente empírica[16].

Neste todo social há uma hierarquia de valores (em termos ontocognitivo). Para se conhecer de fato a textura social devemos partir, segundo Marx, dos indivíduos como "produtores", segundo a atividade material dos homens. É desta perspectiva que alcançamos a verdade de que "determinados indivíduos, que, como produtores atuam de um determinado modo, contraem entre si relações sociais e políticas determinadas"[17]. Assim, a própria "consciência" não pode ser destacada desse processo social: daí por que "o ser dos homens é seu processo de vida real".

Aqui, assenta-se um problema e uma crítica radical de Marx. A forma como vejo o mundo, através de minha consciência, é ilusório. É o que se denomina de ideologia. Quando a consciência, o pensamento, bem como a ideia são destacados do contexto social, então esses elementos se transformam em ideologia:

> E se, em toda a ideologia, os homens e suas relações (reais) aparecem invertidos – como em uma câmara escura –, tal fenômeno decorre de seu processo histórico de vida, do mesmo modo por que a inversão dos objetos na retina decorre de seu processo de vida diretamente físico[18].

Por isso, na medida em que saio do domínio econômico, das relações econômicas, ingresso inevitavelmente no regime ideológi-

---

16. Ibid., p. 19.
17. Ibid., p. 25.
18. Ibid., p. 26. A tradução é de José C. Bruni e Marco A. Nogueira.

co. É o que Marx denuncia como "idealismo", ou seja, "quando a consciência imagina que é algo além e distinto da consciência da prática existente, que representa realmente algo sem representar algo real"[19].

Quando isto ocorre nasce, então, a teoria "pura", a teologia "pura", a filosofia e moral "puras". Assim, as forças sociais sob o capitalismo levam a essa tendência idealista. Marx identifica a divisão do trabalho como uma das causas desse fenômeno. O indivíduo se representa de forma apartada do interesse comum. Para sobreviver, tal indivíduo é obrigado a especializar-se. Mas nesse ato, perde o "domínio do todo". Sua ação, ao contrário, erige um poder alheio e hostil à sua própria natureza.

Há, nesse sentido, uma cisão entre a realidade desse trabalho alienado e as formas representativas da comunidade. Marx, nesse momento, vê o erro de se representar o Estado como "uma forma própria e independente". Ele diz que nessa representação surge uma "comunidade ilusória". Daí por que as lutas pelas formas de regime político (aristocracia, monarquia, democracia etc.) "não são senão formas ilusórias sob as quais se expressam as lutas reais entre as diversas classes"[20]. Por isso o comunismo proposto por Marx e Engels não pode ser a imposição de um estado social ideal; pelo contrário, corresponde ao "movimento real que anula e supera o estado de coisas atuais".

O que se percebe na nova teoria que Marx propõe é uma hierarquia, um regime ontológico ao abordarmos os vários níveis da sociedade. Marx comenta o sentido correto dessa abordagem: "[...] não explicar a prática partindo das ideias, mas explicar as formações ideológicas sobre a base da prática material [...]"[21]. Por isso a história também deve seguir tal sentido. A historicidade não pode se separar da "vida usual como algo extra e supraterrestre". A histó-

---

19. Ibid., p. 32.
20. Ibid., p. 35.
21. Ibid., p. 40.

ria deve levar em conta a relação do homem com a natureza, assim como as relações sociais concretas. O erro dos historiadores está nesta atitude:

> [...] uma época se imagina que se move por motivos puramente "políticos", ou "religiosos", apesar de que a "religião" e a "política" são simplesmente as formas de motivos reais: pois bem, o historiador de tal época aceita, simplesmente, tais opiniões. O que esses homens se "figuraram", se "imaginaram" acerca de sua prática real se converte na única potência determinante e ativa que dominava e determinava a prática desses homens[22].

Marx indica que a "força motriz" da história não está no político; ela está na base econômica que as gerações transmitem para as formações posteriores. Cada nova geração herda o material, o capital, bem como as forças produtivas transmitidas pelas gerações anteriores. Mas, por outra parte, a nova geração modifica sob condições completamente distintas, o modelo econômico precedente. Este movimento concreto mostra a "influência ativa que a (geração) anterior exerce sobre a nova".

Marx dá uma especial atenção ao processo de trabalho. Tal processo implica a força de trabalho e nos meios de produção, que o revolucionário alemão denomina de "forças produtivas". Os instrumentos e objetos do trabalho compõem os "meios de produção":

> As forças produtivas do trabalho abrangem não apenas os meios materiais de produção que permitem ao trabalho produzir, mas as forças da própria força de trabalho: perícia, preparo, conhecimento técnico, experiência[23].

A força de trabalho é a capacidade para o trabalho; assim, a força de trabalho (e não o trabalho) é uma força produtiva que encerra

---

22. Ibid., p. 42.

23. Shaw, 1979, p. 20.

a experiência histórica da humanidade. Mas o homem (moderno) já encontra as relações de produção condicionadas pelo desenvolvimento das forças produtivas.

Já as relações de produção implicam um nível de "propriedade" e de "trabalho". Observar como no feudalismo a propriedade era parcelada e o trabalho dependente; já no capitalismo, a propriedade torna-se "propriedade particular" e o trabalho, assalariado. Essas novas relações de produção no capitalismo estão mais adaptadas às forças produtivas que surgiram no final da Idade Média. Marx comenta:

> Em certo estágio de desenvolvimento, as forças produtivas materiais da sociedade entram em conflito com as relações de produção existentes ou – o que não passa da sua expressão jurídica – com as relações de propriedade em cujo arcabouço operaram até então. De formas de desenvolvimento das forças produtivas, essas relações se convertem em suas amarras[24].

De forma mais abrangente, Marx identifica no processo da civilização uma sucessão de modos de produção: comunismo primitivo, escravista, medieval e capitalista. O modo de produção denota num tipo de produção que condiciona todo o edifício social[25]. É no interior desse todo (como "modo de produção") que as relações sociais devem ser entendidas. Em sentido mais geral, o modo de produção caracteriza-se como um "sistema de produzir, um modo distinto e independente de efetuar a produção social tal como esta é determinada por uma estrutura econômica caracterizada por certa relação de produção de propriedade específica"[26].

Aqui surge uma questão: Na teoria de Marx, como um modo de produção torna-se caduco, envelhecido, para surgir um novo modo

---

24. Apud Shaw, 1979, p. 33.

25. Na afirmação de William Shaw: "Todas as esferas da vida social burguesa, por exemplo, refletem relações de mercadorias, e as do feudalismo refletem dependência pessoal" (1979, p. 42).

26. Ibid., p. 36.

de produção? Como afirma Shaw, Marx percebe nas forças produtivas um fator determinante no desenvolvimento histórico. Essas forças são o motivo determinante da história. Portanto, a chave do desenvolvimento histórico está na capacidade da sociedade em desenvolver suas forças produtivas. Elas são a base, o fundamento, de toda a organização social.

Mas na medida em que ocorre uma transformação substancial (estrutural) das forças produtivas, isto necessariamente provoca uma mudança nas relações de produção. Diante disso, a relação entre as forças produtivas e as relações de produção é ora de harmonia, ora de conflito. Como numa espécie de abalo sísmico, o homem não é consciente dessas relações mais profundas; ele só tem consciência das consequências dessa contradição estrutural. Na interpretação de Shaw:

> Os homens que efetuam essa mudança, escreve Marx no "Prefácio" [da *A ideologia alemã*], só se tornam cônscios do conflito entre as forças produtivas e as relações de produção – e então o resolvem pela luta – num nível ideológico (jurídico, político, religioso). Conquanto essas arenas não sejam simplesmente epifenômenos das relações econômicas, só adquirem sua eficácia na mudança histórica em vista da pressão mais fundamental das forças produtivas[27].

Portanto, há um conflito estrutural no nível básico, econômico, que Marx denomina de infraestrutura. Já os níveis sociais acima do econômico (a "superestrutura") recebem de forma diferenciada o impacto desse conflito estrutural. Há nesses níveis uma margem de manobra (a *práxis* na ordem da superestrutura) que dá à ação humana uma relativa autonomia na criação histórica. Por isso a afirmação de Marx: as relações econômicas determinam, em última instância, as relações na ordem superestrutural. Aqui, há sem dúvida uma ontologia social: o primado da produção material.

---

27. Ibid., p. 59.

É assim que Marx explica a transformação no modo de produção. O desequilíbrio econômico abala o restante das relações sociais; a reação implica forjar novas relações sociais adaptadas às novas forças produtivas. Entram em cena dois conceitos: revolução e hegemonia.

A revolução, realizada muitas vezes em nome de um ideal, no fundo é um sinal, um segundo lance, de algo que já se operou na ordem infraestrutural[28]. Já a hegemonia representa um esforço da classe dominante em cimentar, preencher os conflitos (conjunturais) que possam gerar instabilidade na ordem social. O conceito de hegemonia que está implícito em Marx[29]. Posteriormente foi desenvolvido por Lênin e Gramsci. Christinne Buci-Glucksmann comenta sobre esse conceito:

> Com efeito, no caso de uma hegemonia vitoriosa, uma classe faz avançar o conjunto da sociedade (função nacional). Sua "atração" sobre as classes aliadas (e mesmo inimigas) não é passiva, e sim ativa. Não somente ela

---

28. Sobre a revolução em Marx, Furet comenta: "Dessa forma, o conceito de revolução de Marx é ambíguo porque ora inclui, ora exclui o conceito da necessidade histórica. Como houve revolução na França no final do século XVIII, Marx a interpreta globalmente como o produto do inevitável advento da sociedade burguesa, tanto em relação ao seu resultado como em relação às suas formas e ao seu percurso. Como não houve revolução na Alemanha de 1848, seu fracasso é explicado apenas em função da incapacidade dos atores, da pusilanimidade da burguesia alemã, tradicionalmente timorata e, a partir deste momento, ameaçada è esquerda pela classe operária; por conseguinte, este fracasso não invalida a existência prévia de uma sociedade burguesa, que encontrará para além da revolução outras formas de se exprimir. No primeiro caso Marx reduz a revolução à manifestação de seu conteúdo social, enquanto no segundo considera-a unicamente como uma das vias possíveis, mas não inevitável, de afirmação da sociedade burguesa. No primeiro caso subordina o político. No segundo, emancipa-o, ao menos relativamente, prova de uma contradição inerente à sua Teoria da História, constante em toda a parte política de sua obra, notadamente na análise das revoluções francesas do século XIX" (1989, p. 64, 65).

29. Em *A ideologia alemã*, Marx e Engels salientam: "As ideias da classe dominante são as ideias dominantes em cada época; em outros termos, a classe que exerce o poder material dominante na sociedade é, ao mesmo tempo, seu poder espiritual dominante" (1973, p. 50). Também: "Em efeito, cada nova classe que passa a ocupar o lugar da anterior se vê obrigada, para poder seguir adiante com os fins que persegue, a apresentar seu próprio interesse como interesse comum de todos os membros da sociedade [...]" (Ibid., p. 52).

não depende de simples mecanismos coercitivos administrativos de opressão, como também não se esgota em "mecanismos de imposição ideológica, submissão ideológica" (Althusser) ou de legitimação por uma violência simbólica (Bourdieu)[30].

Portanto, a hegemonia representa uma conquista de classe: "Quanto mais uma classe é autenticamente hegemônica, mais ela deixa às classes adversárias a possibilidade de se organizarem e de se constituírem em força política autônoma"[31]. Assim como Marx já havia afirmado, a classe no poder é hegemônica porque apresenta uma "perspectiva universalista" para toda a sociedade.

Nesse sentido, o Marx maduro da fase de *O capital* explora a atividade produtiva humana da fase do capitalismo. É um Marx mais estruturalista, onde o homem (social) está aprisionado às enormes forças econômicas. William Shaw em *Teoria marxista da história* enfatiza por diversas vezes o erro de uma interpretação estreita (de origem mecanicista) da ordem econômica. Ele crê que tal teoria é falsa:

> [...] é claro que ele [Marx] acredita não apenas que as sociedades constituem totalidades integradas, mas que esses todos funcionalmente relacionados são determinados por sua base econômica. Razões econômicas não são a única força nos acontecimentos históricos, mas a maneira como a esfera econômica estrutura o mundo social explica em grande parte por que as motivações humanas eram o que eram[32].

Aqui fica evidente que "o modelo de Marx classifica as esferas da vida social numa hierarquia" (cf. Shaw). O político explica o ideológico, o social explica o político e o econômico o social:

> É lei para Marx que a superestrutura decorre da base, mas trata-se de uma lei sobre leis: em cada formação

---

30. Buci-Glucksmann, 1980, p. 80.

31. Ibid., p. 81.

32. Shaw, 1979, p. 67, 68.

social, leis mais específicas regem a natureza precisa dessa derivação geral. Engels parece ter apreciado isso: "Toda a história deve ser estudada de novo, as condições de existência das diferentes formações da sociedade devem ser examinadas uma por uma antes que se tente deduzir delas as opiniões políticas, jurídicas, estéticas, religiosas etc. correspondentes a elas". No caso, Engels dificilmente encoraja o abandono da teoria pela pesquisa histórica. Pelo contrário, as leis de derivação superestrutural para cada modo de produção devem ser reveladas a partir de um estudo sério[33].

Ao adotarmos essa postura teórica, as coisas se esclarecem por um lado, mas tornam-se mais complexas, por outro. Um estudo de ordem política, por exemplo, deve ser percebido como uma "razão de terceira ordem" (na expressão de Shaw). O que isto significa? Implica não tomar o ideário político por aquilo que diz; não tomar os atores políticos pelas suas representações. Uma significação mais profunda, uma lógica mais subterrânea preside a ordem dos acontecimentos[34].

Vamos observar esse exemplo acima em obras como *As lutas de classes em França* e em *O 18 brumário*. Na primeira, o que marca o sentido da análise é a derrota popular no levante de fevereiro de 1848. Fase de pleno domínio burguês, o governo de Luís Filipe representa o próprio domínio dos banqueiros, dos reis da bolsa, dos proprietários de minas de carvão; em síntese, é o que Marx denomina de "aristocracia financeira". Com 1848 – que Marx identifica como uma luta precoce do proletariado – não se conquista muita coisa, mas "o terreno para lutar pela sua emancipa-

---

33. Ibid., p. 69.

34. Embora adote uma abordagem crítica em relação a Marx, François Furet realiza uma excelente abordagem da concepção de Marx sobre a revolução política: "Na sociedade civil estão as origens ou as causas da Revolução: o jovem Marx, que jamais tratou desta questão detidamente, contenta-se em afirmar o que sempre considerou uma evidência, ou seja, que o desenvolvimento da sociedade burguesa está na origem da mutação política de 1789. Seu pensamento já comporta a determinação do político pelo social (ou melhor, pelo econômico-social)" (1989, p. 34).

ção revolucionária". O ano de 1848 simboliza o início de uma era de lutas emancipatórias. O que se conquistou de fato em 1848 foi a "república burguesa", ou seja, a incorporação das outras frações da burguesia junto ao poder. Marx parece indicar que o proletariado se isola e não luta, de fato, contra o capital: "Acreditavam emancipar-se ao lado da burguesia [...] e realizar uma revolução proletária nas fronteiras nacionais da França, ladeada pelas demais nações burguesas"[35].

Marx visualiza uma condição adversa para o levante proletário. Além disso, a própria condição do proletariado impede tal vitória; Marx propõe um tipo de *práxis* que se resume em "encontrar em sua própria situação o conteúdo e o material da ação revolucionária". Sem grandes especulações teóricas, "tomar as medidas impostas pelas necessidades da luta". Mas ao comparar esse "ideal" com as ações concretas, Marx detecta que o operariado francês não tocou num fio de cabelo da ordem burguesa. Isto porque "a marcha da revolução não [sublevou] contra esta ordem, contra o domínio do capital, a massa da nação – camponeses e pequenos burgueses – que se interpunha entre o proletariado e a burguesia; enquanto não a obrigasse a unir-se aos proletários como a vanguarda sua"[36]. Podemos dizer, então, que se trata de um problema de hegemonia. Para a vitória da revolução é imprescindível a conquista da hegemonia: o operariado, eis o conselho de Marx, deve apresentar-se à massa da nação como classe de vanguarda capaz de libertar a todos.

Como solução para a derrota de 1848, Marx propunha outra saída. Não mais uma revolução nacional. O que denomina de "a nova Revolução Francesa" é, agora, a "revolução social" levada para os vários países capitalistas: o operariado necessita abandonar imediatamente o terreno nacional e conquistar "o terreno europeu". Esse é o único terreno que se pode levar a contento a nova revolução social do século XIX.

---

35. Marx, 1984b, p. 118.

36. Ibid., p. 120.

Mas foi em seu *O 18 brumário* que Marx realiza um estudo mais atento da ordem política. Estamos no período pós-1848, na república francesa, às vésperas do golpe de Estado de Luís Napoleão. Aqui, Marx se vê com uma série de problemas: a representação (partidária) política; o novo Estado sob Luís Napoleão e, finalmente, uma saída para a classe operária[37]. No início da obra já aparece uma problemática importante: é possível a criação do "novo" em história? Um pouco parecido aos conselhos que deu ao proletariado em *As lutas de classes em França*, Marx afirma:

> Os homens fazem sua própria história, mas não a fazem como querem; não a fazem sob circunstância de sua escolha e sim sob aquelas com que se defrontam diretamente, legadas e transmitidas pelo passado. A tradição de todas as gerações mortas oprime como um pesadelo o cérebro dos vivos[38].

Vemos que já se resume o conteúdo do Marx estruturalista, bem como do revolucionário. As condições sociais já estão dadas; é preciso uma espécie de amadurecimento (a "consciência da necessidade da luta") para realmente se "produzir livremente" (na expressão de Marx). Materialismo, que já havíamos identificado na crítica ao idealismo, somado à historicidade da prática. Saber, realmente, o que realizou o passado e aquilo que pode criar o presente. O saber/*práxis* das necessidades imediatas. Marx qualifica essa *práxis* como uma forma de solucionar a realidade pelo espírito da revolução e não pela evocação de seu "espectro".

Essas lições, contudo, precedem ao aparecimento de Luís Bonaparte. Estamos no regime republicano, com um parlamento em atividade. Neste, os partidos (das várias facções da burguesia) disputam a liderança e Luís Bonaparte exerce a presidência da república. Este último deseja realizar o sonho bonapartista: refundar

---

37. Para Furet, a grande questão é: "Como explicar o contraste de uma sociedade burguesa tão rapidamente constituída e ao mesmo tempo tão incapaz de governar sua história política?" (1989, p. 85).

38. Marx, 1974, p. 17.

o Império[39]. Nesse jogo político, Marx ironiza os ideais políticos, menospreza a figura do sobrinho de Napoleão Bonaparte. A república entra num processo de declínio, na visão de Marx. Se na fase histórica da Revolução Francesa o processo revolucionário seguia um movimento ascendente, agora se observa o contrário. O grupo que vem a seguir é sempre mais conservador que o anterior[40].

Nesse emaranhado de forças políticas, como Marx enxerga os mais variados atores políticos? De forma irônica, mas fiel à sua teoria: "[...] nas lutas históricas deve-se distinguir mais ainda as frases e as fantasias dos partidos de sua formação real e de seus interesses reais, o conceito que fazem de si do que são na realidade"[41]. Por trás da arena política há a luta de classes e a fisionomia peculiar de uma época. As facções políticas não devem ser apreendidas através de suas "questões de princípio", mas pelas "condições materiais de existência". O político se enraíza no socioeconômico.

Luís Bonaparte aparece nesse contexto (político) específico de instabilidade como o homem de paz, aquele que vai trazer novamente a ordem (estabilidade) ao sistema político. Com ele – e seu golpe – a burguesia deixa de se representar (através dos vários partidos) no poder:

> [...] a fim de preservar intacto o seu poder social, seu poder político deve ser destroçado; que o burguês particular só pode continuar a explorar as outras classes e a desfrutar pacatamente a propriedade, a família, a religião e a ordem sob a condição de que sua classe seja condenada, juntamente com as outras, à mesma nuli-

---

39. Marx afirma: "Bonaparte, ocupado com sua ideia fixa napoleônica, foi suficientemente atrevido para explorar publicamente essa degradação do poder parlamentar" (1974, p. 39).

40. "Cada partido ataca por trás aquele que procura empurrá-lo para a frente e apoia-se pela frente naquele que o empurra para trás. Não é de admirar que nessa postura ridícula perca o equilíbrio e, feitas as inevitáveis caretas, caia por terra em estranhas cabriolas. A revolução move-se, assim, em linha descendente. [...] O período que temos diante de nós abrange a mais heterogênea mistura de contradições clamorosas" (Ibid., p. 41).

41. Ibid., p. 45, 46.

dade política; que a fim de salvar sua bolsa, deve abrir mão da coroa, e que a espada que a deve salvaguardar é fatalmente também uma espada de Dâmocles suspensa sobre sua cabeça[42].

Essa espécie de regime populista, que muitos especialistas denominam de "bonapartismo", erige uma forma de Estado centralizado. Eis o grande mérito de François Furet em seu *Marx e a Revolução Francesa*: soube pensar essa formação estatal ao longo dos escritos de Marx. Segundo Furet, se para o jovem Marx (ainda marcado pela influência de Feuerbach) o Estado não passava de uma "abstração da sociedade", agora, ao contrário, surge uma margem de manobra no Estado com relação à sociedade. O Estado "bonapartista" adquire uma espécie de autonomia. A burguesia deixa de ser "classe governante" para ser, exclusivamente, "classe dominante".

Por último, deixamos a questão mais delicada: a dialética em Marx. Na última parte dos *Manuscritos econômico-filosóficos* há toda uma crítica ao hegelianismo. Aqui, a dialética hegeliana (como elemento da própria filosofia de Hegel) aparece ferida de morte; foi Feuerbach quem provoca tal golpe: "Feuerbach é o único que tem a respeito da dialética hegeliana uma atitude séria, crítica, e o único que fez verdadeiros descobrimentos nesse terreno. Ele é, em suma, aquele que verdadeiramente superou a velha filosofia"[43]. Feuerbach provou que a filosofia "nada mais é do que a religião trazida para o pensamento". Dessa perspectiva, Marx concebe a dialética hegeliana dessa forma:

> [...] ele apenas encontrou a expressão abstrata, lógica, especulativa para o movimento da história, que não é ainda história efetiva do homem como sujeito pressuposto, mas apenas ato de geração do homem, história do nascimento do homem[44].

---

42. Ibid., p. 63.
43. Marx, 1987, p. 199.
44. Ibid., p. 200.

Marx vê a filosofia de Hegel (comenta do "Espírito sobre-humano e abstrato") como especulação abstrata[45]. Isto leva a uma análise onde o filósofo se erige em medida do mundo alienado. Em Hegel, a teoria da objetivação se traduz em "história do pensamento abstrato"; já seu conceito de alienação não contempla um ser (social) que se objetiva desumanamente, mas na oposição entre o "em si" e o "para si", entre consciência e autoconsciência.

A materialidade mesma das coisas, a sensibilidade, o poder do Estado etc., em Hegel se transformam em "essências espirituais": "O espírito é a verdadeira essência do homem, e a verdadeira forma do Espírito é o Espírito pensante, o Espírito lógico, especulativo"[46].

Então por que não deixar Hegel de lado? Após a crítica à filosofia de Hegel, nada deve permanecer? Para Georges Labica (1990), a *práxis* é o "elemento positivo" que Marx herda de Hegel. Mas tal *práxis* se encontra nas *Teses sobre Feuerbach*. Então, Marx utiliza Feuerbach para materializar Hegel; por outro lado, utiliza este para dar uma dimensão histórica às ideias de Feuerbach. Por isso a crítica a Feuerbach aparece dessa forma, nas *Teses*: 1) A atividade "revolucionária" é uma atividade "prático-crítica"; 2) É na prática que o homem deve comprovar a verdade, a realidade efetiva e a força de seu pensamento; 3) Só a prática revolucionária é capaz de compreender a coincidência entre a mudança das circunstâncias e a autotransformação; 6) A essência humana não é uma abstração, mas o conjunto das relações sociais; 10) O antigo materialismo se ancorava na sociedade civil burguesa; já o novo vislumbra a sociedade humana, a humanidade social; 11) Os filósofos se limitaram a só interpretar o mundo, mas o que importa é transformá-lo.

Para além da *práxis* que Labica identifica como um aspecto positivo em Hegel – e que Marx absorve – é importante notar que

---

45. "O Espírito filosófico não é por sua vez senão o Espírito alienado do mundo que pensa no interior de sua autoalienação, isto é, que se compreende a si mesmo abstratamente. A lógica é o dinheiro do Espírito, o valor pensado, especulativo, do homem e da natureza; sua essência tornada totalmente indiferente a toda determinidade efetiva [...] (Ibid., p. 201).

46. Ibid., p. 203

em Marx há uma espécie de deslocamento da dialética hegeliana. A realidade social como Real é concebida em sua forma contraditória: eis a concepção que Engels sustenta. O próprio Real/social é dialético; daí ser necessário um estudo científico para compreender sua natureza[47]. Assim, podemos afirmar que o elemento "histórico" em Hegel está preso a uma dialética (abstrata, segundo Marx) de ordem circular, com a culminância da autoconsciência, bem como com a realização (imaginária) do Espírito. Marx liberta a dialética do sistema hegeliano (entendido como lógico/abstrato), dotando-o de uma existência material, histórica[48]. O Real passa a ser histórico e dialético; transforma-se em um "processo" que se encaminha para frente, impulsionado pelas forças produtivas.

Essa ideia de um movimento (quase irresistível) progressivo que se dirige para o futuro pode ser comprovada nos escritos de Marx sobre a Comuna de Paris (1870). Esta é louvada por Marx, pois representa a reação (revolução) da classe produtora ante sua "escravização" pelo capital. As tarefas da Comuna se resumem nas seguintes etapas: primeiro, ocorre uma "harmoniosa coordenação" dos vários ramos do trabalho, eliminando (ainda que precariamente) a dominação de classe. Em segundo lugar, a Comuna representa "uma revolução contra o Estado". Por isso, *A guerra civil na França* traz toda uma teorização (no sentido crítico) sobre o Estado. Marx mostra que tal Estado representou, em determinado momento histórico, um instrumento (a centralização sob a Monarquia Absoluta) contra as forças do feudalismo. Até a Revolução Francesa, ele parece acenar para um intento positivo para o Estado:

---

47. Na observação de Furet: "O homem é definido apenas por sua existência histórica, mas a mesma história que produz esta existência concede-lhe os meios de conhecer seu sentido, pois este obedece as leis imanentes ao seu desenvolvimento. O furor 'crítico' do jovem Marx culmina na inversão do idealismo hegeliano em materialismo histórico. A razão dialética está nas coisas, antes de existir no pensamento: está no pensamento, porque está nas coisas" (1989, p. 41).

48. No capítulo que Hayden White (2008) dedica a Marx, encontramos a seguinte passagem: "Além disso, a transformação da infraestrutura é estritamente mecânica e diferencial, não dialética. Seu efeito sobre a superestrutura é tal que estabelece uma interação dialética entre as formas sociais herdadas, e seus concomitantes modos de consciência, e as novas formas impulsionadas pelas transformações em curso na infraestrutura" (p. 315).

A primeira Revolução Francesa, com sua tarefa de fundar a unidade nacional (de criar uma nação) teve de eliminar toda independência local, territorial, municipal e provincial. Ela foi, portanto, forçada a desenvolver aquilo que a monarquia absoluta começara: a centralização e organização do poder do Estado e a expandir a circunferência e os atributos do poder estatal, o número de seus instrumentos, sua independência e seu poder sobrenatural sobre a sociedade real; poder que, de fato, tomou o lugar do céu sobrenatural medieval e seus santos[49].

Mas já no século XIX o Estado é utilizado pela classe dominante (a burguesia) como instrumento na luta de classes: "Durante a luta revolucionária de 1848 ele [o Estado] serviu, por fim, como um meio de aniquilar aquela revolução e todas as aspirações à emancipação das massas populares"[50]. Eis uma segunda etapa. Já com o bonapartismo (principalmente sob Napoleão III), o Estado torna-se uma "excrescência parasitária colada à sociedade civil". Como havia notado Furet em sua interpretação de Marx, agora (nesta terceira etapa) configura-se uma nova configuração do Estado. Marx acrescenta:

> Mas o Estado parasita recebeu seu último desenvolvimento apenas durante o Segundo Império. O poder governamental, com seu exército permanente, sua burocracia a dirigir tudo, seu clero embrutecedor e seu servil tribunal hierárquico, crescera tão independente da própria sociedade que um aventureiro grotesco medíocre, seguido de um bando de bandidos famintos, era o suficiente para governá-lo[51].

O revolucionário vê nessa terceira etapa do desenvolvimento do Estado uma "última forma degradada e a única forma possível da dominação de classe, tão humilhante para as classes dominan-

---

49. Marx, 2011, p. 125.

50. Ibid., p. 125.

51. Ibid., p. 126.

tes quanto para as classes trabalhadoras que assim elas mantinham agrilhoadas"[52]. O Estado bonapartista exerce uma dominação até sobre a classe dominante.

Daí a tarefa da Comuna: a revolução de Paris de 1870 é uma revolução contra o Estado[53]. A Comuna elimina a "hierarquia estatal de cima a baixo" e substitui os "arrogantes senhores do povo" por "servidores sempre removíveis". Assim, a *A guerra civil na França* é todo otimismo, fato que não depende tanto do sucesso da própria Comuna de Paris. O otimismo exagerado expressa que uma nova forma de organização social (do trabalho) foi possível. Marx afirma que isto já é "comunismo", pois os líderes operários não têm nenhum ideal a ser realizado.

Mas eis a passagem interessante que devemos ressaltar. Após nos contar os detalhes da luta comunal, Marx se detém por um instante em uma reflexão de ordem mais geral e dá seu conselho à classe dos trabalhadores:

> Sabem que, para atingir sua própria emancipação, e com ela essa forma superior de vida para a qual a sociedade atual, por seu próprio desenvolvimento econômico, tende irresistivelmente, terão de passar por longas lutas, por uma série de processos históricos que transformarão as circunstâncias e os homens. Eles não têm nenhum ideal a realizar, mas sim querem libertar os elementos da nova sociedade dos quais a velha e agonizante sociedade burguesa está grávida. Em plena consciência de sua missão histórica e com a heroica resolução de atuar de acordo com ela [...][54].

Percebe-se, nessa passagem, um fundo determinista. Ver que Marx identifica no desenvolvimento econômico o fator que "tende

---

52. Ibid., p. 127.

53. Nas palavras de Marx: "Foi uma revolução contra o Estado mesmo, este aborto sobrenatural da sociedade, uma reassunção pelo povo e para o povo, de sua própria vida social. Não foi uma revolução feita para transferi-lo [Marx se refere ao Estado] de uma fração das classes dominantes para outra, mas para destruir essa horrenda maquinaria da dominação de classe ela mesma" (Ibid., p. 127)

54. Ibid., p. 60.

irresistivelmente" a contribuir para a passagem à nova sociedade. Em *O capital*, esse determinismo surge em várias passagens. Ao comentar sobre as crises a que está sujeito o processo de produção capitalista, Marx acrescenta: "O desenvolvimento das forças produtivas do trabalho social constitui a missão histórica e a legitimidade do capital. É justamente assim que, inconscientemente, este cria as condições materiais de um modo de produção superior"[55].

A nova etapa da vida social, nesse sentido, já está de forma potencial nas próprias contradições da produção capitalista[56]. Nesse sentido, o marxismo pleno exige esse otimismo porque comporta uma espécie de filosofia da história que vê um desenvolvimento (qualitativo) para o futuro, no devir.

Em julho de 1871, Marx concede uma entrevista a R. Landor, publicada no jornal *The World*. Marx é qualificado como "o líder da Internacional" e um dos teóricos mais proeminentes da nova revolta do trabalho contra o capital. Em certo momento da entrevista, o "líder da Internacional" comenta:

> [A Comuna] foi o maior movimento civil que o mundo já viu. Uma centena de sinais dos tempos deve apontar para a explicação certa – o aumento da consciência entre os trabalhadores, do luxo e da incompetência entre seus governantes, o processo histórico, que continua a se dar, de transferência final do poder de uma classe para o povo, a aparente conveniência da hora, do lugar e das circunstâncias para o grande movimento de emancipação[57].

Eis, assim, o "processo histórico" que aparece para dar sentido à ordem dos acontecimentos. Tal "processo" confirma a evolução da sociedade em direção a uma nova formação social.

---

55. Marx, 1978, p. 295.

56. A contradição básica da produção capitalista é assim descrita por Marx: "A contradição, de um ponto de vista geral, consiste em que o modo de produção capitalista tende ao desenvolvimento absoluto das forças produtivas, enquanto persegue de outro lado a conservação do valor do capital existente e sua maior transformação em valor (isto é, o acréscimo acelerado deste valor)" (Ibid., p. 293).

57. Marx, 2011, p. 218.

8
A história genealógica

As raízes da concepção genealógica da história de Nietzsche se encontram em Schopenhauer. Foi este último que exerceu uma forte influência na formação filosófica de Nietzsche. Por isso, antes mesmo de procurarmos as principais características da história genealógica, torna-se indispensável uma pequena abordagem da perspectiva filosófica de Schopenhauer e o percurso de seu pensamento que abriu uma nova visão idealista da história, ou melhor, sua concepção de temporalidade.

Uma das principais investidas críticas de Schopenhauer refere-se à negação do princípio de "transcendência", bem como da "coerência" do mundo. Ele via por trás dessas falsas apreciações um teísmo que condicionava uma apreciação otimista da vida. Schopenhauer se encaminha para um sentido totalmente inverso dessa apreciação: "Este mundo – dirá o filósofo – é o pior dos mundos possíveis". Se partirmos dessa visão, o mundo não exige um criador e nenhum espírito transcendente que lhe dê sentido. Ele vai além ao afirmar que nada garante que este conjunto (o mundo) tenha coerência.

Portanto, as premissas de um objetivismo do mundo estão colocadas em questão. Se Hegel proclamava-se na linha de pensamento fundada por Anaxágoras, agora Schopenhauer se posiciona em total incompatibilidade com essa corrente de pensamento. Não há uma "inteligência" ou "espírito" que preside o mundo; na visão de Schopenhauer, o mundo está constantemente "ameaçado de nada;

nosso mundo tem dificuldade para ser, mal e mal é. Assim, portanto, ser é ser muitíssimo perto do nada"[1].

Se o grande mal do pensamento ocidental – Schopenhauer pensa na filosofia – é ter reproduzido, mesmo de forma escamoteada, um teísmo, agora surge um Kant que "assassina Deus". São nesses termos que Schopenhauer vê a grandeza do pensamento kantiano. Seu sistema permite uma nova abordagem do mundo (sem o teísmo), coisa que o idealismo de Schopenhauer tanto aprecia. Kant nos apresentou o tempo, o espaço e a causalidade – sobre os quais repousam os processos reais e objetivos – como "funções do cérebro" e que denomina de "faculdade de conhecer". O critério para o entendimento da realidade empírica provém do "cérebro". O que Kant ensina é que a realidade empírica é condicionada pelo sujeito. Mas Kant, segundo Schopenhauer, não foi até o fim com sua filosofia. Restava a coisa-em-si que Kant estabelecia (como uma "verdade" inapreensível) com relação aos fenômenos. Por isso Schopenhauer se vê como o verdadeiro continuador de Kant. E mais: é na passagem do fenômeno à coisa-em-si que deve residir sua empreitada original.

Para Schopenhauer a história permite ao ser humano "dominar o presente" e "ter acesso à reflexão". Além disso, a história corresponde à "consciência reflexiva da humanidade". A história é a memória coletiva da humanidade, sem que nela haja "verdadeiras generalidades". Então, não é possível uma Teoria da História para Schopenhauer, pois "os acontecimentos exteriores, simples configurações do mundo fenomênico, não têm por isso nem realidade nem sentido imediato"[2]. Esses acontecimentos só adquirem sentido "mediatamente por sua relação à vontade dos indivíduos". Não há como captar um sentido externo ao indivíduo. Para Schopenhauer, não existe aquilo que chamamos de "acontecimento", encarado como uma *substantia* sem uma relação íntima com o indivíduo:

---

1. Apud Lefranc, 2008, p. 39.
2. Ibid., p. 55.

suas opiniões, paixões e vontade. Achar um sentido para a história, assim como fazem os hegelianos, é estar apegado a uma forma de teísmo: eis o fato que gera o "realismo" e o "otimismo". Então, Schopenhauer leva às últimas consequências a tese kantiana da idealidade do tempo. Se neste último ainda havia a possibilidade da percepção de uma sucessão objetiva, agora com Schopenhauer o acontecimento se fragmenta em "várias séries causais". Na interpretação que Lefranc faz de Schopenhauer, temos a presença do "fortuito" e do "acaso" nos acontecimentos históricos:

> Sucessão sem conceito, objetividade do acaso, negação da ação recíproca, quantas objeções a uma filosofia dialética do tempo e da história! É uma interpretação argumentada da idealidade do tempo que explica o anti-hegelianismo fundamental de Schopenhauer[3].

Nietzsche herda de Schopenhauer essa visão de mundo que vê no teísmo o princípio que explica o significado de um mundo logicamente coeso. Mas é preciso distinguir o Nietzsche dos primeiros trabalhos, como *O nascimento da tragédia*, *O livro do filósofo* e *Da utilidade e do inconveniente da história para a vida* do Nietzsche tardio da *Genealogia da moral* e da *Vontade de potência*. O primeiro Nietzsche ainda utiliza alguns termos como, por exemplo, "vontade de existência" que estão muito próximos de Schopenhauer. O próprio Kant também pode ser sentido em muitas passagens de *O livro do filósofo*. O Nietzsche dessa primeira fase, o da década de 1870, é o pensador que inicia o trabalho de corrosão dos pressupostos absolutos, da metafísica presente na tradição filosófica. Em *O nascimento da tragédia*, tal metafísica corresponde ao aparecimento da ciência. No prefácio que o filósofo realiza para a obra, afirma que descobriu "um problema com chifres", ou seja, era um novo problema, bem selvagem e ainda inédito. Esse problema indica que a ciência (que na obra é tratada como "socratismo") é concebida como uma forma de degenerescência, de cansaço da vida. A ciência

---

3. Lefranc, 2008, p. 60.

é "uma sutil legítima defesa contra a verdade". Mas que verdade? A verdade da vida, de sua potência.

Por isso o pessimismo de Schopenhauer não basta para Nietzsche. Quando o primeiro define o espírito trágico, concebe que esse movimento "conduz à resignação"[4]. Mas Nietzsche responde: não era isto que Dionísio me falava; "quão longe de mim se achava justamente então todo esse resignacionismo"[5]. Eis o âmago do problema, ou seja, como pode um povo que tanto valorizou a vida e suas potências amparar-se no mito trágico? Schopenhauer não dá uma resposta satisfatória a esta indagação. Nietzsche, por sua vez, ensaia sua hipótese: os gregos, precisamente em meio à riqueza de sua plenitude, cultivavam "a vontade para o trágico"; eram, enfim, pessimistas. Foi a loucura dionisíaca que trouxe "as maiores bênçãos sobre a Hélade"[6].

O nascimento da tragédia nega que haja um entendimento lógico sobre a vida. Se no fundo desta mesma vida encontramos a vontade de potência como última verdade, então só a arte pode proporcionar uma forma humana (criativa) de se viver. Observar como esse fundo da vida se assemelha ao pensamento de Schopenhauer. No livro segundo de *O mundo como vontade e representação*, este afirma:

> "Fenômeno" significa representação, e mais nada; e toda representação, todo objeto é fenômeno. A coisa em si é unicamente a vontade; nesta qualidade, esta

---

4. Ao contrário do leibnizianismo de Pangloss, em *Cândido* de Voltaire, Schopenhauer afirma que vivemos no pior dos mundos possíveis e "a própria existência é uma dor constante tanto lamentável como terrível" (2004, p. 281). Daí seu profundo pessimismo: "Portanto, a vida oscila, como um pêndulo, da direita para a esquerda, do sofrimento para o aborrecimento" (Ibid., p. 327).

5. Nietzsche, 2007, p. 18.

6. Para Deleuze, a grande diferença de Schopenhauer para com Nietzsche se resume em: "Eles (o *Eu* e o eu) devem ser ultrapassados, mas pela e na individuação, na direção dos fatores individuantes que os consomem e que constituem o mundo fluente de Dionísio. O inultrapassável é a própria individuação. Para além do eu e do *Eu* não há o impessoal, mas o indivíduo e seus fatores, a individuação e seus campos, a individualidade e suas singularidades pré-individuais" (DELEUZE, 2006, p. 361).

não é de maneira nenhuma representação, difere dela *toto genere*; a representação, o objeto, é o fenômeno, a visibilidade, a objetividade da vontade. A vontade é a substância íntima, o núcleo tanto de toda coisa particular, como do conjunto; é ela que se manifesta na força natural cega; ela encontra-se na conduta racional do homem; se as duas diferem tão profundamente, é em grau e não em essência[7].

O que vai diferenciar Nietzsche de Schopenhauer com relação a esse fundo verdadeiro da vida é a arte[8]. Em Nietzsche ela é a saída possível dessa verdade aterrorizante. Nietzsche crê que a arte tem como "missão mais elevada e mais séria [...] afastar os nossos olhares do horror das trevas e poupar ao "sujeito", pelo bálsamo salutar da aparência, as angustiosas convulsões da vontade"[9].

Nesses primeiros anos da década de 1870 a esperança de Nietzsche contra o "vazio no coração da cultura europeia", contra o "deserto árido do pensamento (científico)" era o ressurgimento do mito. Ele vê o homem moderno como um ser "eternamente famélico": esse homem havia perdido a "pátria mítica". Seu otimismo, porém, despontava, ainda que silenciosamente:

> Todas as nossas esperanças tendem, antes, cheias de anseio, àquela percepção de que, sob esta inquieta vida e espasmos culturais a moverem-se convulsivamente para cima e para baixo; jaz uma força antiquíssima, magnífica, interiormente sadia, a qual, sem dúvida, só em momentos excepcionais se agita alguma vez com violência, e depois volta a entregar-se ao sonho, à es-

---

7. Schopenhauer, 2004, p. 119.

8. Hatab dá outra saída: "No entanto, Schopenhauer sucumbiu ao ideal ascético, especialmente em seus pensamentos sobre música, a que ele deu significado especial como a mais direta expressão da "realidade", o "em si" da vontade por trás de todas as aparências. Esse impulso de penetrar em uma realidade além das aparências transformou a filosofia de Schopenhauer e a arte de Wagner em metafísica; é o que Nietzsche nos diz aqui ser o espírito mais profundo do ideal ascético, a compulsão para passar além e de superar as aparências da vida natural" (HATAB, 2010, p. 133).

9. Nietzsche, 2007, p. 115.

pera de um futuro despertar: em seu coral ressoou pela primeira vez a melodia do futuro da música alemã[10].

Como sabemos bem, foi na figura de Richard Wagner que Nietzsche depositou as mais profundas esperanças no renascimento do *mythos*. Mas ao mesmo tempo o filósofo já presenciava um predomínio (que já estava muito arraigado no povo alemão, segundo sua apreciação) de se conceber a vida de modo histórico. Isto significa uma espécie de "mundanização", uma "secularização monstruosa"[11]. Portanto, no final de *O nascimento da tragédia* o temor se avizinha do otimismo.

O historicismo surge aos olhos de Nietzsche como um sintoma da decadência. É sob essa perspectiva que a obra *Da utilidade e do inconveniente da história para a vida*, deve ser entendida. Nietzsche se coloca como crítico ante o que denomina de "excesso dos estudos históricos". Quando isto ocorre, o homem se sente deslocado, perde suas reais perspectivas e se apagam as possibilidades de se "agir e sentir do ponto de vista não histórico".

Apegado ao seu conceito de vida, o filósofo conjura a representação do homem como "ser histórico". Ele vê nesta definição uma forma de apequenamento do homem. Daí os termos que utiliza para esse "homem histórico": egoísmo refinado, egoísmo astuto, aquele que busca sua própria vantagem. O burguês, enfim. A própria cultura associada a este meio historicista torna-se uma cultura decorativa. Ela tem no espectador a imagem do filisteu instruído, o "filisteu estético-histórico". Assim, a própria história desse meio burguês contribui para forjar um "homem instruído". A "ciência histórica" encheu seu cérebro de uma quantidade enorme de co-

---

10. Ibid., p. 134.

11. Em *Da utilidade e do inconveniente da história para a vida*, encontramos essas passagens de Nietzsche: "[...] ao contrário, implantou nas gerações impregnadas por seu pensamento esta admiração pelo "poder da história" que na prática se transforma a cada momento numa aberta admiração pelo sucesso e leva à idolatria do real" (2005, p. 145). "Ele [o homem moderno] se posta orgulhosamente no alto da pirâmide do processo universal" (Ibid., p. 151).

nhecimento (indireto) de épocas passadas. Esse homem moderno deixou de sofrer a experiência direta da vida. Como se vê, *Da utilidade e do inconveniente da história para a vida* para além da crítica ao historicismo, representa um diagnóstico da própria "decadência" da sociedade burguesa do século XIX.

Nietzsche deseja um homem de ação. Ele comenta sobre uma forma de se sentir a-historicamente. Isto é ser verdadeiramente humano: "[...] seria preciso que considerássemos a faculdade de ignorar até certo ponto a dimensão histórica das coisas, como sendo a mais importante e a mais profunda das faculdades, pois nesta faculdade reside o único fundamento sobre o qual pode crescer algo de bom, saudável e grande, algo verdadeiramente humano"[12]. Mas isto não implica a negação total da história; há um momento em que a história pode ser utilizada em função da vida (na caracterização de "história crítica"). Em caso contrário, a memória histórica esmaga o homem; ele deixa de "ser": "Pois o excesso de história abala e faz degenerar a vida, e esta degenerescência acaba igualmente por colocar em perigo a própria história"[13].

Essa utilidade da história no universo nietzschiano corresponde a um sentido histórico que conserva a vida e não a mumifica. Nessa forma de pensar, o presente domina e está direcionado para uma "vida superior": o sentido do passado não pode subverter esse modelo. Mas aqui reside um problema que Nietzsche não deixa de identificar: como se livrar desse passado? Não somos consequência dele? Neste caso, o filósofo reconhece a força de transmissão desse passado. O século XIX foi marcado pelo historicismo e Nietzsche não deixa de compartilhar dessa visão de mundo. Realmente, diz o filósofo, temos uma "natureza transmitida". Mas é justamente aqui que uma "nova disciplina severa" deve nascer; ela vai agir contra essa corrente transmitida por herança e educação que nos atinge desde os primeiros anos. Nietzsche comenta sobre a possibilidade

---

12. Ibid., p. 75.

13. Ibid., p. 82.

de um "novo hábito", um "novo instinto", uma "segunda natureza". Para tal intento, uma determinada forma de história – a história crítica – pode servir como elemento em função da vida. Contudo, ele sabe que esse é um intento difícil e que apresenta certo paradoxo. É uma tentativa perigosa, comenta, porque é difícil fixar um limite à negação do passado; depois, essa "segunda natureza" se transforma em princípio que irá condicionar o devir. Por isso a "primeira natureza" que nos esforçamos em negar, também ela foi uma "segunda natureza". A saída que pressente a ideia nietzschiana é que cada geração deve criar sua "segunda natureza" – o esforço de negação da história (e de criação) deve ser perpétuo.

Como podemos perceber, a crítica ao conhecimento histórico em *Da utilidade e do inconveniente da história para a vida* compartilha da crítica mais geral à ordem cultural da sociedade moderna. No fundo essa obra corresponde a um diagnóstico de um cansaço, de uma cultura moribunda, vazia. Por isso a admiração de Nietzsche pelos gregos; eles foram capazes – durante seu período de maior força – de cultivar um sentido não histórico. Ver em contraposição a isto sua censura aos alemães: povo que sente por abstrações e já foram "corrompidos pelos estudos históricos".

Evidentemente que está em jogo, nesse conjunto preliminar das análises de Nietzsche, todo o "universo burguês". Em uma abordagem que antecipa as futuras pesquisas de Adorno e Foucault sobre a padronização na sociedade moderna, Nietzsche afirma:

> Para qualquer um de nós, eles são outra coisa, nem homens, nem animais, nem deuses, são somente personagens engendrados pela cultura histórica, imagens, formas sem conteúdo comprovado, formas de resto infelizes e, além disso, uniformes. É assim que a minha tese deve ser compreendida e examinada: a história só é suportável para as personalidades fortes; para as personalidades fracas, ela somente consegue sufocá-las[14].

---

14. Ibid., p. 113.

Eis um ponto essencial da crítica nietzschiana: o mundo moderno é carente de valores autênticos[15]. A isto o filósofo denomina de niilismo passivo (ou "niilismo europeu"). O primeiro livro de *Vontade de poder* trata deste tema. Nietzsche o divide em niilismo ativo e passivo. Daí sua afirmação de que o niilismo é ambíguo. No geral, o niilismo é apreendido como um sintoma, a fase final de determinado processo social. Isto chegou a um resultado onde a vida não tem mais valor, nem sentido. É, no fundo, "a derrocada da interpretação moral de mundo, que não tem mais nenhuma sansão depois de ter tentado refugiar-se no além: termina em niilismo"[16].

Observar, neste caso, que o niilismo é um sintoma que aproxima ainda mais os homens de certa "verdade". Agora não se pode mais refugiar-se em valores morais. O niilismo parece corresponder às condições para uma nova partida, um novo começo segundo as pretensões vitalistas do filósofo. Por isso ele denomina de "niilismo ativo" essa saída. Gianni Vattimo comenta sobre essa possibilidade de "solucionar" o contexto niilista:

> Se, ao contrário, o niilismo tem a coragem de aceitar que Deus está morto, ou seja, que não existem estruturas objetivas dadas, torna-se ativo em pelo menos dois sentidos: antes de tudo, não se limita a desmascarar o nada que está na base de significados, estruturas, valores; produz e cria, também, novos valores e novas estruturas de sentido, novas interpretações. É só o niilismo passivo que diz que não há nenhuma necessidade de fins e de significados[17].

---

15. Neste momento, ou seja, por volta de 1873, Nietzsche vê a Europa (bem como o "indivíduo europeu") dessa forma: "A cultura histórica e a sobrecasaca da universalidade burguesa reinam simultaneamente. Ainda que, em todo lugar, só se fale da questão da "livre personalidade", não se vê mais absolutamente personalidade alguma, sobretudo uma personalidade livre, mas apenas homens universais receosos e dissimulados. O indivíduo retirou-se para a sua interioridade, de fora nada mais se pode observar nele [...]" (Ibid., p. 110).

16. Nietzsche, 2008, p. 27.

17. Vattimo, 2010, p. 343.

Em uma antecipação impressionante da condição pós-moderna, Nietzsche comenta que a descrença no poder da história corresponde a uma das causas do niilismo. Sabe-se, agora, que "com o devir, nada se alcança, nada é alcançado. [...] Portanto, a desilusão com um pretenso fim do devir como causa do niilismo"[18]. Como veremos em nosso último capítulo, essa ideia torna-se mais visível só no final da Segunda Grande Guerra. Mas Nietzsche já vislumbra – daí seu temor –, em fins do século XIX, a história tornando-se algo absoluto[19]. Nesse próprio capítulo sobre o niilismo europeu da *Vontade de poder*, o filósofo não vê grandes rupturas na passagem do modelo cristão para o socialista. Ele comenta que chegou "o tempo em que nós temos de pagar por termos sido cristãos durante dois milênios"[20]. Nesse caso, o próprio socialismo representa essa "supervalorização extrema do homem no homem" e que implica uma "espécie de libertação terrena".

Com o niilismo da época moderna há, sem dúvida, uma crise de valores. Isto leva ao pessimismo; mas Nietzsche afirma que este último não é um problema em si. Errância, valores soltos, desnaturalização dos valores: eis os elementos que o filósofo descreve para a Europa moderna. Não há uma saída temporal; o niilismo é real na medida em que é a "lógica da *décadence*". Também não há uma questão social; ele é consequência da *décadence*. Aqui, estamos tão próximos de Foucault que as palavras de Nietzsche nos remetem à produção foucaultiana: "os 'curados' são somente um tipo dos degenerados"; ou "[...] o indivíduo, diante dessa maquinaria descomunal, desanime e submeta-se". Mas há uma passagem em *Da utilidade e do inconveniente da história para a vida* que é importante, pois nela já temos os sinais do Nietzsche maduro:

> Quase parece que a sua tarefa consiste em fiscalizar a história a fim de que dela não se extraia nada, exceto

---

18. Nietzsche, 2008, p. 31.

19. Em *Vontade de poder*, Nietzsche identifica essa "absolutização da história" como "[...] a história com um espírito imanente que tem seu fim em si e à qual se pode abandonar-se" (Ibid., p. 36).

20. Ibid., 39.

histórias, mas nunca acontecimentos; parece que ela não ajuda as personalidades a se "libertar", quer dizer, a serem sinceras para consigo mesmas e para os outros, nas suas palavras e nas suas ações[21].

Se na obra citada Nietzsche denomina essa forma de história (que preserva a liberdade de ação no presente) de "história crítica", nessa passagem nota-se que o "acontecimento" se separa das "histórias"[22]. Nietzsche já desconfia da história tradicional (a dos historiadores). Como observou Lawrence Hatab, a histórica genealógica se inicia com *Além do bem e do mal* (publicado em 1886). A nova postura crítica de Nietzsche, segundo Hatab, traduz-se em:

> A genealogia mostra que doutrinas reverenciadas não são fixas ou eternas: elas têm uma história e emergiram como uma competição com contraforças existentes [...]. Genealogia, então, é um tipo de história diferente daquelas que presumem inícios discretos, bases substantivas em condições "originais" ou linhas de desenvolvimento simples[23].

Assim, a história genealógica funciona mais como "estratégia" que propriamente um fazer histórico. Isso porque seu intento é realizar uma crítica "em face de convicções enraizadas e uma preparação para algo novo"[24]. É uma visão radical e contestadora. É que o mundo (compreende-se também o "mundo social") aparece para Nietzsche como "uma engrenagem de apreciações e de aparências"[25]. Ele confessa que sem isto "a vida não seria possível"; é, en-

---

21. Nietzsche, 2005, p. 110.

22. Em uma passagem de *Além do bem e do mal*, ele comenta: "Os maiores acontecimentos e as maiores ideias – e as ideias maiores são também os maiores acontecimentos – são os últimos a serem compreendidos, as gerações contemporâneas não chegam a vivê-los – passam sempre ao lado deles. Acontece na vida como acontece entre os astros. A luz das estrelas mais longínquas chega mais tarde até nós e tanto que o homem que não as percebeu nega a sua existência" (NIETZSCHE, 1981, p. 237, 238).

23. Hatab, 2010, p. 43, 44.

24. Cf. Hatab.

25. Nietzsche, 1981, p. 54.

fim, uma ilusão necessária. Se suprimirmos esse "mundo aparente", nada restaria de nossa "verdade"[26]. Mas o problema agora, na perspectiva nietzschiana, é que sei que esse mundo é "mundo aparente". A base última desse "mundo aparente" é descrita como: "O mundo visto por dentro, definido e determinado por seu 'caráter inteligível' seria – precisamente – 'vontade de potência', e nada mais"[27].

Com isso, o problema agora é mostrar como dessa verdade que é a "vontade de potência" emerge o "mundo aparente". Nesse intento, a história genealógica é uma peça-chave, já que mostra o nascimento desse mundo. Na *Genealogia da moral* (publicado em 1887) esse problema é estudado de forma mais detalhada. Já no prólogo, Nietzsche delineia seu campo de estudo, sua problemática; pretende estudar a moral do ponto de vista da genealogia. Daí sua primeira questão: onde se originam as noções de bem e mal? Aqui, o próprio "juízo moral" transforma-se em objeto. Mas logo depois, identifica a questão verdadeira: "Sob que condições o homem inventou para si os juízos de valor 'bom' e 'mau'"[28]. Portanto, o que está em jogo nessa análise é o problema da criação do "valor da moral". Para que este estudo se realize é necessária uma postura "crítica". Nietzsche entende esta como uma radicalidade que coloca em causa o próprio "valor" da moral: "Tomava-se o valor desses "valores" como dado, como efetivo, como além de qualquer questionamento"[29].

Sem dúvida, eis um campo obscuro este a que pretende adentrar a genealogia. Nietzsche comenta que se trata de uma "recôn-

---

26. Em uma passagem de seu *Zaratustra*, o herói nietzschiano afirma: "Chegará um dia em que não mais verá a sua altura, e em que sua baixeza esteja demasiado perto de você. A sua própria sublimidade o amedrontará como um duende. Um dia gritará: tudo é falso!" (NIETZSCHE, 1979, p. 48, 49).

27. Ibid., p. 56. Em outra passagem de *Além do bem e do mal*, a vida aparece como: "[...] essencialmente uma apropriação, uma violação, uma sujeição de tudo aquilo que é estranho e fraco, significa opressão, rigor, imposição das próprias formas, assimilação, ou pelo menos, na sua forma mais suave, um aproveitamento" (Ibid., p. 213).

28. Nietzsche, 2005, p. 9.

29. Ibid., p. 12.

dita região da moral" e que devemos ingressá-la "com novas perguntas, com novos olhos: isto não significa praticamente descobrir essa região?"[30] Nesse sentido, não descubro algo em meu objeto (a moral), mas sua região, seu campo. Aqui é impressionante a semelhança de Nietzsche com Marx. O primeiro cita os "modos de valoração"; o segundo, "modos de produção". Nietzsche quer estudar o valor da moral; Marx o valor da mercadoria. A questão, então, é a forma como esse valor é produzido. No exemplo de Nietzsche, trata-se de estudar os "juízos de valor aristocráticos" e sua modificação através dos tempos.

Na primeira dissertação da *Genealogia da moral* o filósofo descreve esse mundo do valor da aristocracia. Em contraposição, após a decadência desta última, surge o "modo de valoração sacerdotal". Nietzsche vê nessa passagem o que denomina de "transvaloração". Está em jogo "a rebelião escrava na moral"; isto quer dizer que o ressentimento passa a criar valor. Esses "escravos" não possuem o poder de ação (como na antiga aristocracia), mas confabulam sua vingança na ordem imaginária. Eles não agem, mas reagem. Eis o que Nietzsche pensa da "moral escrava":

> [...] a moral escrava sempre requer, para nascer, um mundo oposto e exterior, para poder agir em absoluto – sua ação é no fundo reação. O contrário sucede no modo de valoração nobre: ele age e cresce espontaneamente, busca seu oposto apenas para dizer sim a si mesmo com ainda maior júbilo e gratidão [...][31].

O modo de valoração aristocrático, segundo Nietzsche, objetivava a ação como momento supremo. A aristocracia era composta de "homens plenos, repletos de força". Por isso eram necessariamente ativos e sua felicidade estava na ação. Já o homem de res-

---

30. Ibid., p. 13.

31. Ibid., p. 29. Em *Além do bem e do mal*, Nietzsche comenta: "A espécie aristocrática do homem sente a si mesma como determinadora dos valores, não sente necessidade de ser aprovada, louvada, julga: "aquilo que prejudica a mim, é nocivo por si mesmo", sente-se como atribuidora de valor às coisas, criadora de valores" (1981, p. 215).

sentimento ama os refúgios, os caminhos ocultos. É uma raça mais inteligente, pois essa característica representa "uma condição de existência de primeira ordem".

Nesse instante, com a vitória do modo de valoração sacerdotal, ingressamos numa nova etapa do momento europeu. Vamos encontrar o niilismo, que descrevemos acima. E a questão cultural? Nietzsche a visualiza como uma estratégia para "amestrar o animal de rapina "homem", reduzi-lo a um animal manso e civilizado, doméstico"[32]. Querem nos mostrar que os instintos de reação e ressentimento são os "autênticos instrumentos da cultura". Ora, acrescenta Nietzsche, o que está ocorrendo é um retrocesso da humanidade. Ele pensa com relação à criação de valor e ao estilo do comportamento aristocrático: eles afirmavam a vida. Já o homem que emerge desse período niilista é um ser doente, exausto, consumido, "homem manso"; tudo se passa como se um imenso complexo neurótico atingisse o homem ocidental moderno. Por isso a afirmação de que "nós sofremos do homem".

Se em *Da utilidade e do inconveniente da história para a vida* o acontecimento surge como realização de certos homens extraordinários, em *Genealogia da moral* ele adquire um contorno mais definido. O confronto entre dois valores (morais) é tido como o maior acontecimento: é uma luta onde embora predomine o valor moral sacerdotal, "ainda agora não faltam lugares em que a luta não foi decidida"[33]. Neste instante, falta Nietzsche decidir sobre aquela problemática que estava posta em *Além do bem e do mal*, ou seja, a passagem da "vontade de potência" para o "mundo aparente".

---

32. Nietzsche, 2005, p. 33.

33. Ibid., p. 43. Em seu excelente artigo "Nietzsche, a genealogia e a história", Foucault faz uma descrição da noção de acontecimento para a genealogia: "É preciso entender por acontecimento não uma decisão, um tratado, um reino, ou uma batalha, mas uma relação de forças que se inverte, um poder confiscado, um vocabulário retomado e voltado contra seus utilizadores, uma dominação que se enfraquece, se distende, se envenena e uma outra que faz sua entrada, mascarada. As forças que se encontram em jogo na história não obedecem nem a uma destinação, nem a uma mecânica, mas ao acaso da luta" (FOUCAULT, 1979, p. 28).

É na segunda dissertação da *Genealogia da moral* que a encontramos numa passagem decisiva. O filósofo comenta sobre a justiça, a crueldade. De repente, lança uma conclusão:

> [...] a causa da gênese de uma coisa e sua utilidade final, a sua efetiva utilização e inserção em um sistema de finalidades, diferem *toto coelo* (totalmente); de que algo existente, que de algum modo chegou a se realizar, é sempre reinterpretado para novos fins, requisitado de maneira nova, transformado e redirecionado para uma nova utilidade, por um poder que lhe é superior; de que todo acontecimento do mundo orgânico é um subjugar e assenhorear-se, e todo subjugar e assenhorear-se é uma nova interpretação, um ajuste, no qual o "sentido" e a "finalidade" anteriores são necessariamente obscurecidos e obliterados[34].

Pensamos que a utilidade de alguma coisa é a razão de sua gênese: o olho foi feito para enxergar. Mas a coisa, na verdade, não se passa assim: "Mas todos os fins, todas as utilidades são apenas indícios de que uma vontade de poder se assenhoreou de algo menos poderoso e lhe imprimiu o sentido de uma função"[35]. Dessa forma, a história de uma "coisa" transforma-se numa "ininterrupta cadeia de signos de sempre novas interpretações e ajustes". Não se trata, porém, de encontrarmos uma cadeia de causas; essas nem "precisam estar relacionadas entre si, antes podendo se suceder e substituir de maneira meramente casual". O "desenvolvimento" (ou melhor, a "transformação") de uma coisa não se traduz como progresso em direção a uma meta ou como progresso lógico, mas como uma:

> [...] sucessão de processos de subjugamento que nela ocorrem, mais ou menos profundos, mais ou menos interdependentes, juntamente com as resistências que a cada vez encontram, as metamorfoses tentadas com

---

34. Nietzsche, 2005, p. 65, 66.

35. Ibid., p. 66.

o fim de defesa e reação, e também os resultados de ações contrárias bem-sucedidas[36].

Então, se há progresso ele está com o maior poder (ou seja, a potência) que se impõe sobre "inúmeros poderes menores". Essa é a teoria nietzschiana da "vontade de potência" operando em todo acontecer.

Nietzsche nos dá um exemplo dessa teoria ao analisar o castigo. Nos primórdios da civilização o criminoso é visto pela comunidade (que a princípio o protegia) como um devedor, como alguém que quebrou um contrato. É uma relação de credor/devedor. Além de ser privado de seus direitos, o devedor/criminoso recebe a "ira do credor (comunidade)" que o devolve ao estado selvagem, como fora da lei. Ele é concebido como um inimigo. Já numa fase posterior (a Idade Moderna), ao aumentar o poder da comunidade, o criminoso não se torna mais um perigo para a existência do todo: ele é protegido da cólera daquele que prejudicou diretamente. A conclusão de Nietzsche é que cresceram o poder e a consciência de si da comunidade. Assim, o que ocorreu com o sentido de "castigo"? Na atualidade, acrescenta Nietzsche, "o conceito de 'castigo' já não apresenta de fato um único sentido, mas toda uma síntese de 'sentidos'"[37]. A história da utilização do castigo mostra que ocorreu uma cristalização (de sentido) "em uma espécie de unidade que dificilmente se pode dissociar": uma síntese indefinível[38]. Isto porque, em nossos dias, é impossível dizer por que se castiga. Em seguida ele complementa:

> [...] todos os conceitos em que um processo inteiro se condensa semioticamente se subtraem à definição;

---

36. Ibid.

37. Ibid., p. 68.

38. Cf., nesse sentido, como em *História da loucura* Foucault é fiel a essa apreciação de Nietzsche: "A loucura não pode, por si só, responder as suas manifestações; constitui um espaço vazio onde tudo é possível, salvo a ordem lógica dessa possibilidade. Portanto, é fora da loucura que se devem procurar a origem e a significação dessa ordem" (FOUCAULT, 1978, p. 197).

definível é apenas aquilo que não tem história. Mas em um estágio anterior tal síntese de "sentidos" ainda aparece mais dissociável, mais mutável; pode-se ainda perceber como em cada caso singular os elementos da síntese mudam a sua valência, e portanto se reordenam, de modo que ora esse, ora aquele elemento se destaca e predomina às expensas dos outros, e em certas circunstâncias um elemento (como a finalidade de intimidação) parece suprimir todos os restantes[39].

Como podemos notar, a história genealógica deve ser capaz de distinguir as várias estratégias de utilização do objeto (que envolve a noção de "valor"), bem como o jogo de significações que é: incerto, suplementar e acidental. A prática (ou utilização) da coisa "pode ser utilizada, interpretada, ajustada para propósitos radicalmente diversos [...]"[40].

A história genealógica se enriquece ainda mais com os trabalhos de Michel Foucault. Se em Nietzsche a crítica à sociedade burguesa estava quase ausente, em Foucault ela aparece com muita intensidade. O Nietzsche de Foucault deixou Marx mais refinado; o "marxismo" de Foucault deixou Nietzsche mais apreciador das astúcias da classe dominante[41]. Na confluência desses dois grandes pensadores do século XIX, Foucault se move com habilidade e nos oferece uma análise inédita para o século XX. Essa habilidade de Foucault em se mover (ou seja: pensar, teoricamente) no meio empírico/histórico lembra muito Karl Marx, como afirmamos na introdução dessa obra. Se este atribuía sua "liberdade" de pensa-

---

39. Ibid., p. 68, 69.

40. Ibid., p. 69.

41. Colocamos "marxismo" entre aspas porque Foucault faz uma utilização bem singular de Marx. Cf., em especial, sua declaração sobre isto numa entrevista a *Magazine Littéraire*. O entrevistador alude que Foucault mantém "uma certa distância" de Marx e do marxismo. Foucault responde: "Sem dúvida, mas há também de minha parte uma espécie de jogo [...]. Cito Marx sem dizê-lo, sem colocar aspas, e como eles não são capazes de reconhecer os textos de Marx, passo por ser aquele que não cita Marx. Será que um físico, quando faz física, experimenta a necessidade de citar Newton ou Einstein?" (FOUCAULT, 1979, p. 142).

mento à dialética, agora Foucault resgata a genealogia como princípio de mobilidade.

O centro, o objeto da crítica nietzschiana é a moral. Em Foucault esse objeto será o poder/saber. Desde *A história da loucura* (publicada em 1961), passando pelo *Nascimento da clínica*, *A arqueologia do saber* e culminando com *As palavras e as coisas*, essa fase anterior a 1968 é marcada pelo estudo da razão científica. A genealogia de Foucault dessa primeira fase mostra que as ciências constituídas (psiquiatria, biologia, ciência econômica e a linguística) não representam uma evolução do saber empírico. Elas são, na verdade, "um novo "regime" no discurso e no saber". Foucault quer mostrar os abalos, as "mudanças bruscas" que ocorrem nessas formações discursivas: "O que está em questão é o que rege os enunciados e a forma como estes se regem entre si para constituir um conjunto de proposições aceitáveis cientificamente"[42].

Neste caso, a questão é a política do enunciado científico. Foucault estuda a forma como o poder se encontra nesse interior formativo-discursivo: ele denomina esse poder interno de "efeitos de poder". Portanto, não se trata de um poder externo que coage determinada formação científica, mas "efeitos de poder próprios do jogo enunciativo".

Como bom nietzscheano, Foucault quer mostrar que a "verdade" é produzida por esses "efeitos de poder". Daí a importância da história que surge em seus trabalhos de forma bem-evidente. Se a história perde, para a interpretação genealógica, seu sentido mais geral, isto não significa que haja uma ausência de um princípio de inteligibilidade em seu interior. Foucault complementa: "Ao contrário, é inteligível e deve poder ser analisada em seus menores detalhes, mas segundo a inteligibilidade das lutas, das estratégias, das táticas"[43]. Nietzsche e Marx se complementam nesse objetivo de Foucault. Só que agora, a dialética é observada com desconfiança[44].

---

42. Foucault, 1979, p. 4.

43. Ibid., p. 5.

44. Na afirmação de Foucault: "A "dialética" é uma maneira de evitar a realidade aleatória e aberta desta inteligibilidade, reduzindo-a ao esqueleto hegeliano [...]" (Ibid.).

O jogo de interesses que capta Foucault em sua história é sutil. É que no período compreendido entre os séculos XVIII e XIX, o sistema de poder se torna mais inteligente, micro. Ele passa a utilizar (por dentro) as formações científicas como meio de dominação. Ver o exemplo do nascimento da medicina social. Para Foucault, ela representa uma forma de "poder médico" que tem sua funcionalidade de acordo com a formação nacional. Na Alemanha (Prússia) é utilizada para potencializar a população nos moldes da política mercantilista de fortalecimento do Estado. O corpo das pessoas se transforma na própria força do Estado. Já na França, a medicina social é utilizada visando a modernização urbana. Os bairros operários, as epidemias são objeto de estudo: Foucault comenta do "medo urbano". Assim, à semelhança que ocorreu no Brasil (Rio de Janeiro) no início do período republicano, sanear e modernizar a cidade se transformam em peças fundamentais de um novo domínio.

Dessa forma, com muita habilidade, Foucault mostra como a medicina social é utilizada pelos grupos dominantes para fins diversos. Mas a grande novidade das análises de Foucault foi ter mostrado que o poder não só reprime, coage. Ele forma, produz; isto só foi possível – segundo suas palavras – graças ao Movimento de 1968:

> Só se pôde começar a fazer este trabalho depois de 1968, isto é, a partir das lutas cotidianas e realizadas na base com aqueles que tinham que se debater nas malhas mais finas da rede do poder. Foi aí que apareceu a concretude do poder e ao mesmo tempo a fecundidade possível destas análises do poder, que tinham como objetivo dar conta destas coisas que até então, tinham ficado à margem do campo da análise política[45].

---

45. Ibid., p. 6. Ao que parece, com flagrante precocidade, a obra de Franz Kafka parece indicar para esta nova forma de poder. Como exemplo, ver em particular sua *Carta ao pai*, datada de 1919. Aqui, Kafka parece ver algo mais sutil e para além da presença do pai: "Tu influíste sobre mim conforme tinhas de influir, [...]" (2008, p. 24). O problema maior para Kafka parece não estar no pai (que simplesmente exerce esse "novo poder"), mas no "[...] processo terrível que paira entre ti e nós (Kafka se refere aos outros membros da família), em todos os seus detalhes, por todos os lados, em todas as suas circunstâncias, de longe e de perto; esse processo, no qual sempre afirmaste ser o juiz, embora sejas, pelo menos nos aspectos mais importantes (aqui deixo a porta

Assim, 1968 e suas rebeliões representaram o contexto onde foi possível outra análise do poder. Este, agora, "permeia, produz coisas, induz ao prazer, forma saber, produz discurso"[46]. Esse novo poder descoberto funciona como uma rede produtiva que atravessa todo o corpo social.

É nesta fase posterior a 1968 que Foucault publica *Vigiar e punir*. Estuda-se, aqui, o regime disciplinar aplicado em diversas instituições, como as prisões, escolas etc. O objetivo dessa nova estratégia (de poder), segundo Foucault, é produzir "corpos submissos", mas ao mesmo tempo acionar as forças do corpo para uma utilização econômica. A disciplina "dissocia o poder do corpo; faz dele, por um lado, uma "aptidão", uma "capacidade" que ela procura aumentar; e inverte por outro lado a energia, a potência que poderia resultar disso, e faz dela uma relação de sujeição estrita"[47].

Ver nesse sentido como a inteligência e a astúcia dos grupos dominantes (um pouco ao estilo das análises de Marx) soma-se a um regime interpretativo da história como campo (aberto) de lutas, onde o poder (investido) produz significado (cf. Nietzsche). Foucault faz um nexo entre essas pequenas estratégias com os interesses mais gerais. Não se trata só de uma análise de micropoderes. A questão é saber enxergar esse "poder capilar" permeando as instituições, os corpos, as práticas, para associá-lo a uma estratégia maior. Há uma teoria neste caso:

> O poder deve ser analisado como algo que circula, ou melhor, como algo que só funciona em cadeia. Nunca está localizado aqui ou ali, nunca está nas mãos de alguns, nunca é apropriado como uma riqueza ou um

---

aberta para todos os enganos, que eventualmente possam cruzar meu caminho), parte tão fraca e ofuscada quanto nós" (Ibid., p. 57). Em Deleuze/Guattari, esse novo poder também aparece: "É fácil reconhecer que as figuras parentais são indutores quaisquer, e que o verdadeiro organizador está alhures, ao lado do induzido e não do indutor" (2010, p. 127).

46. Foucault, 1979, p. 8.

47. Foucault, 1986, p. 127.

bem. O poder funciona e se exerce em rede. Nas suas malhas os indivíduos não só circulam mas estão sempre em posição de exercer este poder e de sofrer sua ação; nunca são o alvo inerte ou consentido do poder, são sempre centros de transmissão. Em outros termos, o poder não se aplica aos indivíduos, passa por eles[48].

Foucault chega a tal extremo que afirma que a constituição dos indivíduos deve ser entendida como "efeitos de poder": "O indivíduo não é o outro do poder: é um de seus primeiros efeitos"[49]. Nesse ponto, a teoria funciona para mostrar o nexo dos níveis mais baixos de atuação do poder com relação a níveis mais superiores. As técnicas e procedimentos dos níveis baixos "se deslocam, se expandem, se modificam; mas sobretudo [são] investidos e enexados por fenômenos mais globais"[50]. Foucault pensa que os mecanismos de poder por parte da burguesia se aperfeiçoaram com a utilização (e formação) do campo científico. A micromecânica do poder passou a interessar à burguesia num determinado momento histórico. A partir deste momento, o louco, o delinquente, bem como todas essas figuras marginais, não são mais simplesmente excluídas; agora, "o lucro econômico e a utilidade política" entram em cena. Esses elementos são "colonizados e sustentados por mecanismos globais" do sistema de poder.

Evidentemente que seria muito extenso expormos toda a riqueza de análise dos trabalhos de Foucault. O que nos interessa, em particular, é mostrar que a história genealógica inaugurada por Nietzsche e enriquecida por Foucault abriu um novo campo de análise histórica que tem sido pouco explorado após a morte de Foucault. A corrente interpretativa denominada hermenêutica, como bem salientou Gianni Vattimo, é a atual herdeira do nietzscheanis-

---

48. Foucault, 1979, p. 183.
49. Ibid.
50. Ibid., p. 184.

mo, não sendo propriamente uma herdeira da história genealógica ao estilo dos trabalhos de Foucault[51].

O perspectivismo de Nietzsche realizou uma verdadeira ruptura com o ideal positivista presente nos trabalhos historiográficos. A história, para o positivismo, era concebida como um Real a ser desvendado. Neste processo, o historiador tornava-se um intérprete relativamente neutro que ia nos contar "o que efetivamente se passou" (cf. Ranke). Nietzsche questiona a ideia de um "acontecimento real"; com ele, outra visão foi capaz de se introduzir nos estudos históricos: os acontecimentos, agora, compõem "uma cadeia contínua de interpretações de que faz parte seu próprio discurso, e, aliás, os acontecimentos só têm eficácia causal enquanto são eles próprios retomados em representações"[52].

Na obra coletiva intitulada *Entre hermenêuticas* há um capítulo de Greta Kamaji, *Nietzsche: uma questão hermenêutica*, onde se percebe como Nietzsche é, em parte, hermeneutizado. Esse é um fenômeno que ocorre com relativa frequência: tudo aquilo que Nietzsche percebeu nas coisas também se aplica à sua produção intelectual. Contudo, o que importa é o reconhecimento de que Nietzsche permitiu uma saída para o historicismo, tão preponderante no século XIX e parte do XX[53].

---

51. Observar que nas leituras dos especialistas da hermenêutica sobre Nietzsche ocorre uma sobrevalorização do tema da "interpretação" (perspectivismo) em prejuízo do significado (valor) da coisa. No exemplo do artigo de Greta Kamaji, "Nietzsche. Una cuestión hermenêutica", há um certo silêncio quanto ao trabalho crítico de Nietzsche ao realizar o nexo do significado (de algo) com os interesses da potência dominadora. Daí por que a "interpretação científica" escamotear não o perspectivismo, mas o interesse da potência dominadora. É deste ponto que parte a realização da obra de Foucault.

52. Philippe Raynaud, "Nietzsche educador". In: Boyer, 1993, p. 203.

53. Neste ponto, Greta Kamaji visualiza a importância de Nietzsche em romper com o paradigma do historicismo: "Justamente cremos que é possível mostrar a dimensão hermenêutica do pensamento de Nietzsche e, em todo caso, considerarmos por sua vez que é precisamente Nietzsche quem teve o sucesso de escapar ao historicismo e aos intentos restauradores e, mais ainda, conseguiu tal sucesso ao propor uma espécie de consciência hermenêutica que encontramos na noção de genealogia" (KAMAJI, 2004, p. 54). A tradução é minha.

9

A criação histórica em Castoriadis

Para um bom entendimento do pensamento de Castoriadis é necessário uma retomada de suas reflexões críticas sobre o marxismo. Castoriadis não é propriamente como um pensador da condição pós-moderna, mas seu sistema de pensamento pode ser inserido no conjunto das reflexões que se denominam pós-moderno. Sem dúvida, suas ideias nos levam ao nível epistemológico que rompe com a dialética hegelo-marxista. Mas sua pretensão é mais ampla, como veremos a seguir. Seu projeto se traduz em um rompimento com toda a lógica do pensamento filosófico – que ele denomina de "lógica herdada".

Antes dessa crítica de orientação mais geral e profunda, temos que verificar a saída que Castoriadis realiza do marxismo. Logo nos primeiros capítulos de *A instituição imaginária da sociedade* há esse balanço provisório do marxismo. De início, ele afirma que a realização do marxismo tornou-se "incompreensível" e que um retorno a Marx pode ser considerado como algo impossível. Não há, para ele, uma teoria que possa estar sempre e exclusivamente "no além"; assim, é preciso que se leve em consideração tudo aquilo que realizou a prática marxista. E isto equivale a dizer:

> Ora, este "presente", é que há quarenta anos, o marxismo tornou-se uma ideologia no próprio sentido que Marx dava a este termo: um conjunto de ideias que se refere a uma realidade, não para esclarecê-la e transformá-la, mas para encobri-la e justificá-la no imaginá-

rio, que permite às pessoas dizerem uma coisa e fazerem outra, apresentarem que não são[1].

Com isso, na sua visão, não houve o propalado "socialismo". As revoluções marxistas colocaram no poder "governos que visivelmente não encarnam o poder do proletariado e não são também mais "controlados" por este do que qualquer governo burguês"[2]. A realidade histórica que leva Castoriadis a esse pensamento é a "degenerescência da Revolução Russa". E aqui ele introduz uma questão fundamental: é o destino de toda teoria revolucionária esse percurso do marxismo?

Essa crítica ao marxismo não implica um encontro com o liberalismo. Castoriadis afirma que a nova perspectiva pode ser traduzida como uma escolha entre permanecer marxista ou permanecer revolucionário. A fenda se abriu: a fidelidade à doutrina ou a intenção de uma transformação da sociedade.

Para Castoriadis, a teoria marxista da contradição entre forças produtivas e relações de produção como "motor" da história é falsa. Além do mais, Marx "ignora" a ação das classes sociais nesse processo estrutural. Está em jogo, aqui, o estruturalismo de Marx. Castoriadis nega o primado das relações econômicas, pois estas não podem ser erigidas em sistema autônomo e regidas por leis próprias. Nesse sentido, a própria lógica da teoria marxista está em xeque. "O que, para Marx e os marxistas, parecia uma "contradição" que deveria fazer explodir o sistema, foi "resolvido" no interior do sistema"[3]. Essa "contradição" (que Castoriadis afirma que não é contradição, mas oposição, conflito) só ocorreu na passagem do feudalismo para o capitalismo; e, neste caso, ela foi extrapolada abusivamente para o conjunto da história.

Como podemos notar, são vários aspectos da teoria marxista da história que estão sendo questionados. Mas um elemento dessa

---

1. Castoriadis, 1982, p. 21.
2. Ibid.
3. Ibid., p. 29.

teoria é enfatizado com insistência: a técnica. Na verdade, a ideia (marxista) de autonomia do elemento técnico do modelo capitalista de produção é uma falácia. A tecnologia não exprime uma "racionalidade" neutra, mas destina-se a subjugar o trabalhador a um ritmo de produção independente de seu poder. Ela não permite que se formem os "grupos informais" entre os trabalhadores. Assim, a tecnologia aplicada à produção expropria o trabalho vivo de qualquer autonomia e remete a direção da atividade aos conjuntos mecânicos e ao aparelho burocrático[4].

É evidente que, para além do processo capitalista, Castoriadis se refere ao modelo socialista de produção. E é neste ponto que ele não vê diferença alguma entre esses dois regimes: "O regime social da Rússia (e dos países da Europa Oriental, da China etc.) é o capitalismo burocrático total; o regime social dos países industrializados do Ocidente é o capitalismo burocrático fragmentário"[5].

Cai por terra, nesse sentido, a velha ideia do socialismo como etapa superior do capitalismo. O primeiro aparece para Castoriadis como um mascaramento da dominação burocrática; ele oculta as raízes e as condições da permanência de uma burocracia. Mas o que seria o socialismo de verdade?

> Ele é o projeto histórico de uma nova instituição da sociedade, cujo conteúdo é o autogoverno direto, a direção e a gestão coletiva, pelos seres humanos, de todos os aspectos de sua vida social, e a autoinstituição explícita da sociedade[6].

Dessa forma, torna-se fundamental o estudo desse conceito – a instituição – que deve realizar a própria sociedade. Para Castoriadis, a instituição é o que permite que a sociedade permaneça unida. Essas instituições não são aquelas da definição mais tradicional, como o Estado, a família etc. Além disso, elas se caracterizam como

---

4. Cf. Castoriadis, 1987, p. 184.

5. Ibid., p. 191.

6. Ibid., p. 193.

"normas, valores, linguagem, instrumentos, procedimentos e métodos de fazer frente às coisas e de fazer coisas, e ainda, é claro, o próprio indivíduo"[7]. Nesse sentido, este só é como um ser social onde "estão incorporados tanto as próprias instituições como os 'mecanismos' de sua perpetuação". Daí por que Castoriadis afirma que nós somos "fragmentos ambulantes da instituição de nossa sociedade – fragmentos complementares, suas 'partes totais'". É a instituição que produz os indivíduos de acordo com suas normas; tais indivíduos, "dada sua construção, não apenas são capazes de, mas obrigados a, reproduzir a instituição"[8].

A sociedade é composta de um complexo de instituições que funciona como um todo coerente. A instituição produz significação, por isso a sociedade compreende "um tecido imensamente complexo de significações que impregnam, orientam e dirigem toda a vida daquela sociedade e todos os indivíduos concretos"[9]. Então, o indivíduo só é por meio das "significações imaginárias sociais". Há, nesse sentido, uma clausura da organização social. Clausura organizacional, informacional e cognitiva:

> Toda sociedade (como todo ser ou espécie viventes) instaura, cria seu próprio mundo, no qual, evidentemente, ela "se" inclui. [...] Em suma, é a instituição da sociedade que determina o que é e o que não é "real", o que "tem sentido" e o que é desprovido dele[10].

Por isso, seguindo o pensamento de Castoriadis, podemos afirmar que toda sociedade é um sistema de interpretação do mundo. A sociedade é uma construção; nesses termos, sua própria identidade nada mais é que esse "sistema de interpretação" que é este "mundo" que ela cria. As contradições, os questionamentos devem significar. Castoriadis nega que haja "ruído" nesse sistema.

---

7. Castoriadis, 1987, p. 229.

8. Ibid., p. 230.

9. Ibid.

10. Ibid., p. 232.

A sociedade trabalha para que haja conservação. Essa é sua finalidade; mas essa conservação implica a manutenção de "atributos arbitrários" (específicos) a cada sociedade: elas são as "significações imaginárias sociais". Castoriadis vê a sociedade sob duas dimensões. A primeira, como "dimensão conjuntista-identitária", onde tudo é determinado. A segunda, como "dimensão imaginária", onde temos as significações que podem ser demarcadas, mas não determinadas. A questão é que essa organização das "significações imaginárias sociais" apresenta um tipo de organização desconhecido até aqui. Ele a denomina de magma:

> Um magma "contém" conjuntos – e mesmo um número indefinido de conjuntos –, mas não é redutível a conjuntos ou a sistemas de conjuntos, por mais ricos e complexos que estes sejam[11].

Assim, aparece com Castoriadis um tipo de "ordem" e "organização" que são irredutíveis às noções habituais de ordem e organização que advêm da matemática. A conclusão desse pensamento é que o social-histórico cria um novo tipo ontológico de ordem. Parece haver em Castoriadis essa dimensão criativa no próprio seio do mundo social. Só isto pode explicar essa passagem: "Esse tipo (ontológico) é, a cada vez, 'materializado' por meio de diferentes formas, das quais cada uma encarna uma criação, um novo *eidos* de sociedade"[12]. Há, nesse sentido, uma "sociedade instituinte" onde encontramos o imaginário-social: a criação. Por isso a afirmação de que "a sociedade é autocriação que se desdobra como história".

Aqui, não se trata mais – como na referida filosofia da história ou nas explicações de ordem causal – de explicar o surgimento do "novo" no interior de um processo. Simplesmente esse "novo" aparece pela criação. Mas neste momento podemos detectar um problema. Como explicar essa criação? Castoriadis afirma que ela não pode ser "explicada", mas elucidada. Ele dá o exemplo do ca-

---

11. Ibid., p. 236.
12. Ibid., p. 237.

pitalismo. Neste novo sistema social observa-se a emergência de uma nova significação imaginária social – a expansão ilimitada da dominação "racional". A instituição capitalista da sociedade utiliza esses elementos "racionais" como parte de sua instrumentalidade; são "atraídos para dentro da esfera capitalista de significações, e por isso se veem investidos de um novo sentido"[13].

Por isso Castoriadis nega que a partir do "ruído" possam surgir novas formas sociais. O Estado capitalista apresenta elementos do antigo Estado moderno, mas esses elementos adquirem novas significações ao ingressarem nas significações capitalistas. Então, não há espaço de resistência no interior de um "modelo social"? Castoriadis responde que aquilo "que parece como "desordem" no interior de uma sociedade é, na verdade, algo interno à sua instituição, algo significativo e negativamente avaliado"[14].

Esse "ruído" só teria condições de se afirmar como nova organização social se possuísse, desde o início, novas significações. Por isso, o mundo social-histórico, diferentemente do mundo biológico, traduz-se como emergência da "autonomia". Conceito caro para o pensamento castoriadisiano e que implica uma ruptura frente a uma sociologia de ordem mais conservadora. O erro deste último é negar a criação:

> O Estado no qual as leis, princípios, normas, valores e significações são dados de um vez por todas, e a sociedade, ou o indivíduo, segundo o caso, não tem nenhuma possibilidade de agir sobre eles[15].

Aqui reside o caráter progressista do pensamento de Castoriadis. Como em Marx, a sociologia apreende bem as determinações sociais como "uma forma específica, historicamente dada"[16]. A sociologia permite que o "pensar" sobre o social apreenda a própria

---

13. Ibid., p. 240.
14. Ibid.
15. Ibid., p. 241.
16. Löwy, 1987, p. 103.

historicidade das formas de "ser". Mas em si, a sociologia não carrega esse potencial de transcendência que deve ser buscado para fora de seus limites. Como no caso da economia política criticada por Marx, a clausura desses campos do saber implica uma interdição de certas problemáticas. No exemplo da ciência econômica, Marx acentua que seu horizonte científico estava em sintonia com uma "evidência natural": uma sociedade na qual a produção domina o homem. Mas se não aceitarmos essa "evidência natural" e lançarmos uma problemática de uma produção onde o homem a domine, então os horizontes da economia política se apagam e nada respondem. Essa problemática não está em seu campo referencial.

Há em Castoriadis uma crítica à definição do "ser" por parte da filosofia. Essa é a grande questão filosófica de seu pensamento. Essa filosofia tradicional aparece como "pensamento herdado". Ao tratarmos do "tempo", da "criação", do "imaginário radical", o "pensamento herdado" tem se fechado quanto à questão verdadeira. Essa dimensão foi descoberta, mas logo esquecida[17].

Trata-se, portanto, de configurar os limites da ontologia tradicional e perceber essa forma de redução que afirma Castoriadis. O Ser do "pensamento herdado" precisa ser plenamente determinado – é preciso que "ser" tenha um sentido único. Todo tipo de "ser" que escape a essa determinidade deve ser excluído. Nesse sentido, a "sociedade e a história encontram-se subordinadas às operações e funções lógicas já asseguradas e pareciam pensáveis por meio de categorias estabelecidas de fato para captar alguns existentes particulares, mas colocadas pela filosofia como universais"[18]. A dimen-

---

17. Em *As encruzilhadas do labirinto II*, Castoriadis nos apresenta um capítulo – *A descoberta da Imaginação* – onde debate esta ideia. Ele analisa a obra *De anima* (*Péri psychès*), de Aristóteles, bem como algumas passagens de Kant. Em determinado momento, comenta: "É por isso que a "imaginação criadora" permanecerá, filosoficamente, como uma simples palavra, e o papel a ela atribuído estará limitado aos domínios que parecem ser ontologicamente gratuitos (a arte). Um reconhecimento pleno da imaginação radical só é possível quando é acompanhado da descoberta da outra dimensão do imaginário radical, o imaginário social-histórico, a sociedade instituinte enquanto fonte de criação ontológica que se desdobra como história" (CASTORIADIS, 1987, p. 371).

18. Castoriadis, 1986, p. 203.

são social, bem como a história, só são tomadas como verdadeiras na medida em que são determinadas.

Mas a ontologia tradicional, que agora aparece em seus escritos como lógico-ontológica herdada, não é simplesmente um modo de conceber o mundo. Ela está "solidamente ancorada na própria instituição da vida social-histórica". Isto quer dizer que ela se enraíza nas necessidades desta instituição. A lógica identitária (ou conjuntivista) é o núcleo dessa ontologia e opera em duas instituições: o *legein*, o componente da linguagem e do representar social e o *teukhein*, o componente do fazer social. Nesse sentido, a vida social para poder existir necessita dessas duas instituições: a sociedade "não pode representar e se representar, dizer e se dizer, fazer e se fazer sem colocar em ação também esta lógica identitária ou conjuntista"[19].

O que ocorre no mundo social é determinado por essa lógica identitária. Há sempre, dependendo do caso, de uma relação de causa e efeito, de uma implicação lógica. Nessa acepção, a sociedade é pensada "como conjunto de elementos distintos e definidos", onde as partes compõem relações bem-determinadas. A sociedade, neste ponto, é pensada como uma "hierarquia de conjuntos". Descobre-se, com essa forma de se pensar a sociedade que o "ser" e o modo de ser já foram reconhecidos alhures e que eles serão determinados.

Desse modo, a crítica castoriadisiana identifica na lógica-ontologia identitária a ausência da capacidade de se pensar "o autodesdobramento de uma entidade como colocação de novos termos de uma articulação e de novas relações entre esses termos"[20]. A introdução de uma nova organização, uma nova forma (*eidos*), está logo de início interditada por essa ontologia tradicional.

Assim, surge a seguinte questão: o que é o "ser" verdadeiro para Castoriadis? Ele se define como caos, abismo, sem fundo. Por

---

19. Ibid., p. 210.
20. Ibid., p. 216.

isso, esse "ser" existe pelo tempo – por meio do tempo, em virtude do tempo. Já temos aqui, como podemos perceber, uma valorização dessa dimensão que denominamos de "tempo". Castoriadis afirma que o tempo é criação (autêntica, ontológica, de novas formas). Daí a explicação de que a determinidade (*peras*) leva, no fundo, à negação do tempo:

> A determinidade leva à negação do tempo, à atemporalidade: se algo está verdadeiramente determinado, está determinado desde sempre e para sempre. Se esse algo se modifica, os modos de sua mudança e as formas que essa mudança pode produzir estão já determinados. Os "acontecimentos" não são, então, nada mais que a realização de leis, e a "história" nada mais que o desdobramento, ao longo de uma quarta dimensão, de uma "sucessão" que não passa de uma simples coexistência para um Espírito Absoluto (ou para a teoria científica acabada)[21].

O tempo a que se refere Castoriadis é aquele que aparece como possibilidade permanente da emergência do Diferente. É a temporalidade que está na primeira etapa da instituição de uma sociedade. Essa temporalidade institui (a sociedade) como ser, como sendo-sociedade.

O social-histórico emerge como "ser", no "por-se". É ruptura e ao mesmo tempo instância da aparição da Alteridade. O social-histórico é imaginário radical porque implica a "originação incessante de Alteridade que figura e se figura". O estabelecimento de figuras é o social-histórico. Castoriadis afirma que há uma própria temporalidade como criação: a temporalidade social-histórica. Ela se configura em "temporalidade específica", pois caracteriza tal sociedade (em seu modo de ser temporal).

Mas ao surgir essa "temporalidade específica", ela "se escande pela colocação da instituição, e ela aí se fixa, se enrijece, se inverte em negação e denegação da temporalidade". Mas por que isto

---

21. Castoriadis, 1987, p. 226.

ocorre? Por que a instituição esconde essa "criação temporal"? É que a instituição quer fixar figuras "estáveis". Entra em jogo, aqui, a construção da identidade.

A sociedade é ela mesma instituição de uma temporalidade "implícita" – que ela faz ser sendo e que sendo, a faz ser. Mas essa forma de instituição ("implícita") depende de uma instituição explícita do tempo. A temporalidade "implícita" é autoalteração, uma maneira de "fazer o tempo" e o de fazer ser o que significa. Essa instituição da temporalidade "implícita" não é redutível à instituição explícita do tempo social-histórico, mas ao mesmo tempo é impossível sem esta. Assim, há uma temporalidade do social-histórico que não é explícita;

> O tempo que cada sociedade faz ser e que a faz ser é seu modo próprio de temporalidade histórica que ela desdobra existindo e pela qual ela se desdobra como sociedade histórica, sem que necessariamente ela o conheça ou o represente para si como tal[22].

Descobrimos, assim, a "temporalidade histórica" que institui a sociedade como "ser" – esta sociedade-aqui. Castoriadis dá o exemplo do capitalismo. Como pensá-lo a partir dessa reflexão da temporalidade? A temporalidade efetiva do capitalismo não é explicitamente instituída. Essa temporalidade efetiva é a "temporalidade histórica": o que o capitalismo "faz ser como temporalidade, mediante o que ele é o que é"[23]. Esse tempo capitalista efetivo é o "tempo da ruptura incessante, das catástrofes recorrentes, das revoluções, de uma destruição perpétua do que já é". Mas há outra camada de efetividade: o tempo da acumulação, da supressão efetiva da Alteridade, da imobilidade na "mudança" perpétua.

Mas o capitalismo apresenta uma temporalidade explicitamente instituída. Como tempo identitário, um "fluxo mensurável homogêneo, uniforme, totalmente aritmetizado"; como tempo imagi-

---

22. Castoriadis, 1986, p. 243.
23. Ibid., p. 244.

nário (significação) como o "progresso", o "crescimento ilimitado", "acumulação", "conquista da natureza" etc.

De forma resumida, o tempo efetivo é a temporalidade histórica; o tempo instituído, como tempo identitário e tempo imaginário. Esse último é o "tempo do representar social" e que tende a encobrir o fato da temporalidade como alteridade-alteração. Esse tempo do fazer social – que Castoriadis vê como "irregular', "acidentado" e "alterante" – é imaginariamente reabsorvido por uma denegação do tempo mediante um modelo (conservador) do eterno retorno:

> Tudo se passa como se o terreno onde a criatividade da sociedade se manifesta de maneira mais tangível, o terreno onde ela faz, faz ser e se faz ser fazendo ser, devesse ser recoberto por uma criação imaginária arranjada para que a sociedade possa esconder dela própria o que ela é. Tudo se passa como se a sociedade devesse negar-se ela própria como sociedade, ocultar seu ser de sociedade negando a temporalidade que é primeiro e antes de tudo sua própria temporalidade, o tempo de alteração-alteridade que ela faz ser e que a faz ser como sociedade[24].

Há um interdito que expressa a negação do reconhecimento do próprio potencial social a ser realizado: o que Castoriadis denomina de "autoinstituição". O tempo imaginário encobre a real temporalidade histórica de uma sociedade.

Em termos individuais, Castoriadis afirma que essa "denegação última do tempo e da alteridade" que realiza a sociedade é compensada pela instituição dos indivíduos como sociais, o reconhecimento do outro e todo o complexo de identidades que lhe dá uma explicação – a significação das coisas. Com esse novo pensamento, o "ser" depende do tempo; ele é "no" tempo. Agora, as determinações do "ser" mudam com o tempo e de maneira indeterminada.

A instituição em si, nascida por uma ruptura e manifestação da autoalteração da sociedade instituinte só pode se colocar fora

---

24. Ibid., p. 250.

do tempo. Ela recusa sua alteração colocando a norma de sua identidade como algo imutável. Nesse sentido, está na própria natureza da instituição o encobrimento da Alteridade, a denegação do tempo. Por meio das instituições a sociedade desconhece seu próprio ser social-histórico. Então, a questão da revolução está inserida neste contexto:

> [...] em que medida, enfim e sobretudo, a sociedade pode verdadeiramente reconhecer em sua instituição sua autocriação, reconhecer-se como instituinte, autoinstituir-se explicitamente e superar a autoperpetuação do instituído mostrando-se capaz de retomá-lo e de transformá-lo segundo suas próprias exigências e não segundo a inércia daquele, de se reconhecer como fonte de sua própria Alteridade[25].

Se não há mais "processo histórico" em Castoriadis (pois a própria fundamentação lógica da filosofia que analisava esse "processo" é questionada), como entender a história através da teoria? Castoriadis vê a história como criação; mas uma criação continuada. Aquilo que a história cria não pode se diferenciar da própria história, transformar-se num outro, além da história. Daí, em sua concepção, a história ser entendida como:

> [...] autocriação continuada, manifestando-se ao mesmo tempo como incessante autoalteração imperceptível e como possibilidade, e efetividade, de rupturas que instauram novas formas de sociedade[26].

Portanto, nem repetição ou mesmo processo. A ruptura surge como instância para a instauração de "novas formas de sociedade". De forma diversa da natureza, o elemento histórico corresponde a uma ruptura com a tradição, bem como do "socialmente instituído". A história indica que entre dois sistemas sociais há um "abismo".

---

25. Ibid., p. 252.
26. Castoriadis, 1987, p. 431.

Fica evidente a ruptura de Castoriadis com o modelo de interpretação marxista, bem como de toda a tradição dos séculos XVIII e XIX; no instante em que o "o marxismo não ultrapassa a filosofia da história, ele é somente uma outra filosofia da história. Ele impõe aos fatos a racionalidade de que deles parece extrair"[27]. Como podemos perceber, o ponto crítico de Castoriadis é a filosofia da história que o marxismo não deixa de representar. O próprio marxismo se configurou como "um sistema" que, embora dê uma abertura para o empírico histórico, contém um núcleo sólido de verdades adquiridas – as leis da dialética. Há no marxismo, assim prossegue sua crítica, um primado à instância teórica.

Se observarmos de forma atenta, afirma Castoriadis, constataremos que a implantação do marxismo resultou na "ideologia da burocracia". Então o marxismo, ao ser incorporado ao processo revolucionário, não resulta num novo sistema. Ao se transformar em "ideologia" consagrada, o capitalismo "pode manter-se e mesmo consolidar-se como sistema social". O que Castoriadis elogia no marxismo é a tentativa de transformação consciente da sociedade pela atividade autônoma dos homens. Mas a triste situação histórica mostrou que todo esse esforço foi em vão. Nesse contexto, o marxismo deixou de existir como "teoria viva". Resumindo: o marxismo entrou em decadência e se transformou em ideologia.

O Marx estruturalista que concebia nas formações econômicas um complexo que ultrapassa a dimensão individual é questionado por Castoriadis. É o Marx de *O capital* que está em jogo:

> Os homens, portanto, não fazem sua história mais do que os planetas "fazem" suas revoluções, são "feitos" por ela, ou melhor, os dois são feitos por outra coisa – uma dialética da história que produz as formas de sociedade e sua superação necessária, garante seu movimento progressivo ascendente e a passagem final, através de uma longa alienação, da humanidade ao comunismo[28].

---

27. Castoriadis, 1986, p. 68.

28. Ibid., p. 82.

Tudo isto remete a um sentido contrário à *práxis* verdadeiramente revolucionária. Na ideia de Castoriadis, "o próprio objeto da *práxis* é o novo". Desse modo, não podemos ter uma superteoria para nos orientar. A lucidez é "relativa", já que "o próprio sujeito é transformado constantemente a partir desta experiência em que está engajado". O homem faz a experiência; mas esta, também o faz. A política só é revolucionária quando realiza uma prática "que se dá como objeto a organização e a orientação da sociedade de modo a permitir a autonomia de todos". A transformação radical da sociedade só é possível pelo desdobramento da atividade autônoma dos homens. Trata-se, como podemos notar, de uma prática "aberta", no sentido em que essa prática não se deixa simplesmente fixar em "ideias claras e distintas". É a prática (autônoma) que ultrapassa a própria representação do projeto.

Esse novo otimismo de Castoriadis se resume numa concepção de "fazer" que toma o real não mais como "totalmente racional" ou como "caos". Cai por terra, então, a ideia de que a prática revolucionária deva resultar num regime socialista: sem autonomia tudo se fecha. E essa prática da autonomia equivale a dizer que rompemos com o infantilismo atual. Em uma passagem de *A instituição imaginária da sociedade*, Castoriadis traça bem o estado atual de participação política:

> Mas a situação infantil, é que a vida nos é dada, e que a Lei nos é dada. Na situação infantil, a vida nos é dada para nada e a Lei é dada sem nada, sem mais, sem discussão possível. O que quero, é exatamente o contrário: é fazer minha vida, e dar a vida se possível, pelo menos dar para minha vida. É que a Lei não me seja simplesmente dada, mas que eu a dê a mim mesmo. Quem permanece na situação infantil é o conformista ou o apolítico: pois aceita a Lei sem discuti-la e não deseja participar da sua formação. Aquele que vive na sociedade sem vontade em relação à Lei, sem vontade política, somente substitui o pai particular pelo pai so-

cial anônimo. A situação infantil é, de início, receber sem dar, em seguida fazer ou ser para receber[29].

Ao alçarmos esse nível de consciência que implica autonomia e responsabilidade, a sociedade passa a ser definida como uma "rede de relações entre adultos autônomos". Neste momento, entra em jogo a questão do poder. Neste projeto castoriadisiano, o poder atual é abolido para uma nova forma: o poder de todos. O poder atual converte as pessoas em coisas. É que encontramos na sociedade movimentos duplos, contraditórios. Essa passagem retrata bem como opera a sociedade:

> Ela consiste em que a organização social só pode realizar os fins que se propõe usando meios que os contradizem, fazendo nascer exigências que não pode satisfazer, estabelecendo critérios que é incapaz de aplicar, normas que é obrigada a violar. Ela pede aos homens, como produtores ou como cidadãos, que permaneçam passivos, que se limitem dentro da execução da tarefa que ela lhes impõe; quando constata que esta passividade é seu câncer, solicita a iniciativa e a participação, para logo descobrir que não pode também suportá-las, que elas colocam em questão a própria essência da ordem existente. Ela tem que viver em uma dupla realidade, separar um oficial e um real que se opõem irredutivelmente. Ela não sofre simplesmente de uma oposição entre classes que permaneceriam exteriores uma à outra; é em si mesma conflitual, o sim e o não coexistem como intenções de fazer no núcleo de seu ser, nos valores que ela proclama e nega, no seu modo de organizar e de desorganizar, na extrema socialização e na atomização extrema da sociedade que ela cria[30].

Aqui, Castoriadis expõe de forma clara a contradição no seio da sociedade capitalista. Ela permite que nasça o ideal, mas sua realização plena é negada pela própria natureza do sistema social.

---

29. Ibid., p. 114, 115.

30. Ibid., p. 116.

Assim, o velho esquema de se pensar a história por meio da sucessão é negado. O que se dá em e pela história é a emergência da Alteridade radical, criação imanente. Neste modelo interpretativo, podemos pensar não só no aparecimento de novas sociedades como também a "autotransformação incessante de cada sociedade". Castoriadis acrescenta ainda:

> E é somente a partir desta alteridade radical ou criação, que podemos pensar verdadeiramente a temporalidade e o tempo, cuja efetividade excelente e eminente encontramos na história[31].

Pensar a história é pensar a temporalidade. O tempo só é se for manifestação de algo diferente daquilo que é; se faz ser, e se faz ser como novo.

Mas vamos retornar, neste instante, à ideia de autonomia, conceito fundamental em Castoriadis e que nos remete a uma saída. Para se pensar na ideia de autonomia é necessário se livrar do discurso do Outro (como "dominação"). Este último é um discurso estranho que está em mim e que me domina. Ele fala por mim. Ver, neste ponto, como Castoriadis aponta para uma possibilidade de rompimento ante essa dominação imaginária. No discurso do Outro eu me converto em algo que não sou; neste horizonte, os outros e o mundo também sofrem uma deformação: "O sujeito não se diz, mas é dito por alguém, existe, pois, como parte do mundo de um outro (certamente, por sua vez, travestido). O sujeito é dominado por um imaginário vivido como mais real que o real, ainda que não sabido como tal, precisamente porque não sabido como tal"[32]. Percebe-se que estamos no campo da heteronomia, da alienação e que no nível individual assume a forma de "um imaginário autonomizado" que assumiu a função de definir o regime de realidade e dos desejos.

A autonomia, que implica a possibilidade de saída dessa situação, não significa a eliminação do discurso do Outro. Se assim operar-

---

31. Ibid., p. 220.
32. Ibid., p. 124.

mos, cairíamos numa situação a-histórica. A autonomia representa uma nova relação entre o discurso do Outro e o discurso do sujeito. A atividade do sujeito deve visar o si mesmo. Ao se voltar para si mesmo, o sujeito vai encontrar uma "multidão dos conteúdos (o discurso do Outro). Essa atividade deve ser constante. Castoriadis lança a noção de suporte. No olhar, no pensamento, ou seja, nas atividades do homem "um conteúdo qualquer está já sempre presente e não é resíduo, escória, obstáculo ou matéria indiferente mas condição eficiente da atividade do sujeito"[33]. Eis o suporte: que não pertence nem ao Outro, nem ao sujeito, mas é a união produzida e produtora de si e do Outro (ou do mundo).

Desse suporte o homem não pode se livrar; sem ele, o homem simplesmente não é. Nesse sentido, a ideia de sujeito não pode ser pensada como divorciada do mundo. A consciência é inundada por uma torrente das significações e que provém do interior do social. Então, a saída está no mundo: "Somente pelo mundo é que podemos pensar o mundo", afirma Castoriadis.

Descarta-se a possibilidade de se conceber o sujeito como um momento da subjetividade. Pelo contrário, ele deve ser um "sujeito efetivo totalmente penetrado pelo mundo e pelos outros". O Eu da autonomia deve se constituir numa "instância ativa e lúcida" que reorganiza constantemente os conteúdos (composto do que já se encontrou antes). Castoriadis afirma que não pode existir uma "verdade própria" do indivíduo: "A verdade própria do sujeito é sempre participação a uma verdade que o ultrapassa, que se enraíza finalmente na sociedade e na história, mesmo quando o sujeito realiza sua autonomia"[34].

Essa autonomia em Castoriadis nos conduz – como ele bem o diz – ao problema político-social. Na medida em que a autonomia erige-se como um princípio maior, ela deve estar presente nas relações onde o Outro é constituído como alteridade. Assim, como

---

33. Ibid., p. 127.
34. Ibid., p. 129.

conceber relações sociais onde me apresento como alteridade? Castoriadis responde que a postura social deve sofrer uma transformação. Isto equivale a dizer que "o Outro ou os Outros não aparecem como obstáculos exteriores ou maldição". O Outro deve ser concebido como "constitutivo do sujeito, de seu problema e da sua possível solução"[35]. Ele enfatiza a ideia de que "a existência humana é uma existência de muitos". Mas essa "existência" não representa um prolongamento da simples inter-subjetividade:

> Ela é existência social e histórica e é essa para nós a dimensão essencial do problema. A inter-subjetividade é, de certo modo, a matéria da qual é feita o social, mas esta matéria só existe como parte e momento desse social que ela compõe e que também pressupõe[36].

O social-histórico, seguindo essa ideia, representa um coletivo anônimo, mas humano-impessoal. Ele preenche toda formação dada e inscreve as sociedades numa continuidade, "onde de uma certa maneira estão presentes os que não existem mais, os que estão alhures e mesmo os que estão por nascer". Estranha composição esta do social-histórico, como se percebe. Ela é estruturas dadas, instituições e obras "materializadas" e, ao mesmo tempo, o que estrutura, institui e materializa. Portanto, a tensão entre sociedade instituída e sociedade instituinte se traduz como o próprio campo do social-histórico. A história feita e a história se fazendo.

Em outra passagem, Castoriadis assim define a dimensão social-histórica:

> O social é o que é todos e não é ninguém, o que jamais está ausente e quase nunca presente como tal, um não ser mais real que todo ser, aquilo em que mergulhamos totalmente, mas que nunca podemos apreender "em pessoa"[37].

---

35. Ibid., p. 130.
36. Ibid.
37. Ibid., p. 135.

Eis o real, então. A relação do homem com esse "real" é uma relação de "inerência": "Não é nem liberdade, nem alienação, mas o terreno no qual liberdade e alienação podem existir". A *práxis* revolucionária deve levar essa "realidade" em jogo; deve deixar de querer recuperar um "sentido" da história passada, mas que não se trata também de dominar a história futura. Querer eliminar a dimensão entre sociedade instituinte da instituída é impossível. Castoriadis acena para uma *práxis* revolucionária que descarta toda forma libertária. Assim como o indivíduo não pode dar-se fora do simbólico, "uma sociedade não pode dar-se o que quer que seja fora desse simbólico em segundo grau, que as instituições representam"[38].

A importância das ideias de Castoriadis nos conduz a uma nova prática sociopolítica. "Nova" entre aspas porque, ao que tudo indica os gregos já tinham pensado nesta possibilidade. Ela adquire "ares" de pós-modernidade porque questiona toda uma tradição do pensamento lógico e, especialmente, o modelo hegelo-marxista. A democracia entra em cena como forma de abertura política com relação às ações humanas. Ação como autonomia. A questão parece simples, mas envolve (como vimos até aqui) toda uma crítica à lógica conjuntista-identitária. E, ao mesmo tempo, Castoriadis reconhece a impossibilidade do "ser social-histórico" se constituir sem a dimensão conjuntista-identitária.

A tarefa que deve ser realizada implica "romper a influência da lógica-ontologia conjuntista-identitária sob seus diversos disfarces". No esforço de se instaurar uma "sociedade autônoma", a atenção a essa influência (negativa) torna-se uma tarefa política.

Se a revolução termina por reprimir os "órgãos autônomos da população", então ela se degenera. Foi isso que ocorreu com a Rússia revolucionária – "os *sovietes* e as comissões de fábrica criados pela população em 1917 foram gradualmente domesticados pelo partido bolchevique" e, posteriormente, privados do poder. Portan-

---

38. Ibid., p. 137.

to, a questão revolucionária passa por esse autogoverno, pela autogestão e auto-organização das coletividades.

Mas esse nível de atuação revolucionária só pode surgir se a atividade de autoinstituição ocorrer de forma explícita e lúcida. Uma sociedade "livre" e "refletida" implica que "a liberdade e reflexão podem ser, elas mesmas, objetos e objetivos de sua atividade instituinte". Então, Castoriadis deseja libertar a "atividade instituinte", deixá-la consciente. Ele afirma que a sociedade sempre se autoinstitui:

> Mas esta autoinstituição esteve sempre oculta, encoberta pela representação, ela própria fortemente instituída, de uma origem extrassocial da instituição (os deuses, os ancestrais – ou a "Razão", a "Natureza" etc.). E essa representação visava, como ainda visa, anular a possibilidade de que se questione a instituição existente; é ela, precisamente, que lhe aferrolha a *clausura*. Neste sentido, essas sociedades são heterônomas, pois estão subjugadas à sua própria criação, à sua lei, que elas postulam como intocáveis por ter origem em algo que é qualitativamente diferente dos homens de carne e osso[39].

Agora, o que está em jogo é essa responsabilidade, essa consciência em relação à institucionalização da sociedade. A sociedade autônoma implica esta autoinstituição explícita e que se reconhece como tal. É realmente um salto num campo onde nenhum pressuposto extrassocial pode legitimar determinada instituição. A sociedade deve saber que se autoinstitui e que "é ela própria que estabelece suas instituições e significações". À luz dessa solução final torna-se mais compreensível a revisão que Castoriadis faz da Teoria da História de Hegel e de Marx. Foram os acontecimentos históricos no próprio interior do mundo socialista que obrigaram o grupo de intelectuais de *Socialismo ou barbárie* e, em especial, Castoriadis, a procurar um novo modelo para se pensar a história, sem deixar de apontar os novos caminhos da prática revolucionária, agora renovada.

---

39. Castoriadis, 1987, p. 425.

10
A história na condição pós-moderna

Após as críticas precoces de Nietzsche (já na segunda metade do século XIX) ao historicismo, são três acontecimentos históricos que condicionam uma postura intelectual contrária a tal pensamento (historicista): a Segunda Grande Guerra, com o fenômeno do "totalitarismo"; o movimento estudantil de 1968 e, finalmente, a derrocada dos regimes socialistas a partir de 1989. Para cada um deles encontramos uma gama de pensadores que irão questionar a validade da dialética, bem como as noções de "progresso" e de "necessidade histórica". O que está em jogo, aqui, é a interrogação quanto a uma forma específica de transcendência do sistema capitalista. Mas ao contrário do que poderíamos pensar, esses questionamentos não resultaram numa simples adesão ao modelo liberal. A questão é mais complexa. Como sair de Marx? Ou em outros termos, como pensar "Marx" de uma nova forma? No capítulo anterior demos um exemplo dessa tentativa, no caso de Castoriadis[1]. Mas aqui, antes mesmo de verificarmos alguns autores que nos deram novas interpretações sobre a história, é necessário que reconstruamos o percurso dessas primeiras investidas contra o chamado modelo historicista hegelo-marxista.

---

1. Observar o caso específico de Castoriadis. Em uma determinada entrevista, ele diz: "[...] desde o primeiro número de *Socialisme ou Barbarie*, eu era marxista" (1987, p. 83). Mas foi, em seu caso, o modelo totalitário no seio do socialismo que motivou a ruptura: "O totalitarismo é um regime político e social; e eu não penso que Marx tenha sido totalitário, nem que seja o "pai" do totalitarismo. [...] Um dos mais importantes, dentre estes, foi a criação por Lênin do tipo de organização totalitária, com o Partido Bolchevique e o papel conferido a este no Estado e na sociedade da Rússia após 1917. Neste sentido, o verdadeiro "pai" do totalitarismo é Lênin" (Ibid., p. 80, 81).

O primeiro desses ataques ocorre durante a própria Segunda Grande Guerra. Em duas obras de destaque, *A miséria do historicismo* e *A sociedade aberta e seus inimigos*, Karl Popper empreende uma crítica severa contra o historicismo. Vamos nos ater aqui, particularmente, a esta última obra. Ela contém grande parte daquilo que necessitamos saber sobre sua crítica.

É interessante observarmos a justificativa que Popper nos apresenta ao escrever *A sociedade aberta e seus inimigos*. Ele comenta que encara sua empreitada como um "esforço de guerra". O totalitarismo o havia motivado a empreender uma reflexão sobre as causas históricas desse fenômeno. Popper o encontra na crença daquilo que denomina "historicismo" e como responsáveis indica Platão, Hegel e Marx. Daí por diante empreende um estudo minucioso (particularmente referente a Platão) do pensamento desses autores. No prefácio à segunda edição, ele expõe a intenção da obra:

> Vista em meio à obscuridade da atual situação do mundo, a crítica do Marxismo que ele tenta tem possibilidades de salientar-se como o ponto principal da obra. [...] O marxismo é apenas um episódio, um dos muitos erros que os homens têm cometido, na perene e perigosa luta pela edificação de um mundo melhor e mais livre[2].

Como podemos observar, o foco para além do totalitarismo é o marxismo. Popper vê o marxismo como um coroamento do historicismo, sendo o totalitarismo sua realização prática. Portanto, trata-se de atacar a raiz desse pensamento: o historicismo em si. É um empreendimento um pouco parecido com *As origens do totalitarismo*[3], de Hannah Arendt.

A tentativa de Popper, na primeira parte da obra, é desqualificar a argumentação de Platão, especialmente em *A república*. Popper vê nas ideias de Platão o desejo de se formar uma sociedade fechada, totalitária: "Mas não persuadiu apenas a seus admiradores; conse-

---

2. Popper, 1974a, p. 8.

3. Observar que essa obra foi redigida após o término da Segunda Guerra Mundial.

guiu mesmo persuadir seus opositores, especialmente os adeptos da teoria do contrato"[4]. É nesse sentido que se dirige a crítica de Popper: a uma tradição do historicismo. Aqui, podemos interrogar: o que Popper entende por historicismo? Para ele, basicamente, historicismo compreende um modelo interpretativo da história que permite prever o futuro. Como afirma Graham MacDonald, ao negar esse modelo, Popper "exclui a viabilidade de qualquer Teoria da História que torne tal conhecimento causalmente eficaz na produção de mudança histórica"[5].

As mudanças (históricas) controladas pelo homem devem ser operadas em "pequena escala". No interior da argumentação crítica contra Platão, ele desenvolve a ideia liberal de que o "individualismo" não corresponde ao que denominamos "egoísmo". Esse foi, segundo ele, o erro de Platão. Um pouco parecido com a argumentação de Castoriadis, Popper vê a empreitada de Platão como um esforço para deter o igualitarismo de sua época[6]. Daí Platão defender que "a única alternativa para o coletivismo" seja o egoísmo; identifica simplesmente todo altruísmo com o coletivismo e todo individualismo com o egoísmo.

Em sua réplica contra Platão, Popper argumenta que o individualismo (que vê, um pouco, em Sócrates) é uma espécie de fortaleza em defesa do novo credo humanitário: "A emancipação do indivíduo, de fato, era a grande revolução espiritual que conduzira à queda do tribalismo e à ascensão da democracia"[7]. Neste instante, temos que interrogar: que individualismo? Se Arendt empreende toda uma reflexão (apurada, diga-se de passagem) para mostrar que

---

4. Ibid., p. 134.

5. Graham MacDonald, "Os fundamentos do anti-historicismo", In: O'Hear, 1997, p. 297.

6. "À luz das provas disponíveis, parece-me probabilíssimo que Platão soubesse muito bem o que estava fazendo. O igualitarismo era seu arqui-inimigo e ele se dispusera a destruí-lo, sem dúvida acreditando sinceramente ser ele um grande mal e um grande perigo" (POPPER, 1974a, p. 107).

7. Ibid., p. 116.

o "individualismo" grego é substancialmente diverso do "individualismo" moderno, já no exemplo de Popper, eles estão igualados. E mais: a análise de Popper compartilha com aqueles que veem na história do Ocidente (desde os gregos) uma espécie de evolução até a gloriosa civilização ocidental. Eis uma passagem central:

> Esse individualismo, unido ao altruísmo, tornou-se a base de nossa civilização ocidental. É a doutrina central do cristianismo ("Ama a teu próximo", dizem as Escrituras, e não "ama a tua tribo"); e forma o âmago de todas as doutrinas éticas que surgiram de nossa civilização e a estimularam. É também, por exemplo, a doutrina prática central de Kant ("reconhecei sempre que os indivíduos humanos são fins e não os utilizeis como simples meios para nossos fins"). Não há outro pensamento que tenha sido tão poderoso para o desenvolvimento moral do homem[8].

O que obstrui, então, essa gloriosa apoteose da democracia ocidental é o historicismo. Mas se observarmos com atenção, antes mesmo de criticar a falsidade da previsibilidade no futuro (no seio do historicismo), Popper nega um modelo interpretativo que anula o indivíduo ante o meio social. Por isso sua crítica é mais severa com relação a Platão e Hegel; já Marx é um pouco mais poupado, pois este compartilha de várias de suas ideias. Ambos (Marx e Popper) concordam com o fato de que o homem é um produto da vida em sociedade (contra o "psicologismo" de Mill) e que a estrutura da vida social "é feita pelo homem em certo sentido". Mas há uma parte da vida social que escapa ao voluntarismo do homem: "[...] mesmo aqueles que surgem como resultados de ações humanas conscientes e intencionais são, via de regra, os subprodutos indiretos, involuntários e muitas vezes indesejados de tais ações"[9]. A vida social, para Popper, não é produto de um plano. Aqui entram em cena as ciências sociais, cuja tarefa é investigar esse lado "in-

---

8. Ibid., p. 117.
9. Popper, 1974b, p. 101.

consciente" do social, descobrir as dificuldades (e soluções) que se antepõem ao caminho da ação social. Ver que neste ponto Popper abre a possibilidade de um futuro previsível, mas só no âmbito da democracia liberal: "[...] algum dia os homens poderão mesmo tornar-se os criadores conscientes de uma sociedade democrática"[10]. Essa é a tarefa das ciências sociais.

Então, Popper substitui o historicismo pelas ciências sociais. Cabe a esta um estudo atento da sociedade e das imprevistas reações que a vida social realiza ante as ações humanas conscientes. A questão atual se resume em analisar as involuntárias repercussões das ações humanas. Já a história apresenta outra especificidade. Após uma longa exposição crítica sobre o historicismo, Popper nos apresenta um último capítulo intitulado: *Tem a história alguma significação?* Em sua resposta, afirma que a história (como uma forma de saber) difere das outras ciências, pois ela não pode conter uma teoria. Se esta última pode ser considerada como uma forma de "unificar a ciência" e explicar os "acontecimentos assim como a prevê-los", então a história não comporta uma teoria:

> É que as teorias ou leis universais da ciência generalizadora introduzem unidade assim como um ponto de vista; criam, para cada ciência generalizadora, seus problemas e seus centros de interesse e de pesquisa, de construção lógica e de apresentação. Na história, porém, não temos essas teorias unificadoras; ou antes, a multidão de leis universais triviais que utilizamos são tidas como assentes; são praticamente sem interesse e totalmente incapazes de introduzir ordem no tema de estudo[11].

Resta à história, nesse sentido, limitar-se ao campo da interpretação, isto porque esta última sempre representa um ponto de vista. Mas daí concluir que é possível uma "interpretação geral", isto Popper nega de forma incisiva. As interpretações na história

---

10. Ibid., p. 102.
11. Ibid., p. 272, 273.

nos mostram que "cada geração tem seus próprios problemas e dificuldades e, portanto, seus interesses e pontos de vista". Portanto, cada geração interpreta a história à luz de seus problemas, o que resulta numa nova "reinterpretação da história".

Assim, o que está em jogo, aqui, é a própria objetividade da história. Popper a nega. Com isso está minada a própria tarefa que desde Condorcet e Vico havia se construído em torno da história. Popper acrescenta:

> [...] o historicista não reconhece que é ele quem escolhe e ordena os fatos da história, mas crê que a "própria história", ou a "história da humanidade" determina, por suas leis inerentes, a nós mesmos, nossos problemas, nosso futuro e mesmo nosso ponto de vista[12].

Eis o ataque final ao historicismo. É que para Popper, "a história não tem qualquer significação". A solução ao dualismo kantiano que propunha o historicismo hegeliano, agora é negada. E ao se negar esse historicismo, nega-se também esse caráter objetivo da história. Popper, então, retoma o dualismo: "Nós é que introduzimos propósitos e significação na natureza e na história"[13]. Uma retomada do kantismo. E Popper é consciente o suficiente para propor essa volta; ele sabe que "o historicismo é apenas uma das muitas tentativas para vencer esse dualismo [...]"[14].

Se há por um lado o retorno a Kant nessa forma de dualismo, o tema da "esperança" (que deve permanecer no seio da sociedade) lembra bem Voltaire. Popper acrescenta que necessitamos de "esperança" e não de "certeza" (o que o historicismo oferece, segundo ele). O que verificamos no término de *A sociedade aberta e seus inimigos* é um apelo à simplicidade com relação à história. Num tom parecido com os pragmatistas, Popper aconselha: "Deve-

---

12. Ibid., p. 277.
13. Ibid., p. 287.
14. Ibid.

mos aprender a fazer as coisas o melhor que pudermos e a encarar nossos enganos"[15]. Observar que há "enganos" e tentativa de se fazer "o melhor que pudermos". O historicismo ao se apagar do horizonte da história, leva o pensamento a minimizar a certeza da *práxis* humana.

Essa mesma forma crítica pode ser encontrada em Maurice Merleau-Ponty. Questiona-se, aqui, a dialética como modelo interpretativo ou como princípio que possa explicar o processo histórico. Para efeito de nossa hipótese, vamos partir de uma afirmação de Maurice Merleau-Ponty que encontramos em *As aventuras da dialética* (cuja primeira edição é de 1955). Ao se referir à ideia de revolução, ele afirma: "Esse marxismo que continua verdadeiro faça o que fizer, que prescinde de provas e de verificações não era a filosofia da história, era Kant disfarçado e foi, enfim, ele que encontramos no conceito de revolução como ação absoluta"[16]. Para Merleau-Ponty o problema está na dialética, pois só ela pode gerar uma forma de transcendência que se possa designar de verdadeiramente revolucionária. Na dialética ocorre esse possível dos "relacionamentos em dois sentidos", de "verdades contrárias e inseparáveis", de superações e uma gênese perpétua, de uma pluralidade de planos ou de ordens. Nesse espaço de trocas e inserções recíprocas há a possibilidade da ocorrência da dialética. Assim como o Sartre da *Questão de método*, *As aventuras da dialética* procura pensar a derrocada do comunismo (real) e reascender a possibilidade de uma retomada histórica na perspectiva da dialética.

A dialética, ainda na concepção de Merleau-Ponty, oferece a "coesão global, primordial, de um campo de experiência em que cada elemento abre para os outros. Pensa a si mesma sempre como expressão ou verdade de uma experiência [...]"[17]. Assim, o todo

---

15. Ibid., p. 289.
16. Merleau-Ponty, 2006, p. 306.
17. Ibid., p. 268.

não é constituído pelo pensamento dialético; é este que está situado naquele. Nessa concepção, o próprio conceito de revolução adquire em Merleau-Ponty uma configuração inédita, nova. É preciso enxergar "a história que aconteceu" – Merleau-Ponty refere-se à história da Revolução Francesa – "o que os outros inventaram fazer na conjuntura, inspirados no espírito revolucionário, mas também levando em conta o 'reflexo' e, portanto, com seus preconceitos, tiques, manias e também, eventualmente, seu lado 'partidários da ordem'"[18]. Então, se a história é maturação, desenvolvimento objetivo, é Robespierre quem tem razão contra as possíveis soluções radicais.

A reflexão de Merleau-Ponty nos leva a entender a história (em termos de acontecimento) de uma forma menos absoluta, sendo que a própria revolução tem agora, de forma quase endógena, uma inércia. A revolução nunca desvendará a história, nunca aparecerá de forma clara. Merleau-Ponty é precavido em suas conclusões; ou melhor, essas conclusões não existem. Ele sonda a história e o aparecimento das revoluções com a experiência de suas "derrotas" ao lado. A filosofia da história não se arroga mais a fornecer um modelo evolutivo das transformações sociais; mas, ao mesmo tempo, não abandona os esforços em compreender um sentido para a história. É nesse meio-termo que se posiciona Merleau-Ponty. É a dialética que lhe fornece esse ponto de apoio. Embora suas análises se situem numa fase anterior ao aparecimento da condição pós-moderna, ele já vislumbra essa possibilidade. Deseja realizar uma revisão do pensamento revolucionário após a crise do comunismo. Em relação à Revolução Francesa, houve um aborto, um retrocesso; houve também um retrocesso na Revolução Bolchevique. Esse fracasso da revolução está na própria revolução. Não há uma classe (ou grupo) que pudesse pôr o carro revolucionário em sua trajetória ideal: "A revolução e seu fracasso comporiam um único todo" (Ibid., p. 288). Então, os acontecimentos históricos mostraram que

---

18. Ibid., p. 282.

havia uma idealização na concepção da revolução, bem como na filosofia da história.

Portanto, nas análises de Merleau-Ponty há uma negação do desenvolvimento objetivo da história. Entre o passado e o presente surgem ocorrências que a filosofia da história não dá mais conta: "[...] vínculos vagos, contaminações, identificações que cruzam as relações de filiação dadas ou voluntárias, uma espécie de apagamento ou de amortecimento do passado real"[19]. Merleau-Ponty se aproxima do paradoxo nietzschiano: há progresso com desaceleração e perda. O avanço histórico é, também, estagnação da história. Deixa-se de aparecer uma particularidade das várias revoluções – "toda revolução é a primeira", afirma ele. Há, isto é verdade, um mínimo de justiça exigível que aumenta. Mas a grande revolução que recria a história é sem fim e "os progressos históricos não podem ser somados como os degraus de uma escada"[20].

O que transparece das análises de Merleau-Ponty é o poder (ou coragem) de se encarar a história como "ambiguidade", como algo relativo. Uma visão que identifica, nesta mesma história, que "vitória e fracasso formem um único todo". Por isso, há uma verdade nas revoluções que não concorda com a imagem (ou saber) que elas fazem de si.

Em Sartre, também presenciamos uma forma de crítica que nos leva a outros horizontes teóricos. Observar no caso específico da *Questão de método* como surge um questionamento do marxismo em suas últimas teorizações. Na reconstituição dessa crítica, encontramos um Sartre que recorre a Kierkegaard contra o idealismo absoluto de Hegel. Kierkegaard é importante porque reivindicou uma espécie de "subjetividade singular" que não pode ser apreendida pelo saber:

> O homem existente não pode ser assimilado por um sistema de ideias; por mais que se possa dizer e pensar

---

19. Ibid., p. 289.
20. Ibid., p. 290.

sobre o sofrimento, ele escapa ao saber, na medida em que é sofrido em si mesmo, para si mesmo, onde o saber permanece incapaz de transformá-lo[21].

Em seguida, Sartre afirma que Kierkegaard tem razão. Isto ocorre porque "em relação a Hegel ele marca um progresso em direção ao realismo", ao propor a irredutibilidade de certo Real ao pensamento. Então, para Sartre, Kierkegaard dá uma nova abertura para a própria dimensão do Real ao propor essa cisão entre Real/ saber.

É no interior de um debate semelhante a este, ou seja, entre Hegel e Kierkegaard, que Sartre insere sua crítica ao marxismo. Na época de Marx, tínhamos um "marxismo vivo". Isto porque nele o processo histórico era abordado de acordo com esquemas universalizantes e totalizadores:

> [...] a teoria determinava a perspectivação e a ordem dos condicionamentos, estudava tal processo particular no quadro de um sistema geral em evolução. Mas em nenhum caso, nos trabalhos de Marx, esta perspectivação pretende impedir ou tornar inútil a apreciação do processo como totalidade singular[22].

Neste "marxismo vivo" presenciava-se a heurística: ante a pesquisa concreta, princípios e saberes anteriores surgiam como reguladores. Então, o que ocorreu com o marxismo?

> Não mais se trata de estudar os fatos dentro da perspectiva geral do marxismo para enriquecer o conhecimento e para iluminar a ação: a análise consiste unicamente em se desembaraçar do pormenor, em forçar a significação de certos acontecimentos, em desnaturar fatos ou mesmo em inventá-los para reencontrar, por baixo deles, como sua substância, "noções sintéticas" imutáveis e fetichizadas. Os conceitos abertos do marxismo se fecharam; não mais são chaves, esquemas in-

---

21. Sartre, 1972, p. 15.
22. Ibid., p. 26.

terpretativos: eles se põem para si mesmos como saber já totalizado[23].

Um esmagamento da "singularidade"; o que Sartre denomina de uma prática terrorista de "liquidar a particularidade". O existencialismo que propõe Sartre ante o "marxismo morto" tem a mesma função daquela que o pensamento de Kierkegaard desempenha com relação a Hegel. Mas com uma diferença: existencialismo e marxismo visam o mesmo objeto. Se o "marxismo morto" reabsorveu o homem na ideia (daí, na concepção de Sartre, o marxismo ter se transformado numa espécie de idealismo absoluto), agora o existencialismo tem como tarefa procurar esse homem por toda parte: no trabalho, em sua casa, na rua.

Nesse sentido, o que temos com Sartre não é tanto uma visão de esgotamento (geral) do marxismo (como ocorre com Foucault, por exemplo), mas uma constatação de paralisia. "O marxismo estacionou", afirma Sartre. Logo é preciso pô-lo em movimento novamente. Sartre afirma que esse intento pode resultar em algo tão "novo", que fica difícil sabermos se estamos novamente no campo do "marxismo vivo".

Tal relação com o marxismo também aparece em W. Adorno. Este quer realizar uma revisão cuidadosa nas origens do marxismo, especialmente em Hegel. Em Adorno não há um rompimento dos pressupostos que Marx assentou, mas uma liberdade ante ao pensamento, principalmente de ordem filosófica e artística. Com relação à ordem filosófica é na *Dialética negativa* que encontramos esse esforço por repensar a dialética de origem hegeliana. É, sem dúvida, como foi *Questão de método*, de Sartre, uma tendência a sair do marxismo rígido erigido pela tradição bolchevique. Por isso, Adorno retorna constantemente a Hegel e vê um erro do encaminhamento filosófico que o levou até o marxismo oficial. Daí as primeiras ideias de Adorno na *Dialética negativa*: "A filosofia,

---

23. Ibid., p. 28.

que um dia parece ultrapassada, mantém-se viva porque se perdeu o instante de sua realização"[24]. É a décima primeira das *Teses sobre Feuerbach* que está em jogo e que faz pensar na possibilidade da filosofia no capitalismo tardio. Seu tom pessimista chega a fechar as portas para um pensar autêntico: "[...] nenhuma teoria escapa mais ao mercado" afirma. Mesmo assim é preciso pensar a filosofia.

O problema central com esse "é preciso pensar" está no núcleo da filosofia hegeliana: a dialética. Mas não mais uma dialética aos moldes do sistema hegeliano. Agora o não idêntico necessita ser levado em consideração sem reduzi-lo como uma instância do processo dialético. Por isso no hegelianismo "a contradição é o não idêntico sob o aspecto da identidade"[25]. Adorno anseia abrir esse sistema, longe do momento onde o singular já está pensado como pré-determinação:

> Para ele, o particular determinado era definível pelo espírito porque sua determinação imanente não devia ser outra coisa senão espírito. De acordo com Hegel, sem essa suposição, a filosofia não seria capaz de conhecer nada de conteudístico e essencial[26].

Aqui está a possibilidade dessa renovação do pensamento com o auxílio da filosofia. Um persistir na dialética sem os instantes hegelianos. Surge, assim, a dialética negativa, na expressão de Adorno. Na introdução da obra há um balanço geral da filosofia moderna e contemporânea; as novas correntes do pensamento filosófico com Bergson, Husserl, entre outros, são concebidas na tentativa de levar um novo alento ao pensar; mas, infelizmente, elas terminam em idealismo. Resta, enfim, uma utopia para a filosofia pós-marxista ou de um marxismo renovado que seria "abrir o não conceitual com conceitos, sem equipará-los a esses conceitos". É como se a

---

24. Adorno, 2009, p. 11.
25. Ibid., p. 13.
26. Ibid., p. 15.

filosofia tomasse consciência de seus limites insuperáveis[27], num tipo de estreitamento que se remete ao universo filosófico. O pensar nesse campo não se realiza mais como sistema: isto é uma forma de hipostasia que os vários sistemas filosóficos incorrem. Propõe-se, com Adorno, uma filosofia mais flexível, mas não menos rígida. Mais cônscia do "externo" e do "singular" que não se consegue pensar. Anseia-se, nessa filosofia, uma dialética negativa que se volta para o não idêntico.

Essa seria uma filosofia renovada, na apreciação de Adorno. Nela ocorreria o "desencantamento do conceito" que impediria que ocorresse a autoabsolutização do conceito. Essa filosofia deve saber que não pode apreender a "verdade" na finitude de suas determinações. E o ideal filosófico adorniano seria:

> Ela teria o seu conteúdo na multiplicidade, não enquadrada em nenhum esquema, de objetos que se lhe impõem ou que ela procura; ela se abandonaria verdadeiramente a eles, sem usá-los como um espelho a partir do qual ela conseguiria depreender uma vez mais a si mesma, confundindo a sua imagem com a concre-

---

27. De certa forma, a crítica empreendida por Feuerbach e Marx já tinha levado a esta situação. A saída possível resultou no mundo da *práxis* marxiana. Agora, na visão adorniana, o paradoxo se instala, já que a saída se volta para o próprio campo questionado. Nesse sentido, a dialética negativa seria a tentativa de se buscar um terceiro instante para a dialética. A passagem da dialética hegeliana (primeiro instante da dialética) para a marxiana (segundo instante), pode ser percebida nessa passagem de Marx na *Crítica da filosofia do direito de Hegel*: "[...] uma existência empírica é tomada de maneira acrítica como a verdade real da ideia; pois não se trata de trazer a existência empírica à sua verdade mas, antes, de trazer a verdade a uma existência empírica, de tal modo que aquilo que se encontra mais próximo é desenvolvido como um momento real da ideia. [...] Deste modo não se ganha nenhum conteúdo, mas apenas se modifica a forma do conteúdo velho. Ele recebeu uma forma filosófica, um atestado filosófico. [...] Produz, em seguida, uma impressão profunda, mística, ver uma existência particular posta pela ideia e encontrar em todos os níveis um Deus feito homem. [...] Assim, o universal aparece por toda parte como algo de particular, de determinado, enquanto o singular não atinge em lugar algum sua verdadeira universalidade. [...] E é evidente. O verdadeiro caminho a ser percorrido está invertido. O mais simples é o mais complexo e o mais complexo o mais simples. O que deveria ser ponto de partida se torna resultado místico e o que deveria ser resultado racional se torna ponto de partida místico" (MARX, 2005, p. 59, 60).

ção. Ela não seria outra coisa senão a experiência plena, não reduzida, no *medium* da reflexão conceitual[28].

Surge nesse horizonte outra forma de seriedade filosófica. Ela não deixaria seu caráter negativo, pois em caso contrário se transformaria num modelo inocente, ingênuo. Por isso Adorno afirma que pensar é negar; é resistir ao que lhe é imposto. Radicalismo no pensar e, ao mesmo tempo, uma entrega ao Outro que faz com que esse mesmo pensar possa "sair" de sua absolutização.

Compreende-se que parte da *Dialética negativa* se resume numa crítica à consciência identitária. Isto equivale a uma crítica à dialética hegeliana. Adorno vê na negação de Hegel uma falsa saída ou uma solução errônea que não apreende o não idêntico: "A equiparação da negação da negação com a positividade é a quinta-essência do identificar, o princípio formal levado à sua forma maximamente pura. Com ele, o princípio antidialético conquista sua supremacia no ponto mais íntimo da dialética [...]"[29].

Como podemos notar é a dialética hegeliana que está em jogo. Não a dialética que Adorno quer salvar, mas uma forma de método que se apresentou como solução filosófica na passagem dos séculos XVIII e XIX. Então, retornar a Hegel e marcar seus instantes falsos parece constituir uma das tarefas da *Dialética negativa*. Ela parte de Hegel e Kant num contexto de afirmação da ordem burguesa. A partir disto, a dialética negativa deve alçar como objetivo "a exigência filosófica de descer até o detalhe". É aqui que Hegel entra em cena. Sua dialética enredou-se em uma tautologia, pois seu instante de "descer até o detalhe" trazia já como pré-condição a marca de um Espírito total e absoluto. Assim, por todo um capítulo intitulado *Espírito do mundo e história natural*, Adorno realiza a crítica com relação a esse conceito hegeliano.

O Espírito do mundo em Hegel, segundo Adorno, ampara-se nas "relações heterônomas", onde as relações inter-humanas se tor-

---

28. Adorno, 2009, p. 20.
29. Ibid., p. 137.

naram invisíveis. Adorno nega que a história tenha um sujeito de ordem global. Pelo contrário, é o homem vivo, real, que faz tudo isto: "Não é de modo algum a "história" que necessita do homem como meio para alcançar seus fins – como se ela fosse uma pessoa à parte"[30].

A reviravolta que pretende Adorno representa uma valorização do subjetivo, do singular, do individual. Mas isto não deixa de trazer uma série de dificuldades. Primeiro que o encaminhamento da filosofia da história em Hegel significa "o badalar do sino de uma época em que a realização da liberdade burguesa" ultrapassa os próprios limites ideológicos impostos pela nova dominação. Daí por que do hegelianismo representar essa fase final da dominação burguesa, onde o social é hipostasiado em categorias como, por exemplo, o "universal". Assim a crítica ao hegelianismo promete recuperar esse instante de liberdade individual com uma nova dialética. A tarefa agora de Adorno é remeter os dois erros (que não deixam de compartilhar de instantes da dominação presente) a um processo crítico: a individualidade burguesa e o universalismo hegeliano. A saída possível seria resgatar uma "experiência individual do universal"[31]. Os indivíduos não são, como queria Hegel, apenas máscaras de um teatro mais amplo, universal (ou como "agentes de valor" da esfera econômica). A sobrevalorização do universal corresponde a uma espécie de corrupção do hegelianismo, na medida em que tomou a preeminência do universal (necessária para que os indivíduos se componham como tal) como Ideia Absoluta.

Observar, nesse caso, como a revolta do homem do subsolo de Dostoiévsky já continha essa negação de se aceitar uma definição do subjetivo atrelada a um universal. As *Notas do subsolo* representam o homem como um ser indefinido, longe dessa lógica matemática (e científica) que reduz o subjetivo a "dois e dois são quatro". Dostoiévsky teme essa espécie de universal que retira do homem a

---

30. Ibid., p. 253, 254.

31. Ibid., p. 256.

liberdade de sua própria determinação. Ou seja, ele é livre para se autodeterminar. A resposta de Adorno não é muito diversa:

> Cada existência individual deve ter o primado ante o seu conceito; o espírito, a consciência dos indivíduos, não deve existir senão nos indivíduos, mas não o supraindividual que se sintetiza neles e por meio do qual apenas eles podem pensar. De maneira encarniçada, as mônadas fecham-se para a sua real dependência genérica tanto quanto para o aspecto coletivo de todas as suas formas e conteúdos de consciência – formas que são elas mesmas aquele universal negado pelo nominalismo; e conteúdos, uma vez que os indivíduos não se deparam com nenhuma experiência, e mesmo com nenhuma assim chamada matéria da consciência, que não seja pré-digerida e fornecida pelo universal[32].

Está em jogo, nisto tudo, a própria transformação do universal, já que hoje "o particular se tornou função do universal". O erro da revolução socialista foi ter realizado pela metade a transformação do universal e virado as costas para o particular? Provavelmente é esta a indicação de Adorno. Mas ele remete sua crítica à efetivação da sociedade capitalista. E neste quadro, a própria ciência é levada em consideração. Ela não deve ser separada – como fez Bacon – da própria dominação burguesa (como explorou os trabalhos de Foucault). A ciência aperfeiçoou a dominação moderna até ao ponto de levá-la aos confins do mundo subjetivo. Pessimismo ou realismo adorniano, essa visão apreende uma saída por demais estreita para o "homem liberto" (ou desejoso de "libertação").

O falso caminho para a libertação individual foi este que a sociedade capitalista semeou, onde os indivíduos perseguem a sua autoconservação. Nesta busca (ou prática) a não identidade não se realiza. Está dado o paradoxo de um sistema que tudo absorve:

> Sem as espontaneidades individuais, a unidade não teria surgido, e, enquanto sua síntese, ela seria algo se-

---

32. Ibid., p. 260.

cundário; o nominalismo bem o recorda. Porém, na medida em que, por meio das necessidades de autoconservação dos muitos ou simplesmente em virtude das relações irracionais de dominação que utilizam abusivamente essas necessidades como pretexto, a unidade se tece cada vez mais espessamente, essa unidade abarca todos os indivíduos, sob a pena de aniquilação, integra-os – para usar o termo de Spencer –, absorve-os em sua legalidade, mesmo contra o seu interesse particular evidente[33].

Aqui se insere o jogo ideológico. Este necessita inverter ou mostrar que essa integração é a única possível: "A coerção transforma-se para eles em sentido". O Espírito aparece como universalidade do pensamento. Ocorre uma duplicação ou reflexo, como se a ideologia necessitasse desse reflexo (nos indivíduos) para gerar o "sujeito" ou o "Absoluto" nesta entidade abstrata: "Isso permite, por sua vez, ao Espírito em seu substrato se reprojetar sobre essa universalidade, como se ele fosse realizado nela e tivesse por si a sua própria realidade efetiva"[34].

A nova universalidade desejada por Adorno deve conter (ou compor, simplesmente) o interesse comum dos sujeitos individuais associados. Em várias passagens ele critica no sistema hegeliano o fato de seu universal desconhecer a "negatividade". Por isso ao tratar da história universal, Adorno é muito cauteloso. No fundo, não há uma história (universal) que conduza as coisas do selvagem à humanidade; há, sim, uma história que conduz da "atiradeira à bomba atômica". O Espírito do mundo, para Adorno, representa a "catástrofe permanente".

Adorno parece crer que o universal habita efetivamente o centro da coisa individual. Mas aqui, há toda uma crítica à dialética, pois esta se apresenta com o "apetite da incorporação" e com a "aversão àquilo que não pode ser incorporado". Então a real iden-

---

33. Ibid., p. 262.
34. Ibid., p. 263.

tidade da coisa está no não idêntico e sua representação não se encontra no universal. O objeto apresenta-se com seu fechamento – é a sua aparência. O processo identificador, fixante, vai enxergar no objeto o aparente e resolvê-lo no universal. Já Adorno nos dá outra saída. É como singular que me relaciono com o outro e é como singular que me resolvo – meu ser-aí. O cerne do individual apresenta "momentos do universal".

A questão é que a negação da negação não pode nos levar ao positivo (como em Hegel). O momento unificador e a progressão não se dão por etapas ou mesmo num processo de abstração. Os conceitos entram numa relação que Adorno denomina de "constelação":

> O momento unificador sobrevive sem a negação da negação e mesmo sem entregar-se à abstração enquanto princípio supremo, de modo que não se progride a partir de conceitos e por etapas até o conceito superior mais universal, mas esses conceitos entram em uma constelação[35].

Ver que neste procedimento existe a possibilidade da coisa se expressar de forma mais livre, o que "ele quer ser". Daí esse procedimento ter as condições de determinar "potencialmente seu interior".

O não idêntico só alcança a si mesmo na exteriorização. Mas aqui reside o perigo. Ele não pode se cristalizar no processo identificador. O exterior deve apresentar-se como "consciência da constelação" na qual ele se encontra. Nesse instante, Adorno rompe com a abstração desse pensamento ao afirmar que a "universalidade imanente do singular é objetiva como história sedimentada". É uma história que está nele e fora, ao mesmo tempo; ela o envolve e ele participa de seu momento. A história no objeto só pode ser apreendida, liberada, quando um saber apresenta-se com a consciência do "valor histórico conjuntural do objeto em sua relação com os outros objetos":

---

35. Ibid., p. 140.

> Efetivamente, o conceito é a razão suficiente da coisa, na medida em que a investigação ao menos de um objeto social se torna falsa quando se limita a interdependências no interior de seu domínio – interdependências que fundaram o objeto – e ignora a determinação do objeto pela totalidade[36].

O já sabido, por meio da atualização e concentração de algo, transforma o saber. Então não se trata de uma teoria superpotente que vê longe e de forma profunda. Adorno cita o exemplo de Weber para mostrar que "a compreensão conceitual definitiva não pode se achar por isso no começo, mas precisa estar na conclusão da investigação"[37].

Entre a subjetividade e a objetividade há uma crítica toda especial de Adorno em torno da primeira. O idealismo subjetivo surge na *Dialética negativa* com seu instante de autoilusão. Há um momento no idealismo em que o sujeito, como sob o encantamento, é pensado como subjetividade. Adorno não quer afirmar o sujeito como uma categoria; o que está em jogo é o domínio universal do valor de troca que age sobre os homens. Neste caso, os sujeitos (com seu momento de subjetividade) são rebaixados e a não verdade se instala no próprio instante onde se proclama o princípio de universalidade como algo predominante do sujeito. Adorno quer inverter esse sentido, ou seja, reconduzir a objetividade não em direção ao sujeito, mas ao objeto. A própria filosofia não tem dado a devida atenção a essa perspectiva:

> Nesse caso, a coisa mesma não é de maneira alguma um produto do pensamento; ela é muito mais o não idêntico que atravessa a identidade. Uma tal não identidade não é nenhuma "ideia", mas algo encoberto. O sujeito da experiência trabalha em seu desaparecimento. A verdade seria o ocaso do sujeito. Esse ocaso não é senão simulado pela subtração no método científico de

---

36. Ibid., p. 142.
37. Ibid., p. 143.

tudo aquilo que há de específico para a subjetividade, *ad maiorem gloriam* (pela glória maior) do sujeito objetivado e transformado em método[38].

O que explica a ênfase da filosofia moderna na objetividade do sujeito (o que Adorno denomina de "subjetismo filosófico") é a própria emancipação do Eu burguês. Nesse "subjetismo filosófico" há um negar da coisidade (as mediações do "subjetivo") do próprio momento subjetivo. Por isso essa filosofia (idealista) "acredita estar acima da supremacia das mercadorias e de sua forma subjetiva de reflexão, da consciência reificada"[39]. Isto é válido, acima de tudo, para Kant. Na crítica adorniana a resolução kantiana do transcendental não resolve de fato a contradição. É uma saída abstrata (idealista); o que para Adorno fundamenta a "normatividade" e a "identidade" é o não idêntico irredutível: "O princípio identificador do sujeito é ele mesmo o princípio interiorizado da sociedade"[40]. Sem esse instante social toda resolução filosófica torna-se necessariamente abstrata. O que importa são os sujeitos reais que existem socialmente – e, aqui, a não liberdade impera. Por isso, a liberdade subjetiva, enquanto uma forma de esquizofrenia, torna-se "um elemento destrutivo que integra efetivamente os homens ao encantamento da natureza".

Como podemos perceber, sem abandonar os fundamentos do marxismo, Adorno parece ingressar numa nova fase do pensamento crítico-radical. São vários temas por ele abordados que poderíamos localizar, também, como temas do pensamento inquietante[41]. Esta

---

38. Ibid., p. 162.

39. Ibid.

40. Ibid., p. 203.

41. Utilizamos o termo "pensamento inquietante" para toda forma de pensamento que compartilha dos temas relevantes da chamada "condição pós-moderna". Neste sentido, David Harvey pode nos auxiliar com seu comentário: "O pós-moderno, em contraste, privilegia "a heterogeneidade e a diferença como forças libertadoras na redefinição do discurso cultural". A fragmentação, a indeterminação e a intensa desconfiança de todos os discursos universais ou (para usar um termo favorito) "totalizantes" são o marco do pensamento pós-moderno" (HARVEY, 1992, p. 19).

forma de pensamento (da era pós-moderna) parece comportar certo padrão de análise. Tal padrão implica a recusa de um só sentido para a história. Há, agora, vários sentidos ou mesmo, nenhum; a história se fragmentou, aprofundou-se e, ao mesmo tempo, tornou-se mais "superficial": para alguns desses novos intérpretes, ela não passa de uma forma de linguagem. O que o pensamento inquietante recusa é uma espécie de lógica (de ordem filosófica) que tudo quer compreender, abarcar e representar. O inimigo maior já está delineado: ele é Hegel. Isso se explica porque nele a lógica simula a vida (e a história), dando-nos a impressão que a Razão abarca o Todo histórico.

O exemplo mais extremo de pensamento inquietante é Jean Baudrillard. Escrita despretensiosa num pensamento audacioso, nele a história é algo agonizante:

> Numa esfera estranha à história, a própria história não pode mais se refletir, nem se provar. É por isso que somamos todas as épocas anteriores, todos os modos de vida, todas as mentalidades de historicizar, de contar nossa história com provas e documentos (tudo se torna documento): é porque sentimos muito bem que tudo isso está enfraquecido em nossa esfera, que é a do fim da história[42].

Baudrillard chega a identificar uma espécie de "involução" na história. Não temos mais para onde ir, para onde crescer. De forma frenética, apressada, estamos estacionados no presente. Mas, ao mesmo tempo, o passado parece vir de encontro a nós; isto ocorre também com o futuro. Em um mundo saturado, nosso destino é a "inércia"; Baudrillard parece concordar com o escritor Canetti quando este afirma que a história se tornou irreal.

Portanto, o objeto de estudo (a história, em nosso caso específico) do pensamento inquietante corresponde àquilo que desafia

---

42. Baudrillard, 1996, p. 15. Numa outra passagem, ele afirma: "Uma vez terminado o sentido da história, uma vez ultrapassado esse ponto de inércia, todo acontecimento se torna catástrofe, torna-se acontecimento puro e sem consequências (mas nisso reside sua força). O acontecimento sem consequência – como o homem sem qualidades de Musil, como o corpo sem órgãos, como o tempo sem memória" (Ibid., p. 16).

a lógica herdada (cf. Castoriadis). Está-se em busca de algo mais "leve", "estranho", "criativo", "singular", "esquizoide"; nas palavras de Baudrillard: "A ironia substitui a causalidade universal pelo poder fatal de um objeto singular"[43].

Nesse horizonte delineado anteriormente, podemos também inserir Gilles Deleuze. Grandemente influenciado pelo movimento contestatório de maio de 1968, seu radicalismo se ampara em Nietzsche para subverter o processo de dominação social. *Diferença e repetição* (publicado em 1968) corresponde a esse esforço de se revisar uma visão de mundo (de ordem filosófica) que tem em Platão seu iniciador[44]. Em Deleuze a crítica visa às noções de representação, negação, identidade e semelhança. O filósofo francês quer afirmar a diferença e a repetição. Se Platão é o responsável por iniciar uma falsa (e conservadora) tradição filosófica, Hegel, por outro lado, é o representante moderno desta tradição:

> Hegel substitui a verdadeira relação do singular e do universal na ideia pela relação abstrata do particular com o conceito em geral. Permanece, pois, no elemento refletido da "representação", na simples generalidade. Representa conceitos em vez de dramatizar ideias: faz um falso teatro, um falso drama, um falso movimento. É preciso ver como Hegel trai e desnatura o imediato para fundar sua dialética sobre esta incompreensão e para introduzir a mediação num movimento que é apenas o movimento de seu próprio pensamento e das generalidades deste pensamento[45].

Como Marx já havia observado, Hegel elabora uma filosofia abstrata, representa um falso movimento. Não se aceita mais, por-

---

43. Ibid., p. 103.

44. É o que Deleuze denomina de "recognição", bem semelhante ao "pensamento herdado" de Castoriadis: "O pensamento e todas as suas faculdades podem encontrar aí um pleno emprego; o pensamento pode aí ocupar-se, mas esta ocupação e este emprego não têm nada a ver com pensar. O pensamento é aí preenchido apenas por uma imagem de si mesmo, imagem em que ele se reconhece tanto melhor quanto ele reconhece as coisas: é um dedo, é uma mesa, bom-dia Teeteto" (DELEUZE, p. 202)

45. Ibid., p. 31.

tanto, um movimento que seja dialético, na visão de Deleuze. O que tal movimento tem de falso? Para Deleuze a nova dialética deve ser capaz de expressar a adequação (cada vez mais perfeita) entre a diferença e a repetição. Já a velha dialética (a de Hegel) apresenta-se com uma falsa contradição:

> A contradição hegeliana não nega a identidade ou a não contradição; ela consiste, ao contrário, em inscrever no existente os dois "nãos" da não contradição, de tal maneira que a identidade, sob esta condição, nesta fundação, baste para pensar o existente como tal[46].

Portanto, o círculo de Hegel representa uma circularidade infinita do idêntico através da negatividade. Por isso Deleuze a denomina de "ilusão do negativo", pois este nada mais é que um epifenômeno, um efeito de "uma afirmação muito forte". Daí a negação ser uma "sombra" e possuir um falso não ser. O verdadeiro não ser é o ser do problemático e da questão. Deleuze o denomina de (não) ser.

Portanto, é o conceito de negativo que recebe a crítica deleuzeana. Preserva-se uma dialética como arte dos problemas e das questões, sem que se caia na potência do negativo[47]. Eis, então, a grande questão (ou o erro) a ser identificada na dialética tradicional: ao invés de ser a "ciência dos problemas", ela transformou-se no "movimento do negativo e da contradição". Houve, assim, uma desnaturação da dialética. No lugar da contradição, Deleuze indica a presença da "vicedicção": uma afirmação da divergência e do descentramento.

---

46. Ibid., p. 85.

47. O problema, segundo Deleuze, surge dessa forma: "O que se perde [Deleuze, aqui, censura o filósofo que pretende remeter 'a verdade dos problemas à possibilidade de suas soluções'] é a característica interna do problema como tal, o elemento imperativo interior que decide antes de tudo de sua verdade e de sua falsidade e que mede seu poder de gênese intrínseca: o próprio objeto da dialética ou da combinatória, o 'diferencial'. Os problemas são provas e seleções. O essencial é que, no seio dos problemas, faz-se uma gênese da verdade, uma produção do verdadeiro no pensamento" (Ibid., p. 232).

Por isso Deleuze enfatiza a ilusão do negativo, pois não há de fato o que denominamos "negativo". Ele é ilusão, pois se trata de uma "sombra dos problemas":

> O negativo é uma ilusão, porque a forma da negação surge com as proposições, que só exprimem o problema de que elas dependem, desnaturando-o, escondendo sua verdadeira estrutura. Desde que o problema é traduzido em hipótese, cada afirmação hipotética encontra-se duplicada por uma negação, que representa agora o estado do problema traído por sua sombra[48].

Deleuze parece indicar que o negativo não é radical (verdadeiro) o bastante; a crítica que contém o negativo nunca é decisiva, já que sempre invoca os direitos de um primeiro conceito (o Uno, a ordem, o Ser). Deleuze só aceita o negativo (e sua crítica) quando atrelado à ideia; neste caso, surge a multiplicidade que denuncia o Uno: "É a variedade que denuncia, ao mesmo tempo, a ordem e a desordem"; é o (não) ser que denuncia o ser e o não ser.

Eis, portanto, que *Diferença e repetição* confirmam outro tipo de movimento e de regime de verdade. Mas como aplicá-lo à história? Em *O anti-Édipo*, o primeiro tomo de *Capitalismo e esquizofrenia*, parece dar uma resposta a esta questão. Aqui, Freud, Nietzsche e Marx são utilizados para se efetuar uma revisão completa do sentido da história. Com um detalhe: Freud é utilizado a "contrapelo", bem ao estilo da crítica à economia política realizada por Marx. No caso de Deleuze, utiliza-se as descobertas de Freud e, ao mesmo tempo, realiza-se uma abordagem crítica ante sua visão teórica (abstrata/conservadora). *O anti-Édipo* apreende o desejo como uma força produtiva. Aqui, a economia deixa de ser uma infraestrutura; agora é o desejo que é colocado em seu lugar. Ele é potência e como tal apresenta uma dimensão revolucionária; ao mesmo tempo recebe todo o investimento do *socius* que deseja silenciá-lo, deslocá-lo, despotencializá-lo.

---

48. Ibid., p. 286.

É nesse horizonte crítico que a psicanálise é questionada como uma forma ideológica da sociedade capitalista. Deleuze e Guattari realizam um tratamento de ordem materialista; neste tratamento, Édipo é o núcleo redutor do desejo. Desse modo é em torno de Édipo que ocorre a desfiguração e despotencialização do desejo:

> E Édipo é isto, a imagem falsificada. Não é nele que o recalcamento opera, nem é sobre ele que o recalcamento incide. Nem sequer é um retorno do recalcado. É um produto fictício do recalcamento[49].

Édipo é invertido por Deleuze/Guattari. Ele é concebido como uma ideia que o recalcamento nos inspira com relação ao desejo. Mas qual o objetivo da sociedade? Bem ao estilo das conclusões de Foucault sobre o poder, Deleuze/Guattari afirmam que a simples repressão (o recalcamento do desejo) não basta:

> Portanto, é de importância vital para uma sociedade reprimir o desejo, e mesmo achar algo melhor do que a repressão, para que até a repressão, a hierarquia, a exploração e a sujeição sejam desejadas. É lastimável ter de dizer coisas tão rudimentares: o desejo não ameaça a sociedade por ser desejo de fazer sexo com a mãe, mas por ser revolucionário[50].

O *socius* adquire eficácia quando produz desejos conservadores. Mas a questão é que a "produção social e a produção desejante são uma só coisa". Há entre essas duas formas de produção apenas uma diferença de regime. Nesse jogo (de diferenças de regime) a forma social de produção exerce uma repressão essencial sobre a produção desejante; já, esta última, tenta explodir a forma social.

Neste contexto, a família é apreendida como "simples tática" (onde se fecha o campo social) para a reprodução das exigências do *socius*. A família torna-se um microcosmo que exprime uma forma de dominação: "As determinações familiares [tornam-se] apli-

---

49. Deleuze e Guattari, 2010, p. 157.

50. Ibid., p. 158.

cações da axiomática social. A família [é] o subconjunto ao qual se aplica o conjunto do campo social"[51]. O que aparece em *O anti-Édipo* como familismo é um sistema que desvia o foco da real polaridade entre as "máquinas desejantes" e o "campo social". O familismo é um sistema representativo. Mas não só isso; ele opera uma função do *socius*:

> [...] a família talha, não para de cortar à sua medida a produção desejante. Inscrevendo-se no registro do desejo, introduzindo furtivamente sua captura, a família opera uma vasta captação de forças produtivas, desloca e reorganiza à sua maneira o conjunto dos cortes que caracterizam as máquinas do desejo[52].

Por isso a psicanálise ao fechar seu intento de "cura" no familismo, no fundo passa a representar um "neoidealismo", um último padre, um culto restaurado da castração. A psicanálise opera com uma ideologia da falta; isto significa, no fundo, uma representação antropomórfica do sexo. Ela faz parte da "máquina do capital".

Quando Deleuze/Guattari visualizam a história universal, o processo da civilização ocidental, há um deslocamento do tradicional quadro herdado do marxismo. Agora temos as "forças produtivas do desejo", o "processo de produção desejante", a "revolução do desejo", as "relações de produção do desejo" etc. O modelo marxista é flagrante; só que neste caso, Freud é introduzido para operar uma nova avaliação do processo histórico. Deleuze/Guattari veem no capitalismo um sistema que "liberta os fluxos do desejo" mas, ao mesmo tempo, tal sistema não pode correr o risco de ser atacado por desejos descodificados. O sistema opera, por isso, um movimento inverso, de ordem conservadora:

> Inversamente, poder-se-á encontrar em todas as reterritorializações do capitalismo a forma da alienação social em ato, na medida em que elas impedem que

---

51. Ibid., p. 351.
52. Ibid., p. 169.

> os fluxos façam fugir o sistema, na medida em que elas mantêm o trabalho no quadro axiomático da propriedade e o desejo no quadro aplicado da família; mas, por sua vez, esta alienação social inclui a alienação mental representada ou reterritorializada em neurose, perversão, psicose (doenças mentais)[53].

O que se verifica com esse panorama teórico exposto em *O anti-Édipo* é uma desconfiança com relação ao *socius*. Bem próximos de Foucault e Castoriadis, Deleuze/Guattari veem no *socius* um princípio conservador. Não há como restaurar, revolucionar esse *socius* para gerar outro melhor. A saída parece mais próxima a um modelo de "desmoronamento", de uma estratégia de "minar" o sistema em suas injunções mais frágeis[54]. Na concepção de Deleuze, seu herói é o esquizo:

> A esquizofrenia como processo é a produção desejante, mas tal como ela é no fim, como limite da produção social determinada nas condições do capitalismo. Esta é a nossa "doença", a de homens modernos. O fim da história não tem outro sentido. Nele se reúnem os dois sentidos do processo: como movimento da produção social, que vai até o fim da sua desterritorialização, e como movimento da produção metafísica, que arrasta e reproduz o desejo numa nova terra. [...] O esquizo leva consigo os fluxos descodificados e faz com que eles atravessem o deserto do corpo sem órgão, onde instala sua máquinas desejantes e produz um perpétuo escoamento de forças ativas[55].

---

53. Ibid., p. 424.

54. Nessa passagem, podemos vislumbrar uma pequena saída: "saberão que aquilo a que dávamos o nome de esquizofrenia era uma das formas sob as quais – e muitas vezes por intermédio de pessoas absolutamente comuns – a luz começa a aparecer através das fendas dos nossos espíritos fechados [...] A loucura não é necessariamente um desabamento (*breakdown*); pode ser também uma abertura de saídas (*breakthrougt*) [...] O indivíduo que faz a experiência transcendental da perda do ego pode ou não perder de diversas maneiras o equilíbrio" (Ibid., p. 177, 178).

55. Ibid., p. 177.

Nesse exemplo, o caso mais concreto está focado na figura de Artaud, uma espécie de modelo ideal, pois além de ser um esquizo é, também, um artista[56]. Também os escritores D.H. Lawrence e H. Miller são amplamente citados para reforçar a tese de *O anti-Édipo*.

Portanto, à luz da crítica a Édipo como "reterritorialização imaginária do homem privado", bem como "efeito do recalcamento-repressão que a reprodução social impõe à produção desejante através da família"[57], Deleuze/Guattari anseiam por uma revisão no sentido da história. Tal revisão deve passar pela inclusão do desejo como "força produtiva". Para ambos os pensadores, repensar a história universal significa descobrir no complexo familiar a natureza dos investimentos sociais[58]. É, também, descobrir na entidade o "indivíduo" (como "fantasma individual") a natureza dos fantasmas de grupo. No lugar da dialética, entende-se a história no próprio movimento do simulacro; no lugar do indivíduo castrado e *locus* do investimento do *socius*, um esquizo que "corre" (Deleuze/Guattari comentam sobre a "viagem") na ordem da produção desejante.

---

56. "Artaud é o despedaçamento da psiquiatria, precisamente porque ele é um esquizofrênico e não porque ele não o é. Artaud é a efetuação da literatura precisamente porque ele é esquizofrênico e não porque não o é. Há muito tempo ele arrebentou o muro do significante: Artaud o Esquizo" (Ibid., p. 182).

57. Ibid., p. 174.

58. Ver que o "indivíduo" em Deleuze/Guattari é lido como "sujeito privado da castração".

Referências

ADORNO, T.W. (2009). *Dialética negativa*. Rio de Janeiro: Zahar [Trad. de M.A. Casanova].

AGOSTINHO [Santo] (2009). *A cidade de Deus I*. 11. ed. Petrópolis: Vozes [Trad. de O.P. Leme].

_____ (2008). *A cidade de Deus II*. 8. ed. Bragança Paulista: Editora Universitária São Francisco [Trad. de O.P. Leme].

_____ (1999). *Confissões*. 14. ed. Petrópolis: Vozes [Trad. de J.O. Santos e A.A. Pina].

ALMEIDA, N.M. (1985). *Gramática latina*. 20. ed. São Paulo: Saraiva.

ALVES NETO, R.R. (2009). *Alienações do mundo* – Uma interpretação da obra de Hannah Arendt. Rio de Janeiro/São Paulo: PUC-Rio/Loyola.

ARENDT, H. (2011). *Sobre a revolução*. São Paulo: Companhia das Letras [Trad. de D. Bottmann].

_____ (2009). *A promessa da política*. 2. ed. Rio de Janeiro: Difel [Trad. de P. Jorgensen Jr.].

_____ (1981). *A condição humana*. Rio de Janeiro/São Paulo: Forense-Universitária/Salamandra/Edusp [Trad. de R. Raposo].

_____ (1972). *Entre o passado e o futuro*. São Paulo: Perspectiva.

ARISTÓTELES (2008). *Ética a Nicômaco*. 4. ed. São Paulo: Martin Claret [Trad. de P. Nassetti].

BACON, F. (2007). *O progresso do conhecimento*. São Paulo: Unesp [Trad. de R. Fiker].

_____ (1999). *Novum organum ou verdadeiras indicações acerca da interpretação da natureza / Nova Atlântida*. São Paulo: Nova Cultural [Trad. de J.A.R. Andrade].

BARNES, J. (2005). *Aristóteles*. São Paulo: Loyola [Trad. de A.U. Sobral e M.S. Gonçalves].

BENOIT, L.O. (1999). *Sociologia comteana*: gênese e devir. São Paulo: Discurso.

BLOCH, M. (2001). *Apologia da história ou o ofício de historiador*. Rio de Janeiro: Zahar [Trad. de A. Telles].

BORNHEIM, G.A. (1977). *Dialética*: teoria, prática. Porto Alegre/São Paulo: Globo/Edusp.

BRAGUE, R. (2006). *O tempo em Platão e Aristóteles*. São Paulo: Loyola.

BUCI-GLUCKMANN, C. (1980). *Gramsci e o Estado*. Rio de Janeiro: Paz e Terra [Trad. de Angelina Peralva].

BURCKHARDT, J. (2009). *A cultura do Renascimento na Itália*: um ensaio. São Paulo: Companhia das Letras.

BURKE, E. (1997). *Reflexões sobre a revolução em França*. Brasília: UnB [Trad. de R.A. Faria].

CAIRE-JABINET, M.-P. (2003). *Introdução à historiografia*. Bauru: Edusc [Trad. de L. Pelegrin].

CARDOSO, C.F.S. (1988). *Uma introdução à história*. 7. ed. São Paulo: Brasiliense.

CASTORIADIS, C. (2004a). *Sobre O político de Platão*. São Paulo: Loyola.

_____ (2004b). *As encruzilhadas do labirinto – 6*: Figuras do pensável. Rio de Janeiro: Civilização Brasileira.

_____ (1996). *A instituição imaginária da sociedade*. 2. ed. Rio de Janeiro: Paz e Terra.

_____ (1987). *As encruzilhadas do labirinto – 2*: Os domínios do homem. Rio de Janeiro: Paz e Terra.

CHADWICH, H. (1969). *A igreja primitiva*. Lisboa: Ulisseia.

COMTE, A. (1993). *Plano dos trabalhos científicos necessários para reorganizar a sociedade*. 3. ed. Lisboa: Guimarães [Trad. de Á. Ribeiro].

_____ (1976). *Discurso sobre o espírito positivo*. Porto Alegre/São Paulo: Globo/Edusp [Trad. de R.B.R. Pereira].

CONDORCET [Marie J.A.N. Caritat] (1988). *Esquisse d'un tableau historique des progrès de l'esprit humain*. Paris: Flammarion.

COQUARD, O. (1996). *Marat*: o amigo do povo. São Paulo: Scritta [Trad. de C.H. Silva].

COULANGES, F. (1975). *A cidade antiga*. São Paulo: Hemus.

CROCE, B. (2006). *História como história da liberdade*. Rio de Janeiro: Topbooks [Trad. de J.C. Guimarães].

DE GRAZIA, S. (1993). *Maquiavel no inferno*. São Paulo: Companhia das Letras.

DELEUZE, G. (2009). *Lógica do sentido*. 5. ed. São Paulo: Perspectiva [Trad. de L.R.S. Fortes].

_____ (2006). *Diferença e repetição*. 2. ed. Rio de Janeiro: Graal [Trad. de L. Orlandi e R. Machado].

_____ (1992). *Conversações (1972-1990)*. Rio de Janeiro: Ed. 34 [Trad. de P.P. Pelbart].

DELEUZE, G. & GUATTARI, F. (2010). *O anti-Édipo* – Capitalismo e esquizofrenia I. São Paulo: Ed. 34 [Trad. de L.B.L. Orlandi].

DERRIDA, J. (1990). *Do espírito*. Campinas: Papirus [Trad. de C.M. Cesar].

DOSTOIÉVSKI, F. (2009). *Notas do subsolo*. Porto Alegre: L&PM [Trad. de M.A.B.P. Soares].

EAGLETON, T. (1997). *Ideologia*: uma introdução. São Paulo: Unesp/Boitempo [Trad. de S. Vieira e L.C. Borges].

EPICURO. (2005). *Pensamentos*. São Paulo: Martin Claret.

ESCOHOTADO, A. (1975). De *physis* a *polis*: La evolución del pensamiento filosófico griego desde Tales a Sócrates. Barcelona: Anagrama.

FEBVRE, L. (1995). *Michelet e a Renascença*. São Paulo: Scritta [Trad. de R.M.P. Cordeiro].

FEUERBACH, L. (2009). *Preleções sobre a essência da religião*. Petrópolis: Vozes [Trad. de J.S. Brandão].

_____ (1988). *A essência do cristianismo*. Campinas: Papirus [Trad. de J.S. Brandão].

FOUCAULT, M. (2010a). *O governo de si e dos outros* – Curso no Collège de France (1982-1983). São Paulo: WMF Martins Fontes [Trad. de E. Brandão].

_____ (2010b). *A hermenêutica do sujeito* – Curso no Collège de France (1981-1982). São Paulo: WMF Martins Fontes [Trad. de M.A. Fonseca e S.T. Muchail].

_____ (2005). *Em defesa da sociedade* – Curso no Collège de France (1975-1976). São Paulo: Martins Fontes [Trad. de M.E. Galvão].

_____ (1979). *Microfísica do poder*. Rio de Janeiro: Graal [Trad. de R. Machado].

_____ (1978). *História da loucura*. São Paulo: Perspectiva [Trad. de J.T.C. Netto].

FRANÇA, F.C.T. (1996). *Criação e dialética* – O pensamento histórico-político de Cornelius Castoriadis. São Paulo: Brasiliense/Edusp.

FURET, F. (1989). *Marx e a Revolução Francesa*. Rio de Janeiro: Zahar [Trad. de P.B. Cachapuz].

GALILEI, G. (2000). *O ensaiador*. São Paulo: Nova Cultural.

GAZOLLA, R. (1999). *O ofício do filósofo estoico* – O duplo registro do discurso da Etoa. São Paulo: Loyola.

GORZ, A. (org.) (1989). *Crítica da divisão do trabalho*. 2. ed. São Paulo: Martins Fontes [Trad. de E.S. Abreu].

GRAMSCI, A. (1978). *Concepção dialética da história*. 3. ed. Rio de Janeiro: Civilização Brasileira.

GRIMAL, P. (1990). *Os erros da liberdade*. Campinas: Papirus [Trad. de T. Pellegrini].

GUALANDI, A. (2003). *Deleuze*. São Paulo: Estação Liberdade.

GUILLEBAUD, J.-C. (2003). *A reinvenção do mundo* – Um adeus ao século XX. Rio de Janeiro: Bertrand Brasil [Trad. de M.H. Kühner].

HABERMAS, J. (2002). *O discurso filosófico da Modernidade*. São Paulo: Martins Fontes [Trad. de L.S. Repa e R. Nascimento].

HARVEY, D. (1992). *Condição pós-moderna* – Uma pesquisa sobre as origens da mudança cultural. São Paulo: Loyola [Trad. de A.U. Sobral e M.S. Gonçalves].

HATAB, L.J. (2010). *Genealogia da moral de Nietzsche*: uma introdução. São Paulo: Madras [Trad. de N. Juozapavicius].

HEGEL, G.W.F. (2005). *Fenomenologia do espírito*. Petrópolis/Bragança Paulista: Vozes/Editora Universitária São Francisco [Trad. de P. Meneses].

_____ (2001). *A razão na história* – Uma introdução geral à filosofia da história. 2. ed. São Paulo: Centauro [Trad. de B. Sidou].

_____ (1983). *Introdução à história da filosofia*. São Paulo: Hemus [Trad. de E.C. Silva].

HOBBES, T. (2006). *Leviatã ou matéria, forma e poder de um Estado eclesiástico e civil*. São Paulo: Martin Claret [Trad. de A. Marins].

_____ (2004). *Do cidadão*. São Paulo: Martin Claret [Trad. de F.C. Lima].

HOMERO (1961). *Ilíada*. São Paulo: Difusão Europeia do Livro [Trad. de O.M. Cajado].

HORKHEIMER, M. (1976). *Eclipse da razão*. Rio de Janeiro: Labor do Brasil [Trad. de S.U. Leite].

HUIZINGA, J. (1996). *O declínio da Idade Média*. Rio de Janeiro [Trad. de A. Abelaira].

HUXLEY, A.L. (2003). *Admirável mundo novo*. São Paulo: Globo.

KAHN, C.H. (2007). *Pitágoras e os pitagóricos*: uma breve história. São Paulo: Loyola [Trad. de L.C. Borges].

KANT, I. (2004). *Ideia de uma história universal de um ponto de vista cosmopolita*. 2. ed. São Paulo: Martins Fontes [Trad. de R. Naves e R.R. Terra].

KERFERD, G.B. (2003). *O movimento sofista*. São Paulo: Loyola [Trad. de M. Oliva].

KERVÉGAN, J.-F. (2008). *Hegel e o hegelianismo*. São Paulo: Loyola [Trad. de M.P.S. Cunha].

KOJEVE, A. (1972). *La dialectica de lo real y da idea de la muerte em Hegel*. Buenos Aires: La Pleyade.

KOSÍK, K. (1969). *Dialética do concreto*. Rio de Janeiro: Paz e Terra [Trad. de C. Neves e A. Toríbio].

LABICA, G. (1990). *As Teses sobre Feuerbach de Karl Marx*. Rio de Janeiro: Zahar [Trad. de A. Marques].

LACROIX, A. (2009). *A razão* – Análise da noção, estudo de textos: Platão, Aristóteles, Kant, Heidegger. Petrópolis: Vozes [Trad. de M.A. Cruz].

LEFEBVRE, H. (1995). *Lógica formal, lógica dialética*. 6. ed. Rio de Janeiro: Civilização Brasileira [Trad. de C.N. Coutinho].

_____ (1975). *Sociologia de Marx*. Rio de Janeiro: Forense [Trad. de C.R.A. Dias].

LE GOFF, J. (org.) (2005). *A história nova*. 5. ed. São Paulo: Martins Fontes.

_____ (2003). *História e memória*. 5. ed. Campinas: Unicamp [Trad. de I. Ferreira, B. Leitão e S.F. Borges].

LÖWY, M. (1987). *As aventuras de Karl Marx contra o Barão de Münchhausen* – Marxismo e positivismo na sociologia do conhecimento. 5. ed. São Paulo: Busca Vida.

LYOTARD, J.-F. (1986). *L'Enthousiasme* – La critique kantienne de l'histoire. Paris: Galilée.

MALERBA, J. (org.) (2008). *A história escrita* – Teoria e história da historiografia. São Paulo: Contexto.

MAQUIAVEL, N. (2008). *O príncipe*. São Paulo: Martins Fontes [Trad. de M.J. Goldwasser].

_____ (1979). *Comentários sobre a primeira década de Tito Lívio*. Brasília: UnB [Trad. de S. Bath].

_____ (1976). *A mandrágora*. São Paulo: Abril [Trad. de M. da Silva].

MARCUSE, H. (1991). *L'ontologie de Hegel et la Théorie de L'Historicité*. Paris: Gallimard.

_____ (1969). *Razão e revolução*: Hegel e o advento da Teoria Social. Rio de Janeiro: Saga [Trad. de M. Barroso].

MARÍAS, J. (1979). *O tema do homem*. São Paulo: Duas Cidades [Trad. de D.R.T. Piza].

MARQUES, A. (2003). *A filosofia perspectivista de Nietzsche*. São Paulo/Ijuí: Discurso/Unijuí.

MARRAMAO, G. (1995). *Poder e secularização*: as categorias do tempo. São Paulo: Unesp [Trad. de G.A. Andrade].

MARX, K. (2011). *A guerra civil na França*. São Paulo: Boitempo [Trad. de R. Enderle].

_____ (2005). *Crítica da Filosofia do Direito de Hegel*. São Paulo: Boitempo [Trad. de R. Enderle e L. de Deus].

_____ (1987). *Manuscritos econômico-filosóficos*. São Paulo: Nova Cultural [Trad. de J.C. Bruni, J.A. Giannotti e E. Malagodi].

_____ (1985). *A origem do capital*: a acumulação primitiva. 5. ed. São Paulo: Global [Trad. de W.S. Maia].

_____ (1984). *Lutas de classes em França*. Lisboa: Charantes.

_____ (1978). *O capital* – Edição resumida. 5. ed. Rio de Janeiro: Zahar [Trad. de R.A. Schmidt].

_____ (1974). *O 18 brumário e Cartas a Kugelmann*. 2. ed. Rio de Janeiro: Paz e Terra.

MARX, K. & ENGELS, F. (2011). *Manifesto do Partido Comunista*. 2. ed. São Paulo: Martin Claret [Trad. de P. Nassetti].

_____ (1973). *La ideologia alemana*. 4. ed. Buenos Aires: Pueblos Unidos [Trad. de W. Roces].

MÁSMELA, C. (2001). *Hegel*: la desgraciada reconciliación del espíritu. Madri: Trotta.

MICHELET, J. (1989). *A feiticeira*. São Paulo: Círculo do Livro [Trad. de R. Werneck].

MIDGLEY, E.B.F. (1988). *Hobbes – Leviathan*, uma visão teológica. São Paulo: Nerman [Trad. de O. Morais e A. Morais].

MONTAIGNE, M. (1982). *Ensaios*. Rio de Janeiro: Otto Pierre.

MONTESQUIEU [Charles L. de Secondat] (2004). *Do espírito das leis*. São Paulo: Martin Claret [Trad. de J. Melville].

_____ (2002). *Grandeza e decadência dos romanos*. São Paulo: Germape [Trad. de G.C. Sousa].

_____ (1991). *Cartas persas*. São Paulo: 1991 [Trad. de R.J. Ribeiro].

NIETZSCHE, F.W. (2008). *Vontade de poder*. Rio de Janeiro: Contraponto [Trad. de M.S.P. Fernandes e F.D. Moraes].

_____ (2007). *O nascimento da tragédia ou helenismo e pessimismo*. São Paulo: Companhia das Letras [Trad. de J. Guinsburg].

_____ (2005). *Escritos sobre história*. Rio de Janeiro/São Paulo: PUC-Rio/Loyola [Trad. de N.C.M. Sobrinho].

_____ (2001). *A gaia ciência*. São Paulo: Companhia das Letras [Trad. de P.C. Souza].

_____ (2000). *Humano, demasiado humano*: um livro para espíritos livres. São Paulo: Companhia das Letras [Trad. de P.C. Souza].

_____ (1998). *Genealogia da moral*: uma polêmica. São Paulo: Companhia das Letras.

_____ (1981). *Além do bem e do mal ou prelúdio de uma filosofia do futuro*. São Paulo: Hemus [Trad. de M. Pugliesi].

_____ (1979). *Assim falava Zaratustra*. São Paulo: Hemus [Trad. de E.N. Fonseca].

_____ (1978). *O anti-Cristo*. 5. ed. Lisboa: Guimarães/Livraria Camões [Trad. de C.J. Menezes].

O'HEAR, A. (org.) (1997). *Karl Popper*: filosofia e problemas. São Paulo: Unesp [Trad. de L.P. Rouanet].

PAINE, T. (1964). *Senso comum e outros escritos políticos*. São Paulo: Ibrasa [Trad. de A. Della Nina].

PARMÊNIDES (2002). *Da natureza*. São Paulo: Loyola.

PECORARO, R. (2009). *Filosofia da história*. Rio de Janeiro: Zahar.

PLATÃO (2006). *A república*. São Paulo: Perspectiva [Org. e trad. de J. Guinsburg].

POPPE, M. (org.) (1972). *Voltaire*. Lisboa: 1972.

POPPER, K. (1974a). *A sociedade aberta e seus inimigos I*. Belo Horizonte/São Paulo: Itatiaia/USP [Trad. de M. Amado].

_____ (1974b). *A sociedade aberta e seus inimigos II*. Belo Horizonte/São Paulo: Itatiaia/USP [Trad. de M. Amado].

REIS, J.C. (2006). *História e teoria*: historicismo, Modernidade, temporalidade e verdade. 3. ed. Rio de Janeiro: FGV.

RORTY, R. (2009). *Filosofia como política cultural*. São Paulo: Martins [Trad. de J.C. Pijnappel].

_____ (2007). *Contingência, ironia e solidariedade*. São Paulo: Martins [Trad. de V. Ribeiro].

_____ (2005). *Pragmatismo e política*. São Paulo: Martins [Trad. de P. Ghiraldelli Jr.].

ROSSI, P. (1992). *Os sinais do tempo* – História da terra e história das nações, de Hooke a Vico. São Paulo: Companhia das Letras [Trad. de J. Mainardi].

ROUANET, S.P. (1987). *As razões do Iluminismo*. São Paulo: Companhia das Letras.

ROUSSEAU, J.-J. (2000). *Do contrato social* – Princípios do Direito Político. Bauru: Edipro [Trad. de E. Bini].

_____ (1981). *Discurso sobre a origem e os fundamentos da desigualdade entre os homens*. Brasília: Unb [Trad. de I.G. Soares e Maria R. Nagle].

_____ (1980). *Las confesiones*. Madri: Edaf.

_____ (1968). *Emílio ou Da educação*. São Paulo: Difel [Trad. de S. Milliet].

RUSSELL, B. (1977). *A perspectiva científica*. 4. ed. São Paulo: Companhia Editora Nacional [Trad. de J.S.C. Pereira].

SARTRE, J.-P. (1972). *Questão de método*. São Paulo: Difusão Europeia do Livro [Trad. de B. Prado Júnior].

SCHAFF, A. (1983). *História e verdade*. 2. ed. São Paulo: Martins Fontes [Trad. de M.P. Duarte].

SCHOPENHAUER, A. (2004). *O mundo como vontade e representação*. Rio de Janeiro: Contraponto [Trad. de M.F. Sá Correia].

SHAKESPEARE, W. (1999). *Otelo*. Porto Alegre: L&PM [Trad. de B. Viégas-Faria].

_____ (1998). *Rei Lear*. Rio de Janeiro: Lacerda [Trad. de B. Heliodora].

_____ (1997). *Macbeth*. 2. ed. Rio de Janeiro: Paz e Terra.

_____ (1995). *Medida por medida / Measure for measure*. Rio de Janeiro: Nova Fronteira [Trad. de B. Heliodora].

_____ (1980). *Hamlet*. Nova York: Bantam Books.

SHAW, W.H. (1979). *Teoria marxista da história*. Rio de Janeiro: Zahar [Trad. de N.C. Caixeiro].

SKINNER, Q. (2003). *Fundações do pensamento político moderno*. São Paulo: Companhia das Letras [Trad. de R.J. Ribeiro e L.T. Motta].

_____ (1999). *Razão e retórica na filosofia de Hobbes*. São Paulo: Unesp [Trad. de V. Ribeiro].

TENENTI, A. (1973). *Florença na época dos Médici*: da cidade ao Estado. São Paulo: Perspectiva.

VANDENBERG, P. (1986). *Nero*. Rio de Janeiro: Zahar.

VERNANT, J.-P. (1990). *Mito e pensamento entre os gregos*. 2. ed. Rio de Janeiro: Paz e Terra [Trad. de H. Sarian].

VICO, G. (2008). *Ciência nova*. São Paulo: Ícone [Trad. de S.J. Roque].

VILLAT, L. (1947). *La révolution et l'empire (1789-1815) / Les assemblées révolutionnaires*. Paris: PUF.

VOLTAIRE [F.-M. Arovet] (2007a). *Cartas filosóficas*. São Paulo: Martins Fontes [Trad. de M.V.M. Aguiar].

_____ (2007b). *A filosofia da história*. São Paulo: Martins Fontes [Trad. de E. Brandão].

_____ (2006). *Dicionário Filosófico*. São Paulo: Martin Claret [Trad. de P. Nassetti].

_____ (2003). *Cândido*. São Paulo: Martins Fontes [Trad. de M.E. Galvão].

WEBER, M. (2000). *A ética protestante e o espírito do capitalismo*. 15. ed. São Paulo: Pioneira [Trad. de M.I.Q.F. Szmrecsányi e T.J.M.K. Szmrecsányi].

WHITE, H. (2008). *Meta-história*: a imaginação histórica do século XIX. 2. ed. São Paulo: USP [Trad. de J.L. Melo].

CULTURAL

Administração
Antropologia
Biografias
Comunicação
Dinâmicas e Jogos
Ecologia e Meio Ambiente
Educação e Pedagogia
Filosofia
História
Letras e Literatura
Obras de referência
Política
Psicologia
Saúde e Nutrição
Serviço Social e Trabalho
Sociologia

CATEQUÉTICO PASTORAL

Catequese
Geral
Crisma
Primeira Eucaristia

Pastoral
Geral
Sacramental
Familiar
Social
Ensino Religioso Escolar

TEOLÓGICO ESPIRITUAL

Biografias
Devocionários
Espiritualidade e Mística
Espiritualidade Mariana
Franciscanismo
Autoconhecimento
Liturgia
Obras de referência
Sagrada Escritura e Livros Apócrifos

Teologia
Bíblica
Histórica
Prática
Sistemática

REVISTAS

Concilium
Estudos Bíblicos
Grande Sinal
REB (Revista Eclesiástica Brasileira)
SEDOC (Serviço de Documentação)

VOZES NOBILIS

Uma linha editorial especial, com importantes autores, alto valor agregado e qualidade superior.

VOZES DE BOLSO

Obras clássicas de Ciências Humanas em formato de bolso.

PRODUTOS SAZONAIS

Folhinha do Sagrado Coração de Jesus
Calendário de Mesa do Sagrado Coração de Jesus
Folhinha do Sagrado Coração de Jesus (Livro de Bolso)
Agenda do Sagrado Coração de Jesus
Almanaque Santo Antônio
Agendinha
Diário Vozes
Meditações para o dia a dia
Guia do Dizimista
Guia Litúrgico

CADASTRE-SE
www.vozes.com.br

EDITORA VOZES LTDA.
Rua Frei Luís, 100 – Centro – Cep 25689-900 – Petrópolis, RJ – Tel.: (24) 2233-9000 – Fax: (24) 2231-4676
E-mail: vendas@vozes.com.br

UNIDADES NO BRASIL: Aparecida, SP – Belo Horizonte, MG – Boa Vista, RR – Brasília, DF – Campinas, SP
Campos dos Goytacazes, RJ – Cuiabá, MT – Curitiba, PR – Florianópolis, SC – Fortaleza, CE – Goiânia, GO
Juiz de Fora, MG – Londrina, PR – Manaus, AM – Natal, RN – Petrópolis, RJ – Porto Alegre, RS – Recife, PE
Rio de Janeiro, RJ – Salvador, BA – São Luís, MA – São Paulo, SP
UNIDADE NO EXTERIOR: Lisboa – Portugal